KB265863

정보에 기반한 통사론과 의미론

정보에 기반한 통사론과 의미론

옮긴이 소개

최규수 __ 부산대학교 국어국문학과 교수

『자율어휘 통사론』(2009, 한국문화사, 공역)

『한국어 통사론 입문』(2009, 박이정)

「한국어 용언 종결형의 문법 정보 표시 방법」(2012, 한글 295)

「'X하다'와 'X를 하다'의 형태론과 통사론의 문제들」(2011, 한글 292) 등

서민정 __ 부산대학교 인문학연구소 HK 연구교수

『토에 기초한 한국어 문법』(2009, 제이앤씨출판사)

『근대 지식인의 언어 인식』(2009, 박이정, 공역)

『번역을 통해 살펴본 근대 한국어를 보는 제국의 시선』(2010, 박이정, 공역)

『민족의 언어와 이데올로기』(2010, 박이정, 공저)

『경계에서 만나다 : 디아스포라의 언어와 문화』(2013, 현암사, 공저)

정보에 기반한 통사론과 의미론

초판1쇄 인쇄 2013년 5월 10일 | **초판1쇄 발행** 2013년 5월 20일

지은이 칼 제시 폴라드 · 이반 앤드류 새그

옮긴이 최규수 · 서민정

펴낸이 이대현 | **편집** 이소희

펴낸곳 도서출판 역락 | **등록** 제303-2002-000014호(등록일 1999년 4월 19일)

주소 서울시 서초구 반포4동 577-25 문창빌딩 2층

전화 02-3409-2058(영업부), 2060(편집부) | **팩시밀리** 02-3409-2059

전자우편 youkrack@hanmail.net

ISBN 978-89-5556-049-7 93700

정가 25,000원

이 책은 2007년 정부(교육인적자원부)의 재원으로 한국학술진흥재단의 지원을 받아 수행된 연구임(KRF-2007-005-AM0059).

정보에 기반한
통사론과 의미론

칼 제시 폴라드 · 이반 앤드류 새그 지음
최규수 · 서민정 옮김

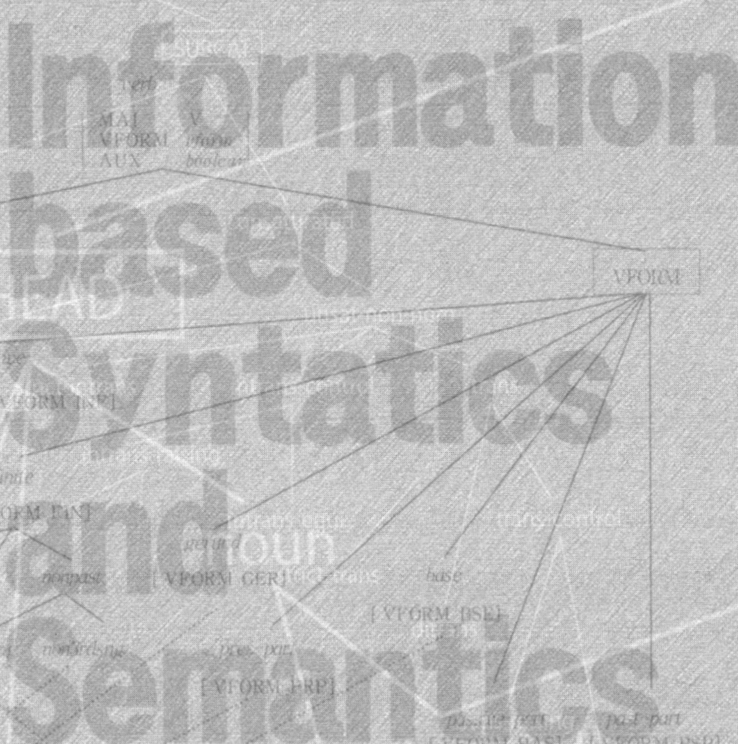

역락

저자 서문

　이 책에 보고된 연구는 1984년 가을에서 1987년 여름에 이루어진 것이다. 그리고 이 연구는 언어 이론의 엄격한 수학적 기초를 수립하고자 하는 야심찬 계획으로 긴 기간 동안 이루어진 연구 프로그램이다. 이 프로그램에서는 긴밀하게 관련되어 있는 두 하위 목표가 구별되어야 하는데, 하나는 일반적인 것이고, 다른 하나는 특수한 것이다. 일반적인 하위 목표는 자연 언어 현상을 모형화하는 데 적합한 어떤 종류의 수학적 구조와, 이러한 구조에 의해 해석되는 논리적 형식주의를 발전시키는 것인데, 그것들에 따라서 분명히 경험적인 결과가 있는 정확한 언어 이론을 형식화하는 것이 가능하다. 특수한 하위 목표는 넓은 범위의 현대 통사론과 의미론의 연구 공동체에서 나온 통찰과 결과들을 선택적으로 끌어내고 종합하여, 그러한 일련의 이론들을 생산하는 것이다.

　이 책은 먼저 대학원 학생들과 통사-의미 이론의 전문적인 연구자를 대상으로 쓰였는데, 아주 비전문적인 용어로 기초적 수학을 개관하고, 그것을 이용하여 특수한 언어 이론인 중심어 구 구조 문법(HPSG)을 형식화한다. HPSG는 범주 문법(category grammar)과 담화 표상 이론(discourse representation theory), 일반 구 구조 문법(generalized phrase structure grammar), 지배-결속 이론(government-binding theory), 어휘 기능 문법(lexical functional grammar), 상황 의미론(situation semantics) 등에서 나온 생각들을 자유롭게 이용한다. 그렇다고 하여 이 이론이 절충적이라는 것은 아니다. 우리의 주장은 장점에 의하여 판단되어야 하는 수많은 독창적인 생각들을 포함하고 있다. 그러나 우리는 이 이론의 많은 장점이 확인에 있다고 믿는데, 그 길에서 때때로 서로서로 무관심하거나 적대적으로 보였던 특징적인 전통들로부터 하나의 공통적인 지적인 직물 구조를 엮어낸다는 것이다. 다른 구조에서 나온 생각들을 하나의 공통된 형식주의 안에서 재조명함으로써, 의의 있고 서로 유익한 방향으로 그 생각들을 비교하고, 바꾸고, 결합할 수 있게 된다.

우리는 여기에 세워진 이론이, 명시성의 정도나 형식화의 정확함, 범위의 넓이, 개념적 명료성, 미적 우아함, 통사론과 의미론의 문제에 대한 동등한 관심과 사실과의 일치(정합)에 따라서, 우리가 생각을 빌어 온 수많은 선임자와 동료들의 이론과 적절하게 비교된다고 믿는다. 동시에 많은 비평적 문제점들이 탐구되어야 할 것으로 남아 있다. 이러한 까닭으로, 우리는 이 책에서 해결되지 않은 많은 문제점들을 남겼는데 그러한 문제들을 드러내면서 동시에 잠재되어 있는 유리한 점이나 불리한 점을 지적해 왔다. 독자들은 여러 가지 점에서 이러한 불만족스러운 점을 발견할 수 있을 것이지만, 그건 당연한 것이다. 절충적이고 종합적인 접근법을 채택함에 있어서 우리가 목표하는 바는 많은 다른 연구 전통들의 관점들의 유용함을 취하고, 동시에 그것들 모두가 하나의 기획 안의 부분임을 보이기 위한 것이다. 우리가 바라는 것은, 이 책에서 제공된 배경 지식이 독단이나 편견 없이, 전체 분야의 결과들로부터 영감과 실체 둘 다를 뽑아내는 더 적합한 언어 이론들의 더 나은 발달을 위한 출발점이 되는 것이다.

이 책이 나올 때까지 많은 학생들과 동료들의 도움이 있었다. 이들은 이전에도 우리와 함께 여기에 제시된 생각들을 토의하였다. 이전 판에서 발견된 잘못된 점을 찾아내고 우리를 도와준 모든 이들에게 진 지적인 빚을 갚는다는 것은 불가능할 것이지만, 우리는 계속 노력할 것이다.

우리는 스탠포드 언어 정보 연구 센터(CSLL)에서 1985년 겨울 세미나에서 구성원들과 논의한 것에 일차적으로 많은 영향을 받았다. 특히 Mark Johnson, Lauri Karttunen, Martin Kay, Fernando Pereira, Stuart Shieber과 Tom Wasow에게 많은 영향을 받았다. 우리 계획의 주요한 개요가 나타나기 시작할 때는, 이러한 많은 사람들과의 끊임없는 토론에서 많은 도움을 받았으며, 동시에 Bob Borsley, ……들에게도 많은 도움을 받았다.

우리 계획의 주요한 개요가 나타나기 시작할 때는, Bob Borsley, Lew Creary, Dan Flickinger, Mark Gawron, Gerald Gazdar, Jeff Goldberg, Takao Gunji, Kris Halvorsen, Geoff Huck, Bob Kasper, Drew Moshier, John Nerbonne, Geoff Pullum, Bill Rounds, Mats Rooth, Peter Sells, Hans Uszkoreit, 그리고 Annie zaenen 같은 많은 사람들과의 끊임없는 토론에서 많은 도움을 받았다.

Tom Hukari, John Nerbonne, Fernando Pereira, Bill Rounds, Peter Sells, 그리고 Tom Wasow는 친절하게 초기의 초안에 대하여 상세하고 유용한 견해를 주었다. Alex Alsina, Chris Culy, Cheri Garcia, Kathryn Henniss, Evan Kirshenbaum, Bente Maegard, K. P. Mohanan, 그리고 Chris Tancredi는, 이 책이 지금의 모습이 되기까지 오류를 지적해 주고 개선 방향을 제안하여 우리에게 도움을 주신 분들이다. 그리고 무분별하고 부정확한 예비 형들을 체크하기 위해 과중하게 부과되었던 교정 작업과 컴퓨터 작업을 해준 수많은 학생과 동료들인 Susan Brennan, Mary Dalrymple, Lyn Friedman, Dave Goddeau, Masayo Iida, Smita Joshi, Derek Proudian, Diana Roberts, 그리고 Simran Singh에게도 매우 감사드린다.

우리는 지능과 유머와 센스가 없는 이 책의 작업을, 꽤 오랫동안 그리고 작게나마 유쾌하게 작업을 해 주신 Dikran Karagueuzian과 편집자와 친구들에게 감사의 빚을 졌다. Tom Burke, Kaija Lewis, Emma Pease, Lucie Pollard, and Lynne Ruggles에게는 원고를 준비하는 데 있어 다양하게 도와준 것에 대해 감사한다. 그리고 또한 우리는 이 기회를 빌어 이 책이 올바른 길을 갈 수 있도록 만들어준 에이전시와 기관에 감사를 표한다. 국립 과학 재단에서 우리의 연구를 지원하는 보조금(스텐포드 대학의 BNS-8511687과 카네기 멜론 대학의 BNS-8718156), 그리고 시스템 개발 재단에서 언어 및 정보에 대한 연구 센터에 선물을 주셨고, 그리고 Hewlett-Packard Company는 기술 직원 및 Palo Alto에 있는 실험실과 컴퓨터 시설에 대해 접근할 수 있게 도와주었고 스탠포드 대학에 장비를 지원해 주셨다. 그 무엇보다 가장 큰 감사는, 이 책이 지어지는 동안에 너무 많은 고생을 한 우리의 가족 Claire와 Becca, Lucie, Penny에게 드린다. 그들이 큰 변화를 만들었다.

역자 서문

　이 책은 1987년에 출판된 칼 제시 폴라드(Carl J. Pollard)와 이반 앤드류 새그(Ivan A. Sag)의 *Information based syntatics and Semantics. Vol. 1 : Fundamentals*를 번역한 책이다. 공동저자 가운데 칼 제시 폴라드는 스탠포드 대학교에서 공부했고, 오하이오 주립대학교 언어학과 교수로 재직하고 있다. 그리고 이반 앤드류 새그는 MIT에서 공부했고 스탠포드 대학교 언어학 교수로 재직하고 하고 있다. 이 책은 두 저자가 약 3년간 언어 이론의 수학적 기초를 수립하기 위한 연구 프로그램을 통해 나온 결과물로, 자연 언어 현상을 모형화하고 수학적 구조와 논리적 형식주의를 도입하여 언어 이론의 형식화를 시도한 책이다. 두 저자는 이 책의 출판 이후 어휘 규칙이나 나무 구조와 관련된 사항 등을 수정 보완하여 1994년에 *Head-driven phrase structure grammar*(Chicago : University of Chicago Press)를 출판하였다.

　이 책에서 제시하는 문법 이론은 한편으로는 범주 문법, 어휘기능문법, 일반 구 구조 문법 등과 같은 현대 문법 이론의 통찰력과 관점을 종합하였고, 다른 한편으로는 상황 의미론과 담화 표현 이론과 같은 의미 이론을 참조하였다. 또한 이 책은 컴퓨터 과학과 같은 이웃 학문 분야에서 지식 표현, 데이터 유형 이론 등을 도입하여 이 책의 언어 이론이 자연언어처리와 같은 분야에서 응용되기도 하였다. 실제로 이 책은 웨스턴 온타리오 대학교의 전산학과 교수인 에드워드 P. 블러, Jr(Edward P.

Stabler, Jr)의 서평(OntarioComputational Linguistics, 15권 3호, 1989년 9월) 등에서도 볼 수 있는 바와 같이, 언어학자 못지않게 자연언어처리에 관심이 있는 전산학자의 관심을 많이 받기도 하였다.

이 책은 저자들이 서문에서 밝히고 있는 바와 같이, 모듈화를 바탕으로 규칙과 어휘부와 원리 그 자체로 언어의 기능과 구조를 표현하고자 한 점이 가장 큰 특징이다. 특히 '어휘부'의 역할이 훨씬 강화되고 강조되었는데, 이러한 점이 한국어 문법에도 시사하는 바가 있다고 생각한다.

이 책은 HPSG의 입문서의 역할을 하면서 또 한편으로 언어 이론에 대한 남다른 통찰을 보여주고 있다. 기존의 다른 언어 이론에서 통사론이 언어의 의사소통 기능과 무관하게 이론 중심으로 설명되고, 의미론이 통사론 다음에 오는 것에 대해 비판하고, 문법 부문들의 모듈화를 통해 통사론과 의미론이 어느 쪽도 다른 쪽에서 분리된 것이 아닌, 처음부터 통합된 방식으로 문법을 구성하여 통사론과 의미론의 의미 있는 융합을 시도하고 있다.

이 책의 두 저자는 이 책에서 제안하는 이론과 기존의 다른 이론과의 관계에 대해 고민하면서 많은 이론을 종합하고, 응용 분야의 잠재적인 적용 가능성을 염두에 두면서 새로운 언어 이론을 제안하고 있다. 그러나 그 방식이 절충적인 것이라기보다는 '통합적'인 방식이다. 그래서 독자로 하여금 그러한 통합이 궁극적으로는 언어 본연의 특성이 아니었는가라는 생각을 가지게 한다. 그리고 이 이론의 특징 가운데 구조와 어휘의 팽팽한 긴장 관계를 유지하면서 언어를 설명하는 점이, 한국어를 잘 설명할 수 있는 아이디어를 제공할 것이라고 기대하게 하였다. 이 책을 제대로 읽고 싶다고 생각한 것도 이러한 점들 때문이었다.

이 책을 만난 지는 오래되었다. 그 사이 선생님과 여러 후배와 대학원생들이 함께 수업이나 세미나를 통해서 이 책을 읽었다. 그렇게 다시 시간이 조금 지나고 번역을 정리하면서 느낀 것은 이 책에서 보여주는 언어에 대한 인식이나 언어 이론의 추구하는 방향에 아직도 많은 공감을 하고 있다는 것이다. 이 이론에 대한 전공자도 아니며, 이 이론의 변화과정을 따라 갈만큼 이론적으로 무장되지는 않았으나, 출판을 하고자 용기를 낸 것도 이 때문이다.

책으로 출판되기까지는 많은 분들의 도움을 받았다. 김정혜, 정진영, 정대식 선생을 비롯한 후배들과 대학원생들의 토론과 교정을 바탕으로 이 책이 더 단단해졌다. 그리고 부산대학교 인문학연구소의 지원 덕분에 이 책의 출판이 탄력을 받을 수 있었다. 끝으로 저작권 문제부터 원고 다듬는 일까지 고생하여 책을 만들어준 역락 출판사 편집진들께도 감사의 말씀을 전한다.

2013년 4월 15일
서민정

차례

1

통사 자질들과 통사 범주들

인간의 언어는 어떤 종류의 것인가? 단어나 구, 그것의 문법적 구조, 그것의 메시지와 내용 사이의 관계는 무엇인가? 언어의 음성들, 문법적 구조들, 언어적 발화가 전달하는 정보의 조각들은 어떤 종류의 것인가? 하나의 언어를 안다는 것은 무엇이고, 언어에 관한 무엇이 그것을 아는 사람들에게 정보를 교환할 수 있게 하는가? 이 책의 목표는 이러한 물음들에 대한 해답을 찾기 위한 개념들, 도구들, 방법들의 집합을 제시하는 것이다. 더 특수하게는, 자연 언어의 통사론과 의미론의 연구에 대한 *정보에 기반한(information-based)* 접근, 곧 인간 언어를 구성하는 대상들(object)을, 언어 공동체 안에서 정보를 지니는 것들(bearer)로 보는 접근을 소개하고 논의를 전개하도록 할 것이다.

정보에 기반한 언어학은 언어학과 철학, 논리학, 전산학과 같이 이웃하는 연구 분야의 많은 특징적인 연구의 전통에 그 뿌리들이 있다. 따라서 우리는 범주 문법, 어휘기능문법(LFG), 구 구조 문법, 지배-결속(GB) 이론과 같은 동시대의 통사 이론들의 많은 연구 집단에서 비롯된 통찰들과 관점들을 정리하여 종합할 것이다. 그러나 많은 핵심적인 생각들은 상황 의미론과 담화 표상 이론(DRS)과 같은 의미 이론들과, 지식 표상, 자료 유형 이론, 통합에 기반한 형식주의로부터 나온다. 이어지는 장들에서 그러한 관련성을 밝힐 때가 분명히 있을 것이지만, 출발점으로 먼저 언어 이론이 연구하는 대상들이 어떤 종류들인가를 고려할 것이다.

1.1. 개념론과 실재론

자연 언어의 대상, 말하자면 영어의 보통 명사 '*cookie*'는 어떤 종류인가? 영어 말할이들의 마음 속에서만 존재하는 어떤 것, 곧 정신적 대상인가? 아니면 마음의 밖에 있는 실제 세계의 한 부분인가? 이것은 언어 철학의 기본적인 문제들 가운데 하나이고, 오늘날 철학자들뿐 아니라, 통사론자들, 의미론자들과 인지 과학자들에 의하여 격렬하게 논쟁되는 문제이다.

한편으로는, 단어 *cookie*의 표상적 발화가 발화 음성들의 조음과, 음성 파동들의 전달과 청각적 인식 따위를 포함하는 실제 세계의 일이라는 것은 명백하다. 동시에 그것은 단어 *cookie*가 cookie들을 — 또는 더 일반적으로는, cookie들을 포함하는 상황들을 말하는 데 사용되고, 또 그 cookie들이 실제 세계의 어떤 것들이라는 것은 명백하다. 그러면 자연 언어를 어떤 종류의 일들(발화들)과 그 발화들이 이루어지는 세계에서의 대상들이나 상황들 사이의 대응 관계의 체계이고, 언어 사용자들은 의사 소통을 위하여 그러한 대응 관계들을 이용하는 것으로 보는 것이 가능하다. 이것은 *언어적 실재론*(*linguistic realism*)이라고 알려져 온 관점의 본질이다. 실재론자들에게는, 언어 연구가 언어 사용자의 밖에 있는 사물들과 일들의 분류와 내적 구조에 한계지워진다. 실재론자들은 마음이 존재하는 것을 부인하지 않으며, 언어가 정신적으로 나타난다는 것조차 반드시 부인하지는 않는다. 그러나 실재론자에 따르면, 언어학은 마음과 정신적 표상들에 관여하지 않는다.

다른 한편, 자연 언어 사용자들이 발화하는 유형과 언어가 구현되는 세계에서의 사물들 사이의 대응 관계를 알지 못한다면 언어적으로 의사소통하지 못할 것이라는 것이 분명해 보인다. 우리가 누군가를 영어의 말할이라고 하는 것은 그가 영어를 안다는 것이다. *언어적 개념론*(*linguistic conceptionalism*)은, *유심론*(*mentalism*), *표상론*(*representationalism*), *심리주의*(*psychologism*)라고도 불리는데, 자연 언어가 의사소통하는 유기체의 집단에 의해 학습되어 공유된 정신적 체계라는 관점이다. 개념론에 따르면, 언어학들은 외적으로 실재하는 사물들을 *나타내는*(*represent*) 심리적 대상들에 관여하는 것이지, 외부에 있는 실재 그 자체에 관여하는 것이 아니다. 물론 개념론은 발화의 일이 — 또는 발화가 기술하는 세계의 일들이 — 실제로 존재한다는 것을 부인하지 않는다. 그러나 개념론자들에게는, 그러한 사물들이 다만 언어의 밖에 실현된 것이지, 언어 그 자체는 아니다.

20세기에서 언어학적 개념론의 가장 영향력 있는 주창자 가운데 한 사람은 스위스의 언어학자인 소쉬르(Ferdinand de Saussure)인데, 그는 종종 현대 언어학의 (곧 가장 이른 시기의 언어학의 역사-비교 연구의 특징에 대조하여, 자신의 권리를 가진 공시적 체계들로서의 언어 연구의) 창시자로 믿어진다. 소쉬르는 언어학을 사회 심리학의 한 분야로 간주했다. 그리고 랑그(*langue*) 자체를 기호(*signs*)라고 하는 공유된 심리적 체계로 기술했다. 소쉬르의 개념에서는, 기호는 (1)에 기술된 것과 같이, *시니피앙*(*signfiant*, the signifier)과 *시니피에*(*signifie*, the thing signified)라고 하는 두 부문의 정신적 대상들 사이의 연합적 결합(*lien de l'association*)이다. 여기서 시

*니피앙*은 오늘날 음운 표시라고 불릴 수 있는 것인데, 단어 'cookie'라는 단어의 음성의 심리적 영상이다. 소쉬르의 관점에서 보면, 언어적 의사 소통의 가능성은 한 공동체의 구성원 사이의 기호 체계의 공유에서 일어난다.

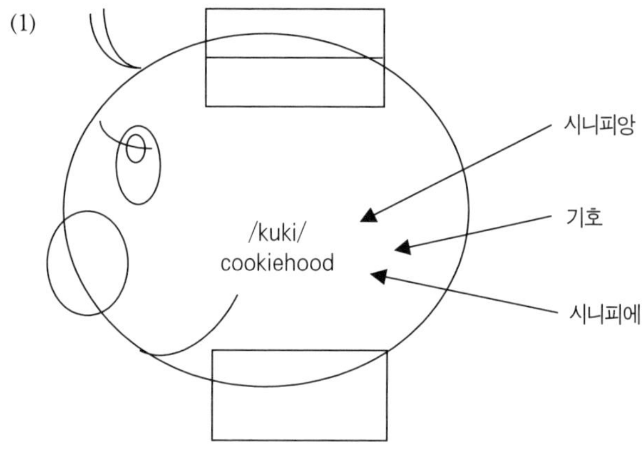

　　물론 관습적으로 1933년의 블룸필드(Leonard Bloomfield)의 언어(Language)에서 시작하여 1957년의 촘스키(Noam Chomsky)의 통사 구조들(Syntactic structures)이 출현하기까지를 가리키는 미국 구조주의 언어학의 시기에, 유심론은 평판이 아주 나빴다. 블룸필드의 논리적 실증주의와 행동주의적 감응들에 ― 최소한 원칙적으로 ― 강하게 영향을 받아서, 구조주의자들은 (언어적 형식들의 비동일성에 대한 진단 이외에는) 언어의 사용이나 의미에 거의 관심을 기울이지 않았다. 언어학적 행위의 대부분은 세계의 언어들에서 자료를 수집하고 분류하는 것으로 구성되었다. 음소와 형태소와 같은 미국 구조주의 언어학의 주요한 이론적 구성물들은 일반적으로 심리적 대상들이 아니라 물리적 일들의 부류들로 간주되었다. 말할이의 마음 안에서 무엇이 일어나든 간에 그것은 경험적 연구에서는 접근할 수 없으므로 언어 과학의 영역 밖에 있는 것으로 간주되었다.

블룸필드의 본질적인 실재론의 이데올로기가 실제로 구조주의 언어학자들의 일상적인 작업들에 어느 정도로 영향을 끼쳤는지는 분명하지 않다. 그렇지만 촘스키가 변형 생성 통사론을 도입한 이래 여러 해 동안 유심론이 언어학의 공동체 안에서 관습적인 관점으로 거듭 주장되어 왔다는 것은 분명하다. 그리고 이제는 극소수의 언어학자들만이, 이론적 설득과는 관계 없이, 인간의 마음이나 그것의 어떤 부분이 일차적인 연구의 대상이라는 것을 의심한다. 유심론이 다시 출현한 것이 언어의 통사론이 연구의 대상으로 출현한 것과 왜 일치하는가를 살피는 것은 어렵지 않다. 통사적 대상들, 구들과 문장들의 수는 무한하다. 음소들이나 형태소들과는 달리, 통사적 대상들은 현장 조사에서 모은 자료들을 분류하는 것으로는 그것들에 대한 특징을 모조리 열거할 수가 없다. 그 대신에, *문법성에 대한 판단들*(judgments of gramarticality)이 토박이 말할이에게 대체로 의존하는, *되풀이하여 적용되는 규칙들의 무한한 체계들*(*finite systems of recurresively applicable rules*)에 따라 통사론을 특징지우기 위하여 일차적인 기술들이 있어 왔다. 그렇지만 문법성에 대한 판단들은 분명히 말할이에게 내재하는 무엇에 관한 반영에 기초하고 있다. 그리고 우리가 사는 세계 밖에 되풀이되는 규칙의 체계가 있다고 상상하기는 아주 어렵다. 그러나 그러한 규칙들이 말할이의 마음 속에 지식의 체계로 구현되어 있을 것이라는 것은 꽤 그럴듯하게 보인다.

개념론 대 실재론에 대한 문제에 관하여 의미론자들의 의견이 완전히 일치하지는 않는다. 그 까닭은 아마 단순히 일치가 이루어지기에는 시간이 충분하지 않았거나, 의미론자들이 많지 않았기 때문일 것이다. 1970년대 중반 이래로 언어학적 의미론에 대한 지배적인 인식틀은 몬테규(Richard Montague)의 의미론이다. 그러나 몬테규의 접근은, 수학적 논리학자가 인공적 논리 언어에 대한 의미론을 제공하는 것과 아주 비슷한 방법으로, 자연 언어의 의미를 추상적인 집합 이론적 모형들의 진리와 함의에 따라 특성화한 것이다. 그리고 몬테규의 가능한 세계의 모형들이 개념론자나 실재론자의 해석을 지지한다는 것은 아무런 의미가 없다. 최근 몇 년 간, 그 문제에 관심을 가진 의미론자들은 일반적으로 같은 입장이거나 다른 입장이었다. 분명히 우세한 것은 아니지만, 주류에 더 가까운 이들은 Jerry Fodor, Ray Jakendoff, Hans Kamp와 같이 언어적 의미론의 대상을 개념적 표상이나 정신적 모형들로 보는 이들이다. 이러한 관점에 대한 주요한 도전자는 Jon Barwise, John Perry인데, 그들의 상황 의미론(situation semantics)은 가능한 세계들의 의미론과 실재론을 가진 표상론 둘 다를 대신하고자 추구한다.

　상황 의미론에 따르면, 세계는 (Jon Barwise 또는 달과 같은) *개체들(individuals)*, (cookie임 또는 원숭이임과 같은) *속성들(properties)*, (보는 것 또는 차는 것과 같은) *관계들(relations)*과 *상황들(situations)*과 같은 것들로 구성된다. 대략 상황들은 속성들을 가진 (또는 가지지 않은), 또는 관계에 있는 (또는 있지 않은) 개체들로 구성되는 세계의 부분들로 한계지어진다. 상황의 한 종류는 Carl Pollard가 1986년 12월 2일 태평양 표준시의 오후 9시 42분에, 스탠포드 대학의 Ventura 홀의 D-2 사무실에서 어떤 오렌지를 먹고 있는 특별한 일이다. 개체들, 관계들, 속성들과 상황들은 실재하지만, 유기체들의 다른 무리들은 그들의 생태적인 사정에 따라 다른 것들로 *조율된다(attuned)*. 때때로 말해지는 바와 같이, 피조물들의 다른 공동체들은 "세계를 다른 솔기들에 따라 나눈다."

　이것이 의미와 무슨 관계가 있는가? 상황 의미론에 따르면, 의미는 다른 종류의 상황들 사이에서 유지되는 *제약들(constraints)*에서 일어난다. 예컨대, 연기가 나는 어떤 상황은 불이 난 상황의 한 부분이다. 우리는 연기가 불을 *의미한다*(means)고 한다. 이러한 제약에 조율된 유기체는 연기가 난다는 상황으로부터 불이 났다는 정보를 얻을 수 있다. 언어에 있어서도 그러한데, 그 경우에는 포함된 제약들이 *자연적인*(natural) 것들이 아니다. 그러한 것보다도, 그것들은 영어의 말할이가 "Here is a cookie"라는 발화로부터 cookie가 있다는 정보를 얻는 경우와 같이, 그것들에 조율된 인간들이 이용할 수 있는 *관습적인*(conventional) 언어적 제약이다. 그 때, 언어적 의미는 발화 상황들의 유형과 발화들이 기술하는 세계의 사물들의 유형 사이에 유지되는 관계이다. 이러한 관점은 *의미의 관계 이론*(relational theory of meaning)이라 불린다. 그것은 실재론적 관점인데, 그 까닭은 그러한 관점에서는 의미가 말할이의 머리가 아니라 세계에 있기 때문이다.

의미의 관계 이론을 채택하면, 소쉬르의 기호 (1)의 부문들을 실재론의 용어로 다음과 같이 다시 해석할 수 있을 것이다. 시니피앙은 발화 상황, 곧 "cookie"가 언급되는 곳에서의 어떤 유형이고, 시니피에는 세계에 있는 사물들의 어떤 속성, 곧 cookie임의 속성이다. 그리고 기호 자체는 심리적인 연합이 아니라, 시니피앙과 시니피에 사이의 실재-세계의 언어적-의미 관계(제약)이다. 이 관점에서 영어와 같은 자연 언어는 공유된 정신적 체계가 아니라, 어떤 관습적 제약들이 지켜지는 언어적-의미 상황의 유형이다. 그 때 영어 "cookie" 기호는, 영어의 언어적 의미 상황의 하나의 하위 유형, 곧, "cookie"가 cookie를 의미하기 위해 사용되는 상황 유형이다. 이것은 (2)에 예시된다.

(2)

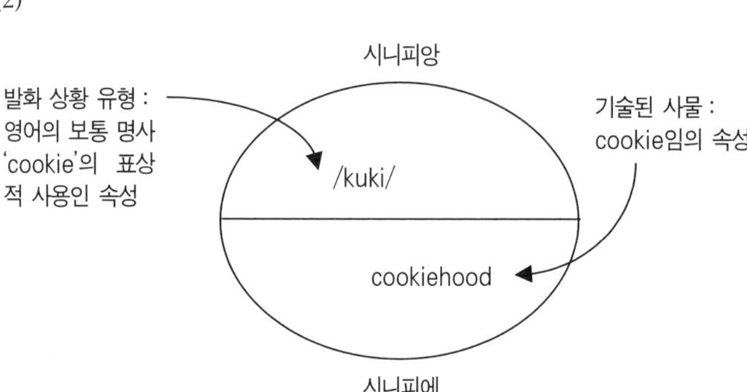

(2)와 같은 기호는 상황의 *유형(type)*이지, 상황 자체가 아니라는 것을 주의하는 것이 중요하다. "cookie"가 의미 cookie로서 발화되는 실제의 언어-사용 상황은 그 유형의 예시, 또는 표상(token)이다. 혼동을 피하기 위하여, 우리는 때때로 기호 그 자체로부터 언어사용의 경우를 구별하는 것이 중요한 경우에는, *기호 표상들(sign tokens)*이라고 말할 것이다.

언어에 대한 유심론의 관점과 실재론의 관점이 보통 적대적인 관계로 유지되어 왔다는 사실에도 불구하고, 두 관점이 기본적으로 양립불가능한 것인지는 분명하지 않다. 의미들은 그것들을 불러일으키는 제약들에 조율된 유기체들에게만 의미가 있다. (언어적 제약을 포함한) 관습적 제약들의 경우에, 이 조율은 사회적으로 공유되고, 문화적으로 전수되고, 정신적으로 기호화된 지식으로 구성된다. 언어가 관습들에 조화되는 상황 유형들의 체계인가, 아니면 관습들이 사용되고 전수될 수 있음에 의하여 공유된 체계인가에 관한 논쟁을 오래 끄는 것은 무의미한 것으로 보인다. 유기체들과 그들의 마음 자체가 어떤 경우에서든 언어적-의미를 구성한다고 가정하면, 둘의 차이는 최근의 논쟁들이 제안한 것보다 훨씬 덜 중요할 것이다. 다행스럽게도, 실행가능한 언어 이론을 가지기 위하여 이 문제를 해결하는 것이 필수적인 것으로 보이지는 않는다. 물리학자가 양자 역학의 이론적 구성물들에 대한 철학적 지위에 관하여 분명히 하지 않고도 일을 해 나갈 수 있는 것과 같이, 언어학자들도 기호들이 마음 안에 있는가, 마음 밖에 있는가, 아니면 그 둘 사이의 어느 곳에 있는가에 대하여 확실히 알지 못하더라도, 기호들에 관하여 이론화할 수 있다. 물론 동시에, 우리는 그 문제를 하나의 방법 또는 다른 방법으로 해결할 수 있는 증거에 대하여 항상 염두에 두면서 논의를 진행해 나갈 것이다.

1.2. 언어적 정보

이 책에서 우리는 개념론과 실재론 사이를 넘나들면서 설명하고자 한다. 기호들에 관하여 직접적으로 다루는 대신에, 우리는 어떤 공동체의 구성원들이 이용할 수 있는 *정보*(information)에 따라 자연 언어를 고려할 것이다. 우리는 먼저 정보가 의사소통을 가능하게 하기 위해서 어떻게 구조화되는가에 대한 가설에 관심을 가질 것이다. 그러나 우리는 구조가 유기체의 자질 구조들로부터 나오는가, 환경의 자질 구조로부터 나오는가, 아니면 둘다로부터 나오는가에 관한 질문들은 제쳐 둘 것이다. 달리 말하자면 우리는 우리가 가정하는 정보 구조들과 실제로 인간의 두뇌 안에 있는 언어적 지식을 기호화하는 정신적 대상의 구조들 사이의 관계에 관하여 특별한 주장들을 하는 것은 시기상조라고 생각한다. 만약 우리가 보편 문법의 본질에 관하여 수립하는 가설들이 실제로 정신적 현상에 관한 것으로 올바로 구성될 수 있다면, 그것들은 심리 언어학 실험에 기초한 경험적 논증에 따라야 한다. 물론 모든 언어 이론들은 이

점에서 동등하다. 그리하여, 우리가 여기서 논증하고자 하는 것은, 여기서 세우는 이론[1])이 언어의 심리학에 대한 이해를 추구하는 사람들에게, 각각 가정된 구조들과 정신적 표상들 사이의 관계에 관하여 강한 주장들을 펴 온 GB와 LFG와 같은 최근의 다른 언어 이론보다 흥미롭지 않은 것은 아니라는 것이다. 그러한 이론들과 HPSG는 설계의 모듈 방식과 일반적 원리들의 복합적 상호 작용에서 특별한 사실들을 추론하는 것과 같은 문제들에 관한 관심을 공유한다. 뒤의 장들에서 분명해지겠지만 가족적 유사성이 상당히 강하므로, LFG의 어휘 규칙들, GB의 결속 원리들과 같은 다른 이론들 가운데서 의의 있는 부분들을 채택하여, (의의 있는 수정들이 없지 않다 하더라도) 우리 자신의 틀 안에 통합하는데 아무 어려움이 없다.

우리의 수사적인 자세가 다른 이론들의 몇몇 주창자들의 자세보다 좀더 조심스러울지라도, 우리는 이 사실이 문제의 이론들의 잠재적인 심리학적인 의의에서의 어떤 중요한 차이점을 반영한 것이 아닌가 생각한다. 실제로 HPSG는 (LFG, Fenstad 외(1985)의 LFG와 관련된 접근, Karttunen (1986), Uszkoreit(1986a), Zeevat 외(1987)에 의하여 제안된 범주 문법의 최근의 몇몇 변이형을 포함하는) 최근의 어떤 다른 언어학 이론들과, 또 기능적 통합 문법(FUG)(Kay(1985))과 PART II(Shieber(1984), Shieber 외(1983))와 같은 전산 언어학적 형식주의들과 많은 설계 자질들을 공유한다. 그런데 그 설계 자질들이 언어적 정보[2])와 실제 인간 언어 처리 과정에서 그러한 정보를 사용하는 데 있어서의 관계를 이해하는 데 관련되

---

1) 이 이론은 구의 중심어 성분의 개념이 아주 중요하기 때문에 *중심어-주도 구 구조 문법 (head-driven phrase structure grammar*, HPSG)이라 불린다.

2) 그 정보는 언어적 지식의 대상을 구성하는 일반적 정보와 어떤 언어-사용자가 어떤 특별한 언어 사용 상황에 관하여 가지는 특수한 정보 둘 다를 포함한다.

어 있다는 것을 알게 될 것이다. 이러한 모든 이론과 형식주의에서, 언어적 대상들은 음운 구조, 통사 구조, 의미 내용과 실제 언어적 상황들에서 문맥적 요인들 사이의 가능한 결합들(collocations)을 서로서로 제약하는 (2장에서 상세히 논의되는) *부분적 정보 구조들*(*partial information structures*)에 따라 분석된다. 그러한 대상들은 본질적으로 속성들에 대한 값들을 명세화하는 자료 구조들인데, 사소하지 않은 복합적인 정보를 포함하는 그것들의 능력은 되풀이되는 내포(recursive embedding)(어떤 속성의 값이 그 자신의 내부 구조를 가진 다른 정보 구조일 수 있다)와 구조 공유(structure sharing)(하나의 동일한 구조가 더 큰 구조에서 구별되는 속성들의 값으로 나타날 수 있다)에 대한 잠재력에서 나온다. 또 결정적으로 그러한 구조들은 자연스럽게 정보성의 상대적인 정도에 따라 부분적으로 순서지어진(partially ordered) 것으로 보일 수 있다. 하나의 구조가 다른 구조와 최소한 같은 정보를 가지는 경우, 그 구조가 다른 구조에 *포섭된다*(*subsumed*)고 한다. LFG에서는 문법적 기능들이, GPSG에서는 통사 범주들이, 그러한 대상들에 따라 기술된다. 그러나 HPSG에서는 Martin Kay의 생각들을 따라, 어휘 항목들, 구 구조 나무들, 의미 내용들과 문법의 규칙들과 원리들조차도 그러한 대상들에 따라 기술된다.

그리하여 HPSG는 특히 *통합에-기반한*(*unification-based*) 이론으로 알려져 온 문법 이론들의 좋은 예가 된다(뛰어난 소개적 개관에 대해서는 Shieber (1986)을 보라). '통합에-기반한'이라는 이름은 부분적 정보 구조들을 지배하는 대수학에서 온 것이다. 그것에 대한 기본적인 연산은 통합 연산(*unification operation*)인데, 통합 연산은 양립하는 구조들의 집합으로부터 그 집합의 원소들에서 나타나는 모든 정보를 포함하지만, 그 밖의 것은 포함하지 않는 하나의 구조를 산출한다. 이러한 모든 이론에서 기초가 되는 것은 다음과 같은 가정이다. 실제적 언어-사용 상황에서, 지금 (예컨대, 해석, 생성, 허용가능성에 대한 판단, 말 놀이, 번역 따위의) 어떤 작업이 진행되고 있든 간에, 표상적 언어 대상에 대한 명세화가 (음운적, 통사적, 의미적 정보를 포함하는) 어휘 목록, 그것들을 결합하는 규칙들, 잘 형성된(well-formedness) 언어-특수적인 원리들과 언어-보편적인 원리들, 특별한 언어-사용 상황 자체 (예컨대 상황적 요인들) 따위의 여러 출처에서 오는 제약들의 상호 작용을 거쳐서 축적적(cumulative) (또는 *단선적(monotonic)*) 방식으로 실현된다. 최종적인 결과는 이러한 모든 다양한 출처들에서 나온 정보들을 통합함으로써 얻어진다. 그러나 이론들 자체는 (과정적(procedural)과는 반대로) 순수하게 선언적(declarative)인데, 그것들이 언어를 사용하는 동안에 *어떤(what)* 제약들이 발휘되는지에 대하여, 이러한 제약들이 적용되는 *어떤 순서(what order)*와는 독립적으로 특성을 기술한다는 의미에서 그러하다.[3] 이에 더하여, 이론들 자체는 현재 처리되고 있는 일의 종류에 관해서는 공평하다. 더 특수하게는 이론들은 해석 대 생산에 관하여 중립적이라는 의미에서 *뒤집을 수 있다(reversible)*. (Fenstad 외(1985)에서 세운) "제약들의 공동 우물(common pool)"은 언어를 사용하는 동안 작동하게 되는, 잠재적으로 꽤 구별되는 처리과정의 기제들의 완전한 범위에 자유로이 접근할 수 있다.

실재론적 해석에서는, 그러한 이론들은 의미의 관계 이론과 잘 조화되는데, 언어적 의미가 발화 상황의 유형들과 발화들이 기술하는 세계의 사물들의 유형들 사이의 관습적 제약들에서 나오기 때문이다. 그러나 동시에 (완전히 명세화된 언어 구조들이 엄격한 순서에 따라 다른 구조들로 성공적으로 변형되는 파생적 이론들에 대비되는) 부분적 정보 구조의

---

3) 전통적인 생성적 관점에 (이 관점에서는 음운론과 의미론은 "생성적" 통사론 부문에서 넘겨진 "해석적" 부문들이다) 대비한 단선적이고 선언적인 제약들의 장점들은, Fenstad 외(1985)에서, 특히 발화의 의미 해석을 결정하는 작업과 관련하여 길게 논의되어 있다.

통합에 기반을 둔 이론들이 가지고 있는 단선적, 선언적, 회귀적 특성이 그러한 이론들의 이론적 구성물들을 인간의 언어 처리의 명백한 유연성과 이식가능성(portability)을 고려하는 언어 사용의 모형에 내포시키기 위하여 그러한 이론들을 잘 처리한다.[4] 실제로 언어를 사용하는 동안에, 다양한 종류의 정보, 곧 언어적인 (예컨대 통사적, 어휘적, 의미적, 음운적인) 정보와 가끔 단편적인 특성의 정보와 문맥적 정보와 일반적인 세계의 지식이 *끼워진다(interleaved)*. 곧 복합적이고, 증가적이며, 비방향적인 (그리고 아마도 아주 평행적인) 방식으로 발휘된다. 최종적 결과에 영향을 끼치지 않고 조금씩 축적될 수 있는 선언적이고 부분적인 정보는 언어 처리에서 유연하게 참고될 것이다. 아무런 파괴적인 연산들이 없기 때문에 발화의 조각과 관련된 부분적 정보는, 어떤 부가적인 정보가 더해지더라도 그 발화가 참으로 남는다. 따라서 모든 종류의 언어적 정보는 현재의 언어적 작업이 무엇이든, 요구되는 순서대로 다른 종류의 지식과 직접적으로 통합될 것이다. 공동 정보 우물(common information pool)은 비언어적 정보를 입력으로 취하고 단어들의 연쇄들을 출력으로 산출하는 하나의 과정(발생기, generator)과 단어의 연쇄들을 입력으로 취하고 의미적 정보를 출력으로 산출하는 다른 과정(분석기, parser)에 동등하게 접근할 수 있다. 실제 사용에서는 (다른 것들 가운데) 두 종류의 장치가 작동한다. 그러나 둘은 궁극적으로 언어 정보의 같은 체계에 의존하는 것으로 가정될 수 있다. 우리가 여기서 제시한 종류의 문법은 그 체계의 모형들로 간주되어야 한다.

언어 정보에 대한 우리의 개념을 이해하기 위해서는 언어 이해의 문제를 고려해야 한다. 영어 말할이인 Rebeca가 방금 "Your cookie is on

---

4) 이 점에 관한 더 많은 논의에 대해서는 Sag 외(1986)을 보라.

the table"이라고 들었다고 가정하라. 그녀는 그녀가 참여하고 있는 언어적-의미 상황의 어떤 유형을 — 어떤 기호를 —, 예컨대, "Your cookie is on the table" 유형, "Look out for the truck" 유형 따위를 결정해야 하는 문제에 직면해 있다. 물론 그녀는 발화의 음성과 다른 주위 상황들에 관한 정보를 지각적으로 얻었다. 그러나 영어 말할이로서, 그녀는 기호들의 전체 체계에 조율되어 있다. 그러므로 그녀는 그녀가 속해 있는 상황의 다른 부분들을 다른 영어 기호들의 표상들로서 인식할 수 있는 능력을 가지고 있는데, 그녀의 자매인 Clair를 아기로서 인식할 수 있거나, 담장 밑의 장식이 많은 노란 새끼 고양이를 고양이로 인식할 수 있는 것과 마찬가지다.

예컨대, 발화의 부분을 음성 [kUki]의 예로 인식함으로써 그녀는 그 음성 유형이 cookie 속성에 관련되는 영어의 어휘적 기호에 대한 그녀의 조율을 이용할 수 있고, 그것에 의하여 현재의 언어적-의미 상황의 하위 부분이 그 기호의 예라는 정보를 얻는다. 곧 그녀는 "cookie" 기호를 사용하여, 그것이 cookies와 어떤 관계가 있다는 정보를 포함하면서, 그녀가 속한 언어적 상황에 관한 부분적 정보를 얻는다.

그러한 어휘 기호들은 가장 단순한 기호들이다. Rebeca는 문법 규칙들 (*grammatical rules*)이라고 하는 더 복합적인 기호들로부터 그 이상의 정보를 얻는다. 예컨대, 조금 단순화하면, "S→NP VP" 유형이라 할 수 있는 영어 상황의 유형이 있다. 그 유형의 어떤 상황은 다음과 같은 기술에 맞다. 먼저, 바로 어휘 기호의 표상과 같이, 그것은 어떤 음성과 상황을 기술한다. 곧 그것은 음운론과 의미론을 가진다. 그러나 어휘 기호 표상과는 달리, S→NP VP 상황은 이에 더하여 *성분 구조*(*constituent structures*)를 가진다. 이 성분 구조는 전통 문법에서 친숙한 개념인 주어와 서술어 두 부분으로 구성된다. 그것들 자체는 기호 표상들이다. 더더구나 S → NP VP 상황에서는, 어떤 조건들이 주어져야 한다. 주어와 서술어는 각각 NP와 VP라고 하는 어떤 유형의 표상들이어야 한다. 음성은 주어와 서술어의 음성들을 연속해서 재빨리 언급함으로써 얻을 수 있는 것이어야 한다. 그리고 전체에 의하여 기술된 상황은, 비록 주어가 어떤 부가적인 정보를 제공하겠지만, 서술어가 기술한 것과 같은 상황이어야 한다. 마지막으로 전체 상황은 "S"라고 하는 어떤 유형의 표상이다. 그것은 (예컨대 유형 "I think that …"의 상황인) 어떤 더 큰 영어 상황의 한 성분이 되는 가능성들에 영향을 줄 것이다. 물론, S → NP VP는 영어 문법 규칙들의 하나일 뿐이다. 다른 규칙들이 있지만 아주 더 많이는 아니고, 사실 어휘 기호들보다 아주 적다. 그것들 사이에서, 영어 어휘 기호들과 영어 문법 규칙들은 영어 기호들에 대한 가능성들을 망라한다. 매 시간 Rebeca는 어휘 기호나 규칙에 대한 지식을 사용하여, 현재의 언어 상황에 관한 더 많은 정보를 얻는다.

그러한 언어에-특수한 정보에 더하여, 아직까지 하나의 단일한 언어에 하나의 단일한 규칙에 한정되지 않은 제약들로부터 더 많은 언어적 정보가 나오지만, 그것은 모든 언어-사용 상황들에서 범언어적으로 유지된다. 그러한 제약들은 *보편 원리들(universal priciples)*이라 한다. 예컨대 기호 표상들의 (격과 굴절 형식과 같은) 어떤 자질들이 (*중심어(head)* 성분이라고 하는) 어떤 성분과 공유된다는 것은 하나의 보편 원리인 *중심어 자질 원리(Head Feature Principle)*이다. 만약 의사 소통에 성공하려면, Rebeca는 어휘 기호, 문법 규칙, 보편 문법의 원리에서 파생되는 언어적 정보의 조각을 가진 감각적인 자료를 결합함으로써 언어 상황의 유형에 주의를 기울인다.

1.3. HPSG : 미리보기

　정보에-기반한 언어학의 가장 중요한 의의 가운데 하나는 일반적이고 수학적으로 엄밀한 형식주의적 전개였는데, 그러한 형식주의 안에서 넓은 범위의 특징적인 이론들(과 고정된 이론의 문맥에서 주어진 현상에 대해 구별되는 가설들)이 더 명시적으로 구성될 수 있고 의미 있게 비교될 수 있다. 몇몇 이론들은 부적절한 형식화 때문에, 때때로 경험적인 증거들을 결정하기가 어렵거나 불가능하다(곧 엄밀히 말하여, 그것들은 이론들이 아니다!). 게다가 표시법적 차이들로 말미암아, 이론들 사이의 결과들을 비교하기 어렵거나, 하나의 "틀" 안에서 수행된 작업을 다른 연구 전통을 지지하는 연구자들 때문에 정당하게 평가하지 못하는 경향이 있었다. 2장에서는, 통합에-기반한 이론들을 세우는데 의존하는 공통의 형식적 기초들을 명백히는 아니지만, 기술적인 용어로 설명한다. 포섭 순서와, 자질 구조들에 대한 통합 연산, 자질 구조들에 대한 다른 논리적 연산들(이접, 함축, 부정), 언어 이론들의 논리적 구조와 같은, 이에 더하여, 자질 구조 유형들과 상속, 목록과 집합 값들, 기능적으로 의존하는 값들과 같은 자질 구조들과 함께 작동하는, 지식 표상과 자료 유형들에 대한 최근의 전산적 작업에서 빌어온 몇몇 도구들을 제시한다. 이 도구들은 대부분 최근 이론들의 가장 주목할 만한 부분들이 (최소한 이론가들의 의도들이 아주 분명하여 어떤 종류의 형식화를 허용하는 정도에까지) 그것들을 사용함으로써 형식화될 수 있는 표현적인 힘이 충분하다. 실제로, 범주 문법, **DTR** 이론, **GPSG**, **LFG**, 상황 의미론, 체계 문법과 가장 최근의 **GB**와 같이 다양한 연구의 수많은 변이된 이론들은, 현재의 전산에-기반하고 원리적인 언어 처리 체계인 점에서, 모두 통합에-기반한 형식주의들 안에서 실행된다.

이와 같이 아주 바람직한 일들을 통해서 나오는 흥미롭고 중요한 결과는 경쟁 분야의 사회학에서 어떤 권위주의가 빠르게 약화된다는 것이다. 그 권위주의는 어떤 연구들이 "올바른" 틀 안에서 수행되어야 하며, 많은 단체 조직 사이의 상호 작용들은 "올바른" 연구 전통의 지지자들에 한정되어야 한다고 명령한다. 다행스럽게도, 동시대의 언어학 연구자들은 스승들이나 앞선 동료들의 학리상의 결연들에 의하여 지시된 정통들에 묶일 필요가 없다. 표현력이 있고 형식적으로 정확한 공동 언어(*lingua franca*)의 발달로, 본질적으로 완전한 범위의 현재의 이론들이 개인 연구자의 심미적 감각, 철학적 경향들과 올바른 사실들을 얻기 위한 책임감에 의해서만 제약된 방식으로 조립되고 분해되고 비교되고 재조립되고 다듬어진다.

앞으로 알게 되겠지만, 동시대 언어의 통사 이론과 의미 이론들의 범위에 친숙한 독자들은, HPSG의 많은 구성들과 가설들이 — 아마 그것들의 대부분이 — 여러 곳에서 빌어온 것이거나 채택한 것이라는 것을 분명히 알 수 있을 것이다. 예컨대 통사적 자질들과 범주들에 대한 HPSG의 처리(3장)는 GPSG의 저작에서 자유롭게 빌린 것이다. 실제로 보편 문법에서 제안된 원리 가운데 *중심어 자질 원리*(Head Feature Principle, HFP)와 *결속 상속 원리*(Binding Inheritance Principle, BIP)는 본질적으로 *중심어 자질 규약*(HFC)과 *발 자질 원리*(Foot Feature Principle, FFP)를 재형식화한 것이다. 대략 말해서 기호의 통사 범주는 속성-값 (또는 자질-값) 명세화들의 묶음으로 분석된다. 통사 자질들은 *중심어*(*head*) 자질들, *결속*(*binding*) 자질들, 또는 *하위범주화*(*subcategorization*) 자질로 분류되는데, 그것들은 보편 원리가 그것들의 행위를 제약하는 것에 의존한다. 품사, 명사들의 격, 동사들의 굴곡 형식 따위의 중심어 자질들은 HFP에 따라야 하는데, HFP는 구 기호의 중심어 자질들이 그것의 중심어 딸과 공유된다는 것을 요구한다. 그리하여 NP의 격은 그것의 중심어 명사의 격에 의하여 결정되고, 동사 구(나 문장)의 굴절 형식은 그것의 중심어 동사에 의하여 결정된다. 결속 자질들은, "빈 자리"(gap)의 출현이나 관계 대명사, 의문적 요소들과 같이 본질적으로 비국지적인 (곧, 구의 어휘적 중심어에 의하여 결정되지 않는) 기호들의 통사적 의존 관계들을 인코드하며, BIP에 따라야 한다. BIP는 그러한 의존 관계들에 관한 정보가 문제의 의존 관계가 "결속되거나"(bound) "해방될"(discharged) 수 있는 지점에 이를 때까지 기호들의 성분 구조를 따라 위로 옮겨질 것을 요구한다. 즉 BIP에 따르면, (예컨대, 전치사 on이 중심어인 PP에 의하여 "채워져야"(filled) 하는) 문장 *On whom does Kim believed we can rely ___?*의 빈자리에 관한 정보는 빈 자리로부터 위로, 딸에서부터 어머니까지 올라가서, "빈자리가 있는" (gappy) S *does Kim believed we can rely ___?*가 의문적 PP *On whom*와 결합하는 성분 구조의 지점에 이를 것이다.

HPSG에서 가정된 보편 문법의 세 번째 원리인 *하위범주화 원리* (*Subcategorization Principle*)는 본질적으로 범주 문법에서 채택된 "논항 삭제"(argument cancellation)를 일반화한 것이다. HPSG 기호의 하위범주화(또는 결합가, 또는 잠재된 결합가)는 *하위범주화*(*subcategorization*) 자질 (보통은 SUBCAT로 약기된다)이라고 하는 특별한 자질에 의해 기술되는데, 그것의 값은 단순히 문제의 기호가 *포화되기*(*saturated*) 위하여 (예컨대, 동사의 경우, 완전한 문장을 만들기 위하여) 결합해야 하는 기호들의 종류의 목록이다. 조금 단순화해서 예를 들면, 먼저 과거-시제 자동사 *walked*의 SUBCAT는 목록 <NP[NOM]>인데, 이것은 *walked*가 포화되기 위하여 주격인 하나의 NP(주어)와 결합해야 되기 때문이다. 그리고 과거-시제 타동사 *liked*는 SUBCAT <NP[ACC], NP[NOM]>를 가지는데, 그것은 *liked*가 대격의 NP(목적어)와 주격의 NP(주어) 둘을 요구하기 때문이다.

또 과거-시제 동사 *forced*는 직접 목적어와 주어에 더하여 비한정적 VP를 요구해서, SUBCAT 값으로 <VP[INF], NP[ACC], NP[NOM]>를 가진다. 하위범주화 원리는 어떤 구에서, 각 보어 딸은 중심어 딸의 SUBCAT 요소를 충족시켜야 (더 정확히는, 그것과 통합되어야) 하며, 어머니의 SUBCAT 목록은 중심어 딸의 SUBCAT 목록에서 충족되기 위하여 남아 있는 요소로 구성되어야 한다. 좀더 간결하게는, 구의 하위범주화는 중심어 딸의 하위범주화에서 보어 딸들에 의하여 충족된 요구물들을 뺀 것이다. 5장에서 우리는 보어들의 범주 선택 뿐만 아니라, 격 일치, (예컨대 특별한 전치사들의) 어휘적 지배, 의미적 역할 부여, 동사 일치를 포함하는, 넓은 범위의 또 다른 어휘적이고 (곧 어휘적으로 결정된) 통사적이고 의미적인 의존 관계들이 모두 이 단순한 원리에 기초하여 설명될 수 있음을 논의할 것이다.

이와 관련하여, 범주 문법과의 가장 중요한 접촉점은, ("표면적"(surface) 순서, 곧 대응하는 기호들이 음성적으로 실현되는 시간적 순서에 대비되는) "심층적"(deep) 문법적 순서에 따른 문법 관계들(주어, 목적어, 따위)의 정의이다. HPSG에서, 동사의 주어, 직접 목적어, 두 번째 목적어는 동사의 SUBCAT 목록에서, 각각, 끝(last), 끝에서 두 번째(second-last), 끝에서 세 번째(third-last) 요소들을 충족시키는 (그것과 통합되는) 기호들로 정의된다. 그리하여 HPSG는 Dowty(1982a, 1982b)와 다른 이들의 범주 문법 안에서 명확히 표현된 것과 유사한 문법 관계의 *계층적*(hierarchical) 이론을 구현한다. 주요한 차이점은 범주 문법에서는, 이 순서가 Montague류의 서술어-논항 구조에서의 논항들의 순서에 대응되는 것으로 간주되었다. 대조적으로, 우리는 (4장에서) 의미적 논항 순서는 잘못되었고, 상황 의미론에 채택된 것과 유사한 순서에-자유로운 개념인 *의미적 역할*(semantic role)로 대체되어야 함을 논의한다. 따라서 HPSG 기호의 SUBCAT 목록에서 요소들의 순서와 연합되는 문법 관계들의 순서는 논항의 순서가 아니라 전통 문법적 개념인 *사격성*(*obliqueness*)에 대응되는데, 목록의 가장 왼쪽에 있는 요소들이 가장 사격적이다. 아래에서 보게 되는 바와 같이, 사격성 계층의 개념은 아주 다양한 종류의 수많은 언어 현상에 대한 HPSG의 설명에서 핵심적인 역할을 담당한다.

HPSG에서 단어들은 (곧 어휘적 기호들은), 고도로 구조화되어 있고 풍부한 정보를 가지고 있다. 단어들은 위에서 언급된 것과 같은, 어휘적 기호들과 그것들이 중심어인 (곧 그것들의 *투사들*(*projections*)인) 구 기호들 사이의 정보의 흐름을 제약하는 보편 원리들과 결합하여, 일반적으로 구들의 통사적인 속성들과 의미적인 속성들을 아주 광범위하게 결정한다. (대략 GB 이론의 "*투사 원리*"(*Projection Principle*)도 비슷한데 정보를 어휘적 중심어에서 그것들의 투사로 옮기는 책임이 있는 HPSG의 원리들이 더 명시적으로 공식화되었다. 따라서 경험적 증거들이 더 분명하다는 것을 논의할 것이다). 그 결과로 문법이 언어에-특수한 규칙들을 설명해야 하는 부담이 줄었다. 그리하여 HPSG는 범주 문법과 언어에-특수한 구 구조 규칙들을 제거하고, 기호들 사이의 구성성을 제약하는 아주 부분적으로 명세화된 결합 도식들을 선호한다는 것을 공유한다. 예컨대 (6장에서 제시한) 네 개의 고도로 도식적인 HPSG의 규칙들은 영어의 기초적인 단편을 (곧, 구 성분들이 모두 중심어들, 보어들, 또는 부가어들인 영어 기호들을) 설명한다.

이러한 규칙들의 하나로 비공식적으로 쓰여진 (3)은 다음과 같다.

(3) [SUBCAT < >] → H[LEX −], C

영어 구에 대한 가능성 가운데 하나가, 포화된 기호([SUBCAT < >] ; 여기서 "< >"는 빈 목록을 나타낸다)이고, 성분들이 구적 중심어(H[LEX −])와 단 하나의 보어(C)인 기호임을 나타낸다. 이 규칙은 (4)에 보인 것과 같은 많은 관습적 구 구조 규칙들을 포섭한다.

(4) S → NP VP

NP → DET NOM

NP → NP's NOM

(5) [SUBCAT <[ ]>] → H[LEX +], C*

(5)에서 비공식적으로 표현된, 다른 HPSG 규칙은 영어 구들에 대한 다른 선택이, 정확히 하나의 보어([SUBCAT <[ ]>] ; 여기서 "<[ ]>"는 길이 하나인 어떤 목록을 나타낸다)에 대하여 하위범주화하고, 그것의 딸들이 어휘적 중심어(H[LEX +])와 몇 개의 보어 딸 (C*)들인 기호임을 나타낸다. 이 규칙은 (6)에서와 같은, 많은 열들의 관습적 구 구조 규칙들을 포섭한다.

(6) VP → V ;   VP → V S' ;   AP → A ;

VP → V NP ;   AP → A PP ;   PP → P NP ;

VP → V PP ;   VP → V VP ;   VP → V AP ;

VP → V NP NP ;   VP → V NP PP ;   따위

HPSG에서는 범주들이 오른쪽으로 정확하게 확장하는 것에 대해서는 명세화될 필요가 없는데, 그 까닭은 정보가 어휘적 중심어의 SUBCAT 목록으로부터 통합될 것이기 때문이다. 이 점을 유의하라.

위에서와 같은 HPSG 문법 규칙들은 성분성만 결정하고, 성분들이 실현되는 표면적 순서는 언급하지 않는다는 것을 유의하는 것이 중요하다. GB나 LFG와 같이 규칙들이 상대적인 순서와 성분성을 결정하는 범주

문법의 "방향성을" 가진 이론들과는 달리, HPSG는 GPSG의 전통을 따르는데, GPSG에서는 자매 성분들의 상대적인 순서에 관한 일반화들이 구 구조 규칙들로부터 추출되고, 독립적인 언어에-특수한 *선조적 순서* (*linear precedence*, LP) 제약들(7장)로 표현된다. 곧 HPSG의 구 구조 규칙들은 실제로 *직접 관할*(*immediate dominance*) 규칙들이다. 이것은 당연한 것인데, 그 까닭은 주어진 어떤 언어의 자매 성분들의 선조적 순서가 구들의 특수한 부류들의 특이한 속성이 아니라, 전체 언어에 걸쳐 부과되는 일반적 제약들에 의하여 결정되는 것이 잘 알려져 있기 때문이다. (GPSG와 달리) HPSG에서는, 몇몇 LP 제약들은 그것들이 순서지우는 자매들의 통사적 범주를 가리킬 뿐만 아니라, 그것들의 문법적 관계들도 (곧, 사격성 계층에서의 그것들의 상대적 위치도) 가리킨다. 그러한 *계층적* LP 제약의 한 예는 (7)과 같다.

(7) COMPLEMENT[MAJ ¬V] ≪ COMPLEMENT

(7)에 대한 의도된 해석은 영어에서 V가 아닌 주요 자질(대략, 품사)을 가진 어떤 보어가 (곧 중심어가 동사가 아닌, 따라서 VP와 S가 아닌 어떤 보어는) 더 사격적인 보어 자매들보다 선조적으로 앞서야 한다는 것이다. 이 제약의 수많은 증거들 가운데 직접 목적어들이 두 번째 목적어들을 앞선다는 사실이 있다. (예컨대, 미국 영어에서, *Kim gave Sandy Fido*가 *Kim gave Fido Sandy*와 같은 대상을 의미하지 않는다는 사실이 있고, 도치된 ("주어-조동사 도치") 구조들에서, 주어가 VP 보어들을 앞선다는 (예컨대, *Did Kim leave?*이지 **Did leave Kim?*) 사실이 있다. 통제("이해된" 주어들의 해석)를 포함하는 더 많은 증거들에 대해서는 아래에서 언급할 것이다.)

위에서 본 바와 같이, 하위범주화 정보를 구 구조 규칙들에서 범주 문법 식으로 어휘부로 재배치하면, HPSG에서 구 구조 규칙들의 수와 복잡성이 현저하게 줄어든다. 언어적 정보가 부가적으로 들어가는 "어휘화"(lexicalization)와 부수적으로 문법을 더 단순화하는 것은 LFG에서 채택된 것과 유사한 *어휘 규칙들*(8장)을 사용함으로써 얻어지는데, 어휘 규칙들은 피동화, 사동화, 허사 대명사 *it*와 함께 나타나는 외치와 같은 "구조를 보존하는" 과정들을 다룬다. 어휘 규칙들은 주어진 입력 부류의 어휘 기호들에 작용하여, (결정적으로는 SUBCAT 목록을 포함하는) 그것들의 음운론, 의미론과 통사론에 체계적인 영향을 주어, 어떤 출력 부류의 어휘 기호들을 산출한다. 예컨대, 영어의 피동화는 (8)에서 비공식적으로 진술된 어휘 규칙에 따라 다루어진다.

(8) $\langle \phi,\ V[BSE,\ SUBCAT\ \langle ...\ ,\ NP,\ NP\rangle]\rangle\ \ \mapsto$
$\quad\langle passive(\phi),\ V[PAS,\ SUBCAT\ \langle(PP[BY],)\ ...\ ,\ NP\rangle]\rangle$

여기서 입력 단어인, 음성 형식 ϕ를 가진 기본-형식 동사(V[BSE])는 최소한 주어 NP와 직접 목적어 NP에 대하여 하위범주화하는데(SUBCAT $\langle\cdots,\ NP,\ NP\rangle$), 그 기본-형식동사로 음성 형식 passive(ϕ)를 가진 피동-형식 동사(V[PAS])에 사상된다. 거기서 피동은 불규칙적인 피동 형태론이 입력 단어에 의하여 명세화되지 않으면 규칙적인 피동 형태론을 체계적으로 산출하는 형태론적인 연산이다. 피동 형식의 SUBCAT 목록은 입력동사의 SUBCAT 목록에서 가장 덜 사격적인 (주어) NP 명세화를 사라지게 하고, 가장 왼쪽의 (가장 사격적인) 위치에 수의적인 by-PP(여기서는 괄호치기에 의하여 수의성이 지시되었다)에 대한 명세화를 더함으로써 얻어진다. (8)의 효과는 (9)~(11)에서 보여진다.

(9) a. *<admire*, V[BSE, SUBCAT<NP, NP>]>

    b. *<admired*, V[PAS, SUBCAT<(PP[BY], NP>]>

(10) a. *<blame*, V[BSE, SUBCAT<PP[ON], NP, NP>]>

    b. *<blamed*, V[PAS, SUBCAT<(PP[BY], PP[ON], NP>]>

(11) a. *<force*, V[BSE, SUBCAT<VP[INF], NP, NP>]>

    b. *<forced*, V[PAS, SUBCAT<(PP[BY], VP[INF], NP>]>

이들, 즉 능동 형식들과 피동 형식들 둘다와 같이 어휘적 기호들이 중심어인 구들은 이제 (위의 (8)에 진술된) 하나의 같은 구 구조 규칙에서 산출될 수 있는데, (12)~(14)에 지시된 것과 같다.

(12) a.

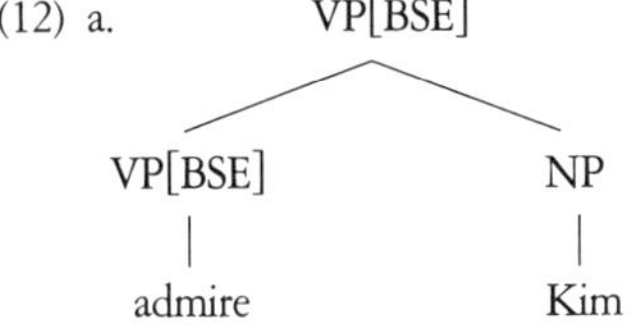

    b.

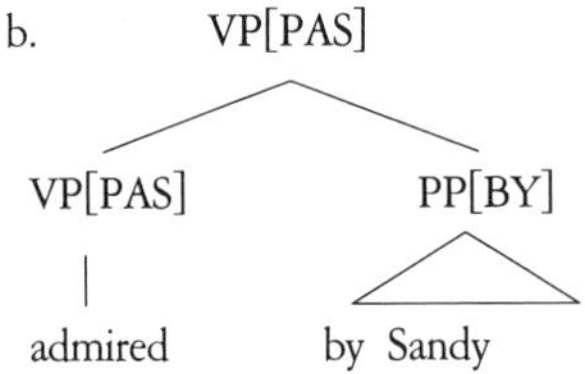

(13) a.

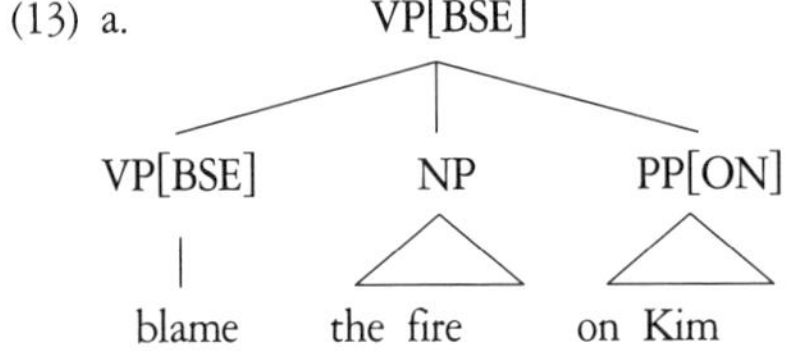

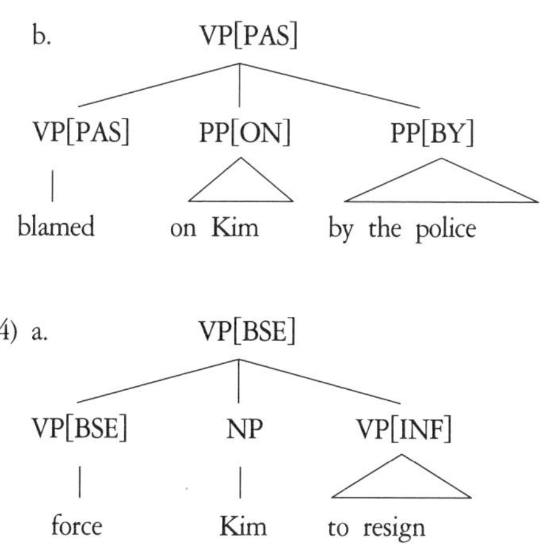

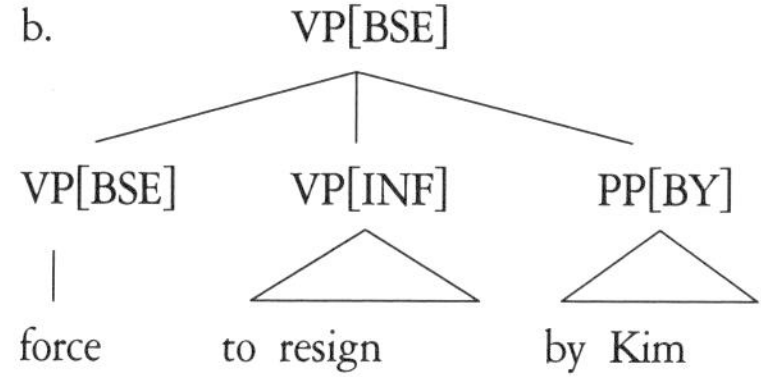

이것은 GPSG의 메타 규칙과 대조되는데, 메타 규칙은 ID 규칙들(곧 어휘적 중심어를 도입하는 ID 규칙들)에 작용하여 부가적인 어휘적 ID 규칙들을 산출한다. 그리고 성분 구조 나무들에 직접 작용하여 연속적인 "표시의 층위들"을 산출하는 (따라서 이론의 전체적인 얼개가 복잡한) GB의 변형 규칙인 "α-이동"과 더 뚜렷하게 대조된다.

한 가지 중요한 사실은, HPSG가 실제로는 통사 이론이 아니기 때문에 HPSG는 그것의 발달에 영향을 준 다른 모든 통사 이론들과 다르다는 것이다. 그리고 그것보다 HPSG가 통사적 정보와 의미적 내용을 포함하여, 언어적 의미 관계와 관련되어 있는 정보의 모든 형식들 사이의 상호 작용과 관계되어 있다는 것이다. 이것은 언어 이론이 의미론을 무시해 왔다는 것을 말하는 것은 아니다. 의미론의 어떤 분야는, 연구 분야의 주류는 아닐지라도, 확실히 발전하고 있다. 그러나 의의 있는 예외들도 있지만, 통사론자와 의미론자들은 각각의 길을 가는 경향이 있어 왔다. GB, GPSG와 LFG와 같은 이론의 연구자들은 통사론에 관심을 집중했다. 그런데 그들이 드물게 의미론적 문제들에 손을 대는 경우에도, 의미론은 보통 통사론 뒤에 오는 것으로 생각했다. 그리고 전형적으로는 문제의 통사 이론이 모형-이론적 해석인 몬테규-류의 체계와 조화될 수 있다고 일컬어졌다(예컨대, Halvorsen(1983)과 Gazdar 외(1985, 10-11장)을 보라). 반면, 의미론자들이 그 수는 아주 적지만 대부분 몬테규와 운명을 함께 했다. 알려진 바와 같이 몬테규는 "나는 의미론에 대한 예비적인 것을 제외하고는 통사론에 어떤 큰 흥미를 가질 수 없다"고 주장했는데 (Montague 1974 : 223, fn), 그는 보통 변형 문법의 그 당시의 이론이나 몬테규로부터 상속된 범주 문법을, 이의없이 통사론의 토대로 채택했다. 이러한 전통적인 구분은 언어학 교과과정의 구조에도 반영되어, 의미론은 관습적으로 통사론의 뒤에 가르치거나 전혀 가르치지 않았다. HPSG에서는 이러한 전통과 근본적으로 맞서는데, 문법 이론의 통사적 양상들과 의미적 양상들이, 어느 한 쪽만을 떼어내어 생각해서는 어느 것도 잘 이해될 수 없다고 가정하여, 출발부터 통합적인 방법으로 수립되어야 한다고 본다. 이 점에서 HPSG는 가장 최근의 통사론적 접근들보다, 상황 의미론의 (예컨대, Fenstad(1985)의) 연구에 이론적으로 더 가깝다.

HPSG에 대한 상황 의미론의 영향은 일반적 관점에서 뿐만 아니라, 기호들의 의미적 내용들이 분석되는 도구로서의 존재론적 범주들 즉 *개체들(individuals)*, *관계들(relations)*, *역할들(roles)*(다소 논항 위치들과 비슷한, 관계에 참여하는 방식들), *상황들(situations)*과 *상황소들(circumstances)*의 선택(4장)에서 특히 더 많이 반영되어 있다. 더 단순화하면, 단순 평서문의 의미

내용은 상황소로서, 어떤 관계에서 역할들을 하는 개체들로 구성된 상황
-이론적 대상이다. 예컨대, 문장 Kim admires Sandy의 의미 내용은 (15)
에 기술된 상황소이다.

(15)
$$\begin{bmatrix} \text{RELATION} & \text{ADMIRE} \\ \text{ADMIRER} & \text{KIM} \\ \text{ADMIREE} & \text{SANDY} \end{bmatrix}$$

여기서 관계는 ADMIRE이고, 개체들 KIM과 SANDY는 각각 ADMIRER
와 ADMIREE의 역할을 한다. 문장들과 구들의 의미 내용은, 일반적으로
보편 언어 원리들(과 문맥적 요인들)과 함께, 그것들의 성분들과 연합된
통사적 정보와 의미적 정보의 다양한 조각들에 의하여 결정된다. 이 경
우에는, KIM과 SANDY는 각각 주어 NP *Kim*과 직접 목적어 NP Sandy
의 의미 내용에 해당한다. 관계 ADMIRE와, 주어와 직접 목적어 각각에
대한 ADMIRER와 ADMIREE의 역할 부여는 중심어 동사 admires로부터
오는데, 그것은 대강 (16)에 지시된 형식을 가진다.

(16) $\langle$admires, V[SUBCAT$\langle$NP$_i$, NP$_j\rangle$], $\begin{bmatrix} \text{RELATION} & \text{ADMIRE} \\ \text{ADMIRER} & j \\ \text{ADMIREE} & i \end{bmatrix}$ $\rangle$

어휘적 기호는 음운적, 통사적, 의미적 정보로 구성된다는 것을 유의
하라. 문법 관계들에 대한 의미적 역할들을 엄격하게 부여하는 것은
SUBCAT 자질에 의하여 중개된다. 여기서 i와 j는 (수학적 논리학에 있
는 통사론의 의미에서가 아니라, 고전적인 수학적 분석에 있는 의미론의
의미에서) 변항들(variables)로서, NP의 의미 내용의 부분을 이루고 또

DRS 이론에서 지시 표지들이 담당하는 역할과 비슷한 HPSG의 의미적 설명을 담당하는 매개 변항들(parameters)이다. 명세화 NP_i는 변항이 ADMIRER 역할인 filler와 동일화되는 (곧 통합되는) 명사구를 요구한다. (실제의 주어와 직접 목적어 성분들이 중심어에 대한 SUBCAT 명세화들과 통합되기를 요구하는) 하위범주화 원리에 의하여, 변항 j와 i는 각각 KIM과 SANDY와 통합되어야 한다. 이제 (16)이 전체 문장의 의미 내용이라는 것은 부가적인 보편적 *의미론 원리*(Semantics Principle)로부터 나오는데, **의미론 원리**는 대략적으로 말하면, 구의 의미적 내용은 그 구의 중심어 딸의 의미 내용과 통합되어야 한다는 것을 요구하는 "의미적 HFP"의 한 종류이다. 몬테규 의미론과는 달리, 문장의 의미 내용은 모형 — 이론적 해석의 통사론에 — 유도된 과정에 의해 결정되지 않는 대신에, 기호들과 연합된 정보의 어떤 조각들이 어떤 다른 조각들과 통합되기를 요구하는 일반적인 언어 제약들에 따라 어휘적 성분들의 의미 내용으로부터 "생긴다".

　GB 이론에 친숙한 독자들은, 위에서 언급한 의미적 역할들과 NP 변항들에 대해서 GB의 개념인 "θ-역할"과 "통사적 지표"와 관련해서 생각할 것이다. 그러나 이러한 개념들에 대한 우리의 관점은 기본적으로 다르다. GB의 θ-역할과 지표들은 통사적으로 잘-형성됨을 설명하기 위하여 요구되는 설명되지 않은 통사적 실재들이다. HPSG에서는 대조적으로, 의미적 역할들과 변항들은 기호들의 의미 내용들의 성분들로서 자연스럽게 발생하는 상황-이론적 대상들(관계들에 참여하는 방식들, 그리고 NP 표상들에 의하여 도입되는 매개 변항)로 직접적으로 다루어진다. 실제로, 두 쌍의 개념들은 대략 같은 현상들을 설명하기 위하여 두 이론에 의하여 이용되지만, 우리는 기저의 개념들에 대한 이 책의 설명이 언어학 분석에 그것들을 이용하는데 대하여, 더 확고한 개념적 기초를 제공한다고 믿는다.

2권에서 우리는 1권에서 수립된 기초들을 발전시켜, 넓은 범위의 통사적 현상들과 의미적 현상들에 대한 명시적이고 형식적으로 정확한, 그리고 — 많은 경우에 — 아주 새로운 설명들을 제공하는데, 대부분은 일치, 통제, 먼-거리 의존 관계들과 대용에 관한 것이다. 여기서는 이러한 분석들의 어떤 묘미 정도만 전달하고자 한다.

일치에 대한 우리의 이론은, 인칭, 수와 (형식적 성과 자연적 성 둘다를 포함하는) 성과 같은 일치 정보가 통사적 자질들이 아니라 NP 변항들의 속성들이라는 관습적이지 않은 가설과 함께 출발한다. 일치는 그 의미 내용의 통합이 요구되는 변항들을 가리키는 두 기호들 사이에서 일어나는데, 최소한 문제의 기호들의 하나와 문제의 변항들의 일치 정보가 굴곡 형태론에 반영되는 어떤 부류에 속하는 경우에 명시적으로 드러난다. 이 가설은 동사의 (주어와 목적어 둘다와의) 일치, 명사들과 한정사들 및 형용사들과의 일치와 통제, 관계화, (넓게는 직시 대명사를 포함하여 구성되는) 대용과 함께 나타나는 일치의 상호 작용들에 대한 원리적이고 통합된 설명에 대한 기초를 제공한다. 그렇지 않았더라면 그것은 또 다음과 같은 것을 포함하는 성가신 수많은 사실들을 직접적으로 설명할 수 있다. 대명사들과 그 선행사들은 범언어적으로 인칭, 수와 성에서 일치하지만, 격에서는 일치하지 않는다. 대등 접속 구조들은 범언어적으로 그 접속항 딸들의, 동사의 형식과 격과 같은 굴곡 자질들과 공유하지만, 일치는 공유하지 않는다. 전치사구는 목적어가 그 구의 중심어가 아니더라도 그 목적어의 일치를 상속한다.

변항들과 역할들은 통제, 곧 "이해되는 주어들"의 해석에 대한 HPSG의 설명에, 예컨대 (17)에서와 같은 "포화되지 않은" 동사적이거나 서술적 보어들에 관계한다.

(17) a. Kim seemed *to be optimistic*.　　　　(주어 통제)

　　 b. Kim tried *to be optimistic*.　　　　　(주어 통제)

　　 c. Kim promised Sandy *to be optimistic*.　(주어 통제)

(18) a. Kim believed Sandy *to be optimistic*.　(목적어 통제)

　　 b. Kim persuaded Sandy *to be optimistic*.　(목적어 통제)

　HPSG에서, 그러한 보어들이 (GB 이론에서와 같은) 절들로 분석되지 않고, (GPSG, LFG와 대부분의 범주 문법 분석들과 같은) 단순히 VP들로 분석된다. 하위범주화 원리에 따라, VP들은 차례로 V[SUBCAT ⟨NP⟩]로 분석된다. 곧 그것들은 "빠진" 주어 NP에 대하여 하위범주화 한다. 주어 통제와 목적어 통제의 구별은 (19)~(20)에서와 같은 어휘 항목들에 기초하여 설명된다.

(19) ⟨promise, V[SUBCAT⟨V[SUBCAT⟨NP_j⟩]], NP_i, NP_j⟩]⟩

(20) ⟨persuade, V[SUBCAT⟨V[SUBCAT⟨NP_i⟩]], NP_i, NP_j⟩]⟩

　곧, 통제자의 선택은 VP 보어의 "빠진" (곧, 하위범주화되지만 실현되지 않은) 주어의 변항이 모문 동사의 주어 변항과 통합되는가 아니면 목적어 변항과 통합되는가에 달려 있다. 언뜻 보아서 우리는 통제가 어휘적으로 명세화된다고 주장하는 것으로 보일 것이다. 그러나 사실 우리는 통제가 (보어들로 보이는 것들 뿐만 아니라) 포화되지 않은 구들의 전체 부류들에 적용되는 더 일반적인 의미적 제약들에 기초하여 예측된다고 논의한다. 그러한 제약들은, 예컨대 Kim이 (21)의 모든 예들의 VP[INF] 를 통제하는데 반하여, (22)의 모든 예들에서는 통제자가 Sandy인 이유를 설명한다.

> (21) a. Kim promised Sandy to be home.
>
> b. The promise that was made to Sandy by Kim, to be home early, was never kept.
>
> c. Kim promised something to Sandy. It was to be home early.

> (22) a. Kim appealed to Sandy to be home early.
>
> b. Kim's appeal to Sandy to be home early went unnoticed..
>
> c. Kim made an appeal to Sandy. It was to be home early.

(23)~(24)의 (a)와 (b)의 대조에 반영된, 그동안 많이 연구되었던 "올리기"(raising) 통제와 "동지시"(equi) 통제 사이의 구별도, 직접적으로 분석할 수 있다.

> (23) a. Kim believed there to be a unicorn in the garden.
>
> b. *Kim persuaded there to be a unicorn in the garden.

> (24) a. 1. Kim believed Sandy to have examined Chris.
>
> 2. Kim believed Chris to have been examined by Sandy.
>   (진리-조건적으로 등치다)
>
> b. 1. Kim persuaded Sandy to examine Chris.
>
> 2. Kim persuaded Chris to be examined by Sandy.
>   (진리-조건적으로 등치가 아니다)

분석의 본질은 동지시 동사들은 통제하는 보어에 (현재의 예에서는 목적어에) 의미적 역할들을 부여하지만, 올리기 동사들은 그렇지 않은데, 다음과 같은 어휘 기호들에 의하여 지시된다.

(25) ⟨believe, V[SUBCAT⟨VP[SUBCAT⟨NP_i⟩], NP_i, NP_j⟩],

$$\begin{bmatrix} \text{RELATION} & \text{BELIEVE} \\ \text{BELIEVER} & j \\ \text{PROPOSITION} & \cdots \end{bmatrix} \rangle$$

(26) ⟨persuade, V[SUBCAT⟨VP[SUBCAT⟨NP_i⟩], NP_i, NP_j⟩],

$$\begin{bmatrix} \text{RELATION} & \text{PERSUADE} \\ \text{PERSUADER} & j \\ \text{PERSUADEE} & i \\ \text{PROPOSITION} & \cdots \end{bmatrix} \rangle$$

위의 단순화된 어휘 기호들에서는 더 미묘한 차이까지 나타나지 않는데, 올리기 동사들은 통제자에 대응되는 (그 통사적 정보를 포함한) 완전한 SUBCAT 요소가 VP 보어의 주어 SUBCAT 요소와 통합되는 반면에, 동지시 동사들은 문제의 요소들의 (의미적) 변항들만 통합되기를 요구한다. 올리기와 연합된 통사적 의존 관계의 존재는 그렇지 않았다면 불가사의한, appeal과 같은 PP에-통제된 동지시 동사들과 유사한 PP 통제자를 가진 올리기 동사들이 없다는 사실을 설명하는데, 그 까닭은 어떤 PP도 동사적 보어의 NP 주어 SUBCAT 요소와 통합될 수 없기 때문이다.

(27) Kim appealed to Sandy to be *optimistic*.　　(PP 목적어 통제)

동일한 통사적 의존 관계는, 중심어 동사가 그것의 주어에 "사격(quirky)"을 부여하는 동사적 보어들을 가진 아이슬랜드어의 문장들에서, 만일 모문 동사가 올리기 동사라면 사격(quirky)이 일관되게 통제자에 의하여 생기지만, 동지시 동사라면 그렇지 않은, 잘 알려진 어떤 사실을 설명한다.

(28) a. Honum   mæltist vel   í   kirkjunni.
         him(DAT)   spoke   well   in the-church
         'He spoke well in church'

   b. Honum   virðist mælast   vel   í   kirkjunni.
       him(DAT)   seems to-speak   well   in the-church
       'He seems to speak well in church'

   c. Ég   vonast til að mælast   vel   í   kirkjunni.
       I(NOM)   hope   to to to-speak well   in the-church
       'I hope to speak well in church'

사격성 계층도 통제에 대한 HPSG의 분석에서 또 다른 보편 원리인, *어휘적 통제 원리*(*Principle of Lexical Control*, PLC)에 따라, 중심적인 역할을 가정한다. PLC는 포화되지 않은 보어의 주어 SUBCAT 요소가 만약 어떤 덜 사격적인 보어가 존재한다면, 그것에 의해 통제된다는 것을 요구한다. (29)~(30)의 예들과 관련하여 위에서 인용된 일반적인 의미적 제약들과 함께, PLC는 주어-통제 동사들이 피동화되지 않는다는 사실("Visser의 일반화")을 설명한다.

(29) a. Kim persuaded Sandy to leave.
   b. Kim promised Sandy to leave.

(30) a. Sandy was persuaded by Kim to leave.
   b. *Sandy was promised by Kim to leave.

통제를 포함하는 자주 언급되고 있는 또다른 대조는, (31)~(32)에 보이는데 appeal과 appear을 포함하고, 둘다 VP[INF]와 PP[TO]에 대하여 하위범주화한다.

    (31) a.   Kim appealed to Sandy to be optimistic.

         b. *Kim appealed to be optimistic to Sandy.

    (32) a. Kim appeared to Sandy to be optimistic.

         b. Kim appeared to be optimistic to Sandy.

보어의 사격성 순서는 어떻게 되는가? (31a)에서는 PP[TO]가 통제하기 때문에, PLC는 PP[TO]가 VP[INF]보다 덜 사격적이어야 한다는, 곧 appeal의 하위범주화가 (33)이어야 한다는 것을 함의한다.

    (33) <VP[INF], PP[TO], NP>

(31b)의 비문법성은 별도로 동기화된 위의 LP 규칙 (7)에 의하여 예측된다. 다른 한편, (32a-b)의 문법성은, *appear*의 하위범주화가 (34)이어야 한다는 것을 보여주는데, 그렇지 않으면 (32b)가 비문법적이어야 할 것이기 때문이다.

    (34) <PP[TO], VP[INF], NP>

그러므로, PLC는 appear가 주어에 통제되기를 예측하는데, 그것은 물론 맞다. (31)~(32)의 대조에 대한 이러한 분석은, PP 보어들은 그것이 "의사-직접 목적어" 곧 주어가 아닌 가장 덜 사격적인 보어인 경우에만 "의사-피동화된다"는 타당한 가정 아래, (35)의 대조를 통해 더 뒷받침된다.

    (35) a.   Kim was appealed to be optimistic.

b. *Kim was appeared to to be optimistic.

우리는 재귀적 대명사와 비재귀적 대명사에 대한 HPSG 분석에서 가장 중요한 부분의 윤곽을 보여주면서 이 개관을 마무리 하고자 한다. 통제와 비슷하게 NP 변항과 사격성은 우리 설명의 중심에 있다. 명사구[5]의 의미 내용이 *지표된 대상(indexed object)*이라는 어떤 유형의 정보 구조라고 가정하면서 이 논의를 시작한다. 지표된 대상과 보통 NP의 의미로 간주되는 사물의 부류 사이의 관련성은 4장에서 설명되는데, 그 까닭은 지금 알아야 하는 지표된 대상의 유일하고 중요한 속성이 다음과 같기 때문이다. (ⅰ) NP의 의미 내용인 지표된 대상은 NP의 변항을 하위 부분으로 가진다. (ⅱ) 구별되는 NP 표상은 변항 자체가 동일시된다(통합된다) 할지라도, 구별되는 지표된 대상을 그 의미 내용으로 가진다. (ⅲ) 모든 지표된 대상들은 지시 유형(referential type)을 가지는데, 그것은 R-PRO (예컨대, *herself*와 같은 재귀적 대명사, 상호 대명사 *each other*)이거나, PRO(예컨대, *him*과 같은 비-재귀적 대명사)이거나, NON-PRO(예컨대, *Kim*과 같은 비대명사적 NP)이다. NP 표상들의 의미 내용의 지시 유형들은, GB에서 NP를 "대용사", "대명사"와 "지시적 표현들"로 분류하는 것이 연상되는, NP 표상들에 대한 분류적 도식을 제공한다. 그러나, 흔적의 처리는 꽤 다르다. 그리고 우리는 HPSG 도식이 개념적으로 사실과 일치한다는 점에서 GB의 분류보다 낫다는 것을 논의할 것이다.

NP의 다른 유형들의 분포에 관한 사실은 GB의 결속 이론의 원리에 평행하고 변항들의 "결속"(곧 통합)을 지배하는 원리들의 집합에 근거하

---

5) 뒤따르는 논의는 비서술적 PP들(곧 전치사가 아무런 의미 내용을 가지지 않고 본질적으로 격 표지와 같은 기능을 하는 PP들)에도 동등하게 적용되는데, 그 PP들은 그것들의 전치사의 목적어와 같은 의미 내용을 가지는 것으로 가정한다.

여 설명된다. 비교하기 쉽도록 HPSG의 결속 원리를 대응하는 GB의 짝에 따라 다음과 같이 이름붙인다.

- 원리 A : R-PRO 기호의 변항은 만일 덜 사격적인 SUBCAT 요소의 변항이 있다면 그것과 통합되어야 한다.[6]
- 원리 B : PRO 기호의 변항은 덜 사격적인 SUBCAT 요소의 변항과 통합되어서는 안 된다.
- 원리 C : NON-PRO 기호의 변항은 o-통어하는 SUBCAT 요소의 지표와 통합되어서는 안 된다.

GB의 "c-통어"에 대한 HPSG의 짝인, *o-통어*(*o-command*)(사격성 통어)는 덜 사격적인 관계에 대한 일종의 전이적 폐쇄이다. 전이적 폐쇄는 만약 X가, 어떤 중심어의 SUBCAT 요소이고, 동일한 중심어가 Y를 관할하는 더 사격적인 성분에 대하여 하위범주화하면, X는 Y를 o-통어하는 것이다. (이 정의의 목적을 위해서는, 어떤 성분이라도 그 자신을 관할하는 것으로 간주된다.)

그리하여 원리 A는, 영어의 보어인 (또는 보어 안에 포함된) 재귀사나 상호대명사가 만약 덜 사격적인 보어가 있다면 그 보어를 재귀사나 상호대명사의 선행사로 가져야 한다는 것을 함의한다.

(36) a. Kimi introduced Sandyj to himself$_i$.

b. Kimi introduced Sandyj to himself$_j$.

c. Kimi introduced himselfi to Sandy$_j$.

---

6) 원리A는 단순화된 것이다. R-PRO 변항들은 덜 사격적인 SUBCAT 요소를 *가진* 어떤 성분에 도달할 때까지 딸로부터 어머니에게까지 넘겨져서, 그 요소의 변항이 그것(들?)과 통합된다. 이것은 주어나 소유의 구에 포함된 재귀사나 상호대명사의 결속을 설명한다.

d. *Kimi introduced himselfj to Sandy$_j$.

e. *Kimi knew Sandyj admired himself$_i$.

(37) a.   The girlsi introduced Kimj to each other$_i$'s fathers.

b.   Kimi introduced the girlsj to each other$_j$'s fathers.

c.   The girlsi introduced each other$_i$'s fathers to Kimj.

d. *Kimi introduced each other$_i$'s fathers to the girlsj

e. *Kimi's father admired himself$_i$.

f.   The girlsi knew each other$_i$'s fathers were wrong.

또 원리 B는 (비재귀적이고 비상호적인) 대명사가 덜 사격적인 보어를 그 선행사로 가질 수 없다는 것을 함의한다.

(38) a. *Kim$_i$ introduced Sandy$_j$ to himi.

b. *Kim$_i$ introduced Sandy$_j$ to himj.

c. *Kim$_i$ introduced him$_i$ to Sandyj.

d.   Kim$_i$ knew Sandy$_j$ admired himi.

(39) a.   Kim$_i$ introduced his$_i$ father to Sandyj.

b.   Kim$_i$ introduced his$_j$ father to Sandyj.

c.   Kim$_i$'s father admired him$_i$.

또 원리 C는 어떤 보어도 더 사격적인 보어인 (또는 그것에 포함된) 비대명사와 "동지표될" (곧, 비대명사의 변항과 통합된 그것의 변항을 가질) 수 없다는 것을 함의한다.

(40) a. *Kim$_i$ introduced him$_j$ to Sandy$_j$.

b. *He$_i$ introduced Kim$_i$ to Sandy$_j$.

c. *He$_i$ introduced Kim$_j$ to Sandy$_i$.

    d. *He$_i$ knew Kim$_i$ was wrong.

    e. He$_i$ knew he$_i$ was wrong.

    f. His$_i$ father admires Kim$_i$.

이에 더하여 HPSG의 결속 원리들은 지금까지 많이 논의되어 온, R-PRO나 PRO NP가 나타날 수 있는 구성들의 존재를 예측한다.

(41) a. John$_i$ was delighted that a picture of him$_i$/himself$_i$ was featured in the news paper.

    b. The kids$_i$ wrecked their$_i$/each other's$_i$ cars.

앞에서 통제에 대한 윤곽을 제시하였는데, HPSG의 결속 이론은 그러한 통제와 일치에 대한 이론과 결합하여, 다음과 같은 통제와 대용의 상호 작용을 설명한다.

(42) a. They$_i$ persuaded him$_j$ to shave himself$_j$.

    b. *They$_i$ persuaded him$_j$ to shave him$_j$.

    c. They$_i$ persuaded him$_j$ to shave them$_i$.

    d. *They$_i$ persuaded him$_j$ to shave themselves$_i$.

(43) a. They$_i$ promised him$_j$ to shave himself$_j$.

    b. *They$_i$ promised him$_j$ to shave him$_j$.

    c. They$_i$ promised him$_j$ to shave them$_i$.

    d. *They$_i$ promised him$_j$ to shave themselves$_i$.

그리고 filler-gap 관계에 대한 HPSG의 설명에 따르면, 그 설명에서는 filler의 통사 범주와 의미 내용이 각각 대응되는 gap의 통사 범주와 의미 내용과 통합된다. 또한 앞에서 간략하게 설명한 결속 이론에서는 다음과 같은 대용사와 비한계 의존 구성들의 상호 작용은 다른 이론에서는 문제가 되는 것이었는데, 이러한 상호작용을 포함하여 넓은 범위의 사실들을 예측할 수 있다.

> (44) a. It was HIMSELF$_i$ that Kim$_i$ adored e$_i$.
>
> b. What Kim$_i$ really likes e$_i$ is HIMSELF$_i$.
>
> c. John$_i$ thinks Mary$_j$ dislikes Kimk, but HIM$_i$/HIMSELF$_i$, he$_i$ knows she adores e$_i$.

1.4. 더 읽을거리

HPSG는 GB, GPSG, LFG라는 세 통사 이론을 이용하였는데, 그 세 통사 이론은 Sells(1985a)에서 잘 요약되어 있다. 각 장의 끝에 최근의 문헌들에 대한 설명을 제시하였다. GB의 Chomsky(1981, 1982), LFG는 Bresnan(1982), GPSG는 Gardar 외(1985)가 각 통사이론에 대해 충분히 설명되어 있는 일반적으로 알려진 참고문헌이다. 범주 문법은 다른 이론에 비해 조금 덜 조직화되어 공식적인 참고문헌이 없는데, 80년대 초반의 가장 영향력 있는 연구들은 Ades와 Steedman(1982), Dowty(1982a, 1982b), Bach(1983), Steedman(1985)이다. HPSG 직전에는 GPSG와 범주 문법의 혼성으로 이루어진, Pollard(1985)의 *중심어 문법*(*head grammar*, HG) 이론이 있다. "DRS 이론"은 Kamp(1981)과 Heim(1982)에 제안된 양화와 대용과 밀접하게 관련된 두 개의 처리를 가리킨다. 전자에 대한 간략하고 읽을 만한 개요에 대해서는, Sells(1985b, 2절)이나 Asher(1986, 2절)을 보라.

상황 의미론에 대한 일반적인 참고문헌은 Barwise와 Perry(1983)이다.

그 이후로 상황의미론은 변화가 있었는데, Barwise와 Perry의 인터뷰 (Barwise와 Perry(1985))와 (Linguistics and Philosophy 8.1권으로 함께 출판된) Barwise와 Perry(1983)에 대한 주석들의 모음이 그 변화의 초기의 주장들로 간주될 수 있을 것이다.

20세기의 언어학에서 유심론과 반유심론에 대한 두 개의 기념비적 업적은 Saussure(1915)와 Bloomfield(1933)이다. 그리고 지난 30년간 유심론을 이끈 주창자는 Chomsky(1986, 2장)이다. 유심론에 관한 그의 최근의 관점들은 Chomsky(1986, 2장)에 발표되었다. 최근의 언어학적 실재론의 주요한 옹호자는 Barwise와 Perry(1983)였다. 다른 대표적인 유심론의 저작은, 주로 의미론에 관심이 있는데, Jackendoff(1985)이다. 유심론과 실재론을 나누는 핵심적인 문제들에 대한 생생한 소개는 Barwise(1986a, 1987)과 Jerry Forder(1986a, 1986b) 사이의 최근의 공개적인 논쟁에 의하여 제공되었다. 정보의 제약들에 따른 언어에 대한 일반적인 접근은 상황 의미론과 통합에-기반한 형식주의들의 공동체에서 온 생각들의 교차적-풍부함의 결과이다(2장). 언어학 이론의 두 노선의 생각의 풍부한 화해(coming-together)는 Fenstad et al.(1985)에서 나온다. 많은 동일한 문제들이 Sag et al.(1986)에서 덜 기술적인 용어로 논의되었다.

HPSG 이론 자체는 HG의 싹틈(outgroth)으로 시작한 이래, 주목할 만한 발전을 이루었는데, HG 자체는 초기의 GPSG에서 나온 생각들을 확고한 수학적이고 전산적인 기초에 두기 위한 시도로서 시작되었다. HPSG의 초기의 판은, 확실한 절차상의 멋을 가지는데, 초기 이론의 몬테규적 의미론적 접근에서 상황 의미론으로 바뀌었고 비연쇄적 연산들에 따른 어순에 대한 초기의 설명이 ID/LP로 대체되었다는 것을 제외하고는, HG와 아주 비슷하다. 이 시기의 대표적인 논문들은 메타 규칙들의 제거에 초점을 맞춘 Pollard(1985)와, HPSG를 Steedman의 범주 문법의 변이형들 가운데 하나와 비교한 Pollard(in press)이다. Creary와 Pollard (1985), Flickinger, Pollard와 Wasow(1985), Proudian과 Pollard(1985)는 실험적인 HPSG에-기반한 자연 언어 처리 체계의 도구를 기술한, 동일한 시기에 나온 밀접하게 관련된 일련의 논문들이다. 더 최근에는, Martin Kay, Lauri Karttunen, Fernando Pereira, Willam Rounds와 Stuart Shieber과 같은 동료들의 영향을 받아, 이론은 전산 언어학과 이론적 전산학의 통찰들의 관점에서 선언적인 용어로 재공식화되었다. 이러한 영향들을 반영한 이론에 대한 개관은 Sag과 Pollard(1987)에 주어진다.

2

형식적 기초

언어 정보에 대한 본질은 하나의 불가사의로 남아 있다. 우리가 두뇌 활동을 들여다 볼 수 없는 것과 같이, 언어 정보의 한 조각을 현미경으로 들여다 볼 수는 없다. 그러나 언어 정보가 무엇인지 확실히는 알 수 없다 하더라도, 여전히 그것이 어떤 것이라고 말해 봄으로써 그것에 관하여 이론을 세울 수는 있다. 더 구체적으로 말하자면, 우리가 연구하고 있는 것들의 어떤 관심 있는 양상들을 반영하여 형식적 모형들(models)을 구성해 볼 수 있다. 이것은 어떤 자연 현상을 두고 이론을 세우는 과학자가 하는 것과 원리적으로 유사하다. 예컨대 태양 주위를 돌고 있는 행성들의 움직임에 관심을 가진 NASA의 과학자를 생각해보자. 그 과학자가 수학적 모형을 구성한다고 할 때, 그 모형에서, 행성과 태양의 위치들과 속도들은 유클리드 공간에서 벡타에 의하여, 질량들은 양의 실수들에 의하여, 움직임들은 어떤 구별되는 방정식들의 풀이에 의하여 나타내어진다. 모형은 태양계 그 자체가 아니라, 그 과학자가 관심을 가지고 있는 태양계의 양상들을 나타내는 태양계에 대한 어떤 자질들이다. 태양계의 다른 양상들, 곧 행성들의 크기, 별들 사이의 먼지, 빛의 속력에 접근하는 속도에서만 의의 있는 상대성 효과들은 모형에서 고려되지 않는다. 그래서 만약 예컨대, 그 모형을 바로 적용했을 때 행성의 위치들을 모형이 부적절하다고 판명되면, 정확하게 예측하지 못하게 되는 것과 같이 그 모형은 다양한 방법으로 수정되거나 확장되어야 할 것이다.

　지난 몇 년 동안, 특징적인 연구 전통들이 많이 있었는데 그 안에서 연구하는 이론 언어학자들과 전산 언어학자들은 언어 정보에 대한 형식적 모형을 세우는 것이 유용하다는 것을 발견했다. NASA의 물리학자의 유클리드 공간들과 구별되는 방정식 대신에, 정보에-기반한 언어학에서 선택한 형식적 대상은 *자질 구조(feature structures)*로 알려진 것들이다. 수학적으로, 자질 구조는 어떤 종류의 연결되어 있고, 비주기적인(acyclic), 무한 상태 장치이다 (그 장치의 마지막 상태들은 전이들(transtions)이 없고, 원자들의 어떤 고정된 집합으로부터 그것들에 부여된 값들을 가질 것이다). 그러나 우리는 여기서 자질 구조의 자세한 기술적 특징들을 보려고 시도하지는 않을 것이다(흥미 있는 독자들은 이 장의 맨 끝에 인용된 관련 있는 저작들을 참고할 수 있다). 대신에, 우리는 자질 구조들에 대하여 비형식으로 설명할 것인데, 언어학적으로 적용할 때 두드러지는 역할을 하는 자질구조의 속성들을 강조할 것이다. 이 절에서 제시한 언어학적 예들은 단순한데, 이것은 우리의 형식 이론적 발달의 어떤 모습이 아니라, 그 예들이 바로 자질 구조의 어떤 속성을 드러내기 위해서 의도한 것이라는 것에 주의하라.

2.1. 부분 정보와 자질 구조

　직관적으로, 자질 구조는 바로 기술하려는 것의 속성(*attributes*)에 대하여 *값(values)*을 명세화함으로써 다른 것을 기술하거나 나타내는 정보를 포함한 대상이다. 우리는 자질 구조들을 기술된 것에 관한 부분적 정보를 제공하는 것으로 생각한다. 자질 구조들은 보통 *속성-값* 행렬들 (*attribute-value matrices*)(AVM)로 표기된다. 예컨대, 자질 구조 (45a)는 Jones 라는 고용인에 관한 부분적인 정보를 제공할 것이다.

(45) a.
$$\begin{bmatrix} \text{NAME} & \text{JONES} \\ \text{PHOE} & \text{951-4299} \\ \text{OFFICE} & \text{B21} \\ \text{DEPARTMENT} & \text{SALES} \end{bmatrix}$$

이 자질 구조에서 속성은 NAME, PHONE, OFFICE, DEPARTMENT 이고, NAME 속성에 대한 명세화된 값은 JONES이다. 때때로 다른 표기 법을 사용하는 것이 편리할 때도 있는데, 그 때 자질 구조는 (45b)와 같 이 도표로 나타내어진다.

(45) b.

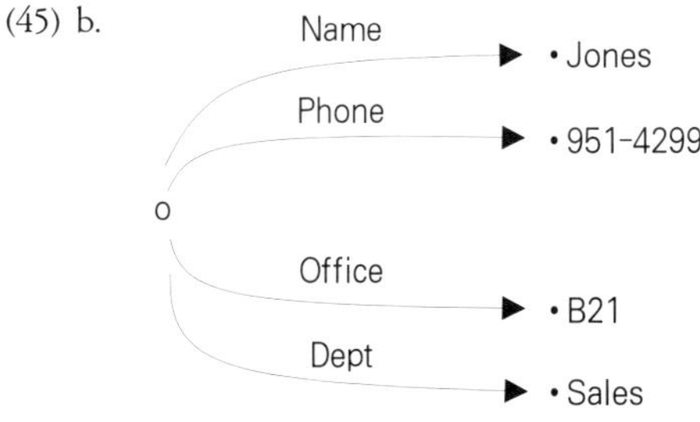

이러한 자질 구조들은, 기호(또는 기호 표상)와 기호의 부분으로 나타나 는 다른 언어적 대상에서 어떤 부분적 기술이 될 수도 있다. 예컨대, 어 휘 기호 *cookie*는 자질 구조 (46)에 의하여 부분적으로 기술된다.[7]

(46)
$$\begin{bmatrix} \text{PHON} & \text{cookie} \\ \text{SEM} & \text{COOKIE} \end{bmatrix}$$

여기서 PHONOLOGY 값 'cookie'는 어떤 음성 유형을 나타내고, SEMANTICS 값 'COOKIE'는 cookie임의 속성을 나타낸다.8)

우리가 아직까지 논의하지 않은 기호의 다른 속성은 SYNTAX인데, 그것은 어떤 기호의 다른 기호들과의 결합에 대한 잠재력을 결정하는데 기본적인 역할을 담당한다. SYNTAX 속성의 값은 통사 범주(syntactic category)이다. 통사 범주들은 그것들의 속성에 따라 차례로 기술될 수 있다. 예컨대, 통사 범주 3인칭 단수 명사는 (47)에 보인 바와 같이 속성 MAJOR(보통 MAJ로 줄여 쓴다)와 AGREEMENT(AGR로 줄여 쓴다)에 따라 기술될 수 있다(다음 장에서 보이는 바와 같이, 통사 범주들에 관한 우리의 분석은 이 예들이 보이는 것보다 더 복잡하다).

(47)
$$\begin{bmatrix} \text{MAJ} & \text{N} \\ \text{AGR} & \text{3S} \end{bmatrix}$$

여기서 속성 MAJ는 통사 범주들의 "주요한" 속성인데, 대략 전통적인 개념의 품사에 대응된다. MAJ 값 N은 기술하려고 하는 대상의 범주가 동사류나 다른 것과 대조되는 명사류임을 나타낸다. 그리고 AGR 값

---

7) 속성-값 행렬에서 속성과 값의 이름은 지면의 제약으로 줄여 쓰는데 그 목록은 부록에 있다.

8) 기호들에 대한 우리의 이론에 대하여 좀 더 정확하게 나타내고자 한다면 PHONOLOGY 값들은 관습적으로 표기하는 표시가 아니라, 음운적 표시로 나타낼 수도 있을 것이다. 그러나 여기서는 전체 이론을 이해하기 위하여 제시하였기 때문에 (46)과 같이 단순하게 나타내었다.

3S는 그 범주가 3인칭 단수임을 나타낸다.

자질 구조들의 기본적 속성은 계층성에 대한 그것들의 잠재력이다. 이 것은 자질 구조의 어떤 속성에 대한 값 자체가, N이나 3S와 같은 원자 값이 아니라, 다른 자질 구조에 의하여 명세화될 수 있다는 것을 의미한 다. 달리 말하자면 하나의 자질 구조가 다른 자질 구조 안에 내포될 수 있다. 예컨대, 자질 구조 (48)을 살펴보자.

(48)
$$\begin{bmatrix} \text{PHON} & \text{cookie} \\ \text{SEM} & \text{COOKIE} \\ \\ \text{SYN} & \begin{bmatrix} \text{MAJ} & \text{N} \\ \text{AGR} & \text{3S} \end{bmatrix} \end{bmatrix}$$

이 자질 구조는 (48)은 (46)과 같이 *cookie* 기호에 대한 부분적 기술이 지만, (46)보다 더 많은 정보, 곧 *cookie*의 통사 범주가 3인칭 단수라는 정보를 더 제공한다. (48)에서 **SYNTAX** 속성의 값은 그 자체가 (47)에 나타난 것과 같은 하나의 자질 구조로 명세화되어 있다는 것을 주목하라.

자질 구조는 그 안에 다른 자질 구조들을 내포하는 잠재력이 있기 때 문에, 속성의 *경로(path of attributes)*를 이해할 필요가 있다. 하나의 경로는 바로 속성들의 유한한 연쇄이다. 그때 어떤 속성에 대응하는 값의 개념 을, 어떤 경로에 대응하는 값의 개념으로 분명한 방법으로 일반화한다. 예컨대, (48)에서 경로 **SEMANTICS**(길이가 1인 경로)에 대응하는 값은 **COOKIE**인 반면에, 경로 **SYNTAX|MAJ**에 대응하는 값은 N이다. 그런 데 N(명사)과 3S(3인칭 단수)와 같은 원자 값들은, 그 자체가 경로로 더 이 상 경로(길이 0인 속성들의 연쇄)가 특별히 단순한 자질 구조라는 것을 유 의해야 한다.

  행렬 (46)과 (48)은 자질 구조들에 관한 다른 기본적인 사실을 드러낸다. 어떤 자질 구조들은 다른 자질 구조들보다 *정보량이 많다.* (48)은 (46)보다 정보량이 많은데, 그 까닭은 (48)은 (46)이 포함한 모든 정보를 포함하고, 그 외에 또 다른 정보(SYNTAX 명세화)를 포함하고 있기 때문이다. 일반적으로 자질 구조 A가 최소한 자질 구조 B의 정보량을 가질 때(곧, 자질 구조 A가 자질 구조 B와 같은 정보량을 가지거나 B보다 더 많은 정보량을 가질 때), 우리는 때때로 A는 B를 *확장한다(extends)*(또는 A는 B의 확장이다)라고 하고, A≤B로 표기한다. 달리 말하면 B가 A를 *포섭한다(subsumes)*고도 한다. ≤에 대한 이항 관계는 보통 포섭*(subsumption)*이라 불린다. 뒤의 표현은 A에 의하여 적절하게 기술되는 어떤 대상은 B에 의해서도 적절하게 기술될 수 있다는 명백한 사실과 관련된다. 어떤 것에 대하여 정보량을 덜 가질수록, 그것이 무엇인가가 될 가능성의 범위가 더 넓어진다. 포섭의 가장 극단적인 경우는 (49)와 같이 아무런 정보를 포함하지 않은 자질 구조이다.

  (49) [   ]

  (49)는 다른 모든 자질 구조들을 포섭하는데, 그것은 (49)가 어떤 정보도 제공하지 않고, 어떤 대상이라도 기술할 수 있기 때문이다.

  원자 값의 경우는 포섭에 대해서 다음과 같이 조금 다른 설명이 필요하다(원자 값은 자질 구조들의 특수한 경우로 간주된다는 것을 상기하라). 만약 A와 B가 원자들이면, 명백하게도 A가 B와 최소한 같은 정보량을 가질 수 있는 유일한 방법은 A가 B인 경우이다. 그리하여 A와 B 원자에 대하여, A와 B가 같은 원자인 경우에만 A≤B이다.

  그것들의 수학적 특성이 어떤 종류의 유한 상태 장치들로 주어진 자질 구조들에 관한 일반적인 사실은, 확장 관계 ≤이 *재귀적 부분 순서*라는 것이다. 이것은 다음과 같은 것을 의미한다. 자질 구조들의 이항 관계로서, ≤는 (1) 재귀적(모든 자질 구조 A에 대하여, A≤A)이고, (2) 전이적(만약 A≤B이고 B≤C이면, A≤C)이며, (3) 반대칭적(만약 A≤B이고 B≤A이면, A=B)이다.[9]

비형식적으로 설명하면, (1) 모든 자질 구조들은 그 자체가 같은 정보를 포함하고, (2) 만약 A가 B보다 적지 않은 정보량을 가지고, B가 C보다 적지 않은 정보량을 가지면, A도 C보다 적지 않은 정보량을 가지며, (3) 만약 두 자질 구조가 각각 다른 것과 최소한 같은 정보량을 가지면, 사실은 그것들은 같은 자질 구조라는 것이다. 완전히 정보량이 없는 자질 구조 (49)는 ≤ 순서에 관하여 최대의 요소인데, 때때로 "Top"이라고 하고, ⊤로 쓴다.[10]

언어학적 적용에서 아주 중요한 자질 구조들의 다른 특성은 구조를 공유하는 능력이다. 곧 한 자질 구조 안에 둘 이상의 속성들(또는 경로들)이 하나의 같은 자질 구조에 의하여 명세화된 값을 가질 수 있다.[11]

예를 들어, 일치 값을 속성들 PER(인칭), NUM(수), GEN(성)에 따라 분석한다고 가정하자. 예컨대 3인칭 단수 여성은 (50)과 같이 명세화된다.

(50)
$$\begin{bmatrix} \text{PER} & \text{3RD} \\ \text{NUM} & \text{SNG} \\ \text{GEN} & \text{FEM} \end{bmatrix}$$

---

9) 여기서 같음은 구조적 동일성의 의미이거나 유한 상태 장치들의 동형성, 곧 표상적 동일성이 아니라, 유형의 동일성의 의미로 이해되어야 한다.

10) 기술적으로는 유한 상태 장치들의 어떤 수학적 하위범주에서 A에서 B로의 사상이 있는 경우에만, A가 B를 포섭한다. 그러한 사상은, 만약 있다면, 필수적으로 유일하다.

11) 여기서 "같은"은 유형의 동일성이 아니라, 표상적 동일성의 의미로 이해되어야 한다.

여기에서 문장을 주어와 서술어로 구성된 것으로 분석하는 경우 그 때, 주어-동사 일치에 대한 이론이 있고, 어떤 문법적 원리에 따라 주어와 서술어가 같은 일치 요소를 가진다고 가정하라(여기서 주의할 것은 이와 같은 분석은 이 글에서 문장들이나 주어-동사 일치를 실제로 분석하려고 하는 방법은 *아니다*). 그렇게 했을 때 어떤 문장 S가 주어지면, 주어와 서술어 자체에 관한 어떤 특수한 정보가 없더라도, 그것이 (51)과 같이 적절하게 기술된다는 것을 알 수 있다.

(51)

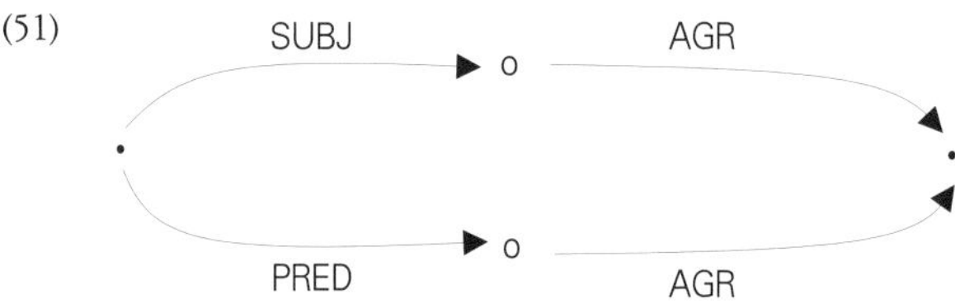

달리 말하자면, 우리가 주어나 서술어에 대한 일치 값에 관한 어떤 정보를 갖고 있지 않더라도 그리고 그것이 무엇이든 상관없이, 그것들이 같은 값이라는 것을 안다. 만약 서술어가 3인칭-단수-여성이라는 정보가 더 있다면, S에 관한 정보는 (52)a에 보인 것과 같을 것이다.

(52) a.

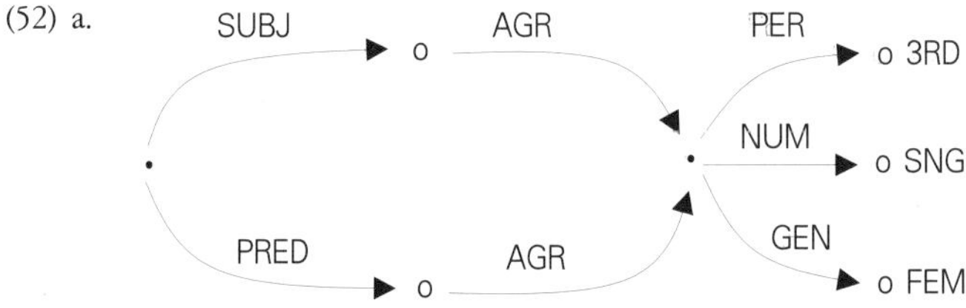

(51)에서 보여주는 구조 공유에 따라, 서술어의 일치 값에 관한 정보는 주어의 일치 값에 대한 정보도 된다.

분명히 자질 구조들을 도식으로 나타내는 것은 공유된 구조를 표시하는데 자연스럽다. AVM을 사용하려면, 공유된 구조를 가리키기 위한 표기가 더 필요하다. 이 글에서 채택한 표기은 (52b)에 기술되어 있다.

(52) b.
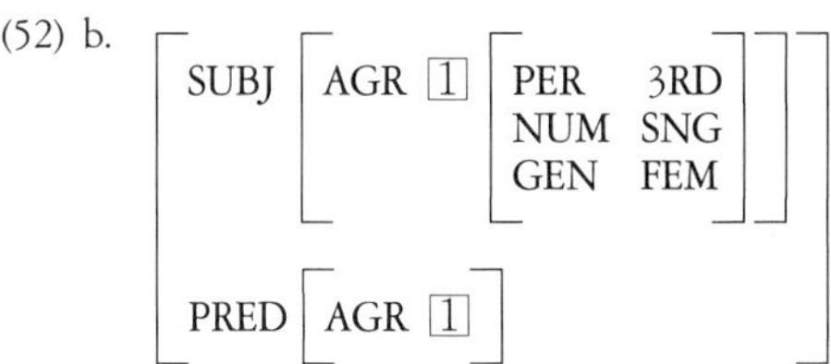

(52b)에서 구조의 공유는 꼬리표 "①"이 여러 번 제시되는 것을 통해 알 수 있다.

구조 공유와 단순히 구조적으로 유사한 값들을 가지는 것의 차이를 이해하는 것이 중요하다. 비언어적인 예를 통해 이 차이를 좀 더 쉽게 알 수 있다. (53)과 같은 사무실에서 인사를 기억하는 자질 구조들을 사용한다고 가정하라.

(53)
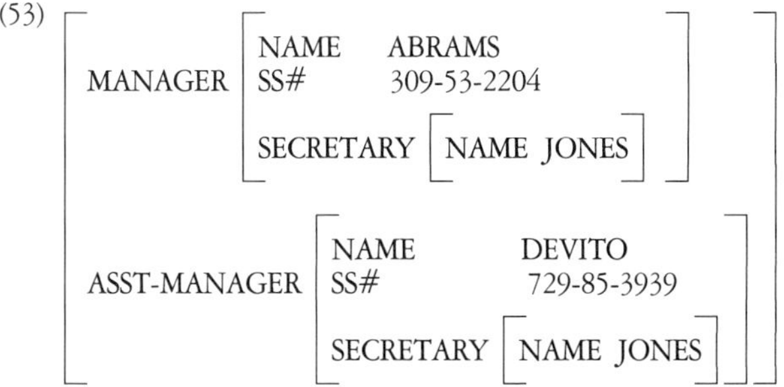

(53)에 따르면, Abrams와 Devito는 각각 Jones이라는 비서를 두고 있다. 추가되는 정보를 통해 그들이 다른 사람이라는 것을 당연히 밝힐 수

있다. 즉 우리는 Abrams의 비서와 Devito의 비서가 다른 사회적 보안 번호를 가질 것을 발견할 수 있을런지도 모른다. 그러나 (54)에 따르면, Abrams과 Devito는 비서를 *공유한다*. 따라서 (53)과 (54)의 정보는 아주 다르다. 사실 (53)은 (54)를 포섭하는데, 그 까닭은 (54)가 (53)이 가지는 모든 정보를 포함하고, 하나의 비서를 공유하고 있다는 정보가 추가되어 있기 때문이다. 이러한 점에서, (53)에서 공유된 구조를 나타내는 꼬리표가 없다는 것이 두 Jones가 각각 다르다는 것을 암시하지는 않는다. 다시 말해서 (53)의 경우는 두 Jones가 같다는 정보가 없음을 가리킨다.

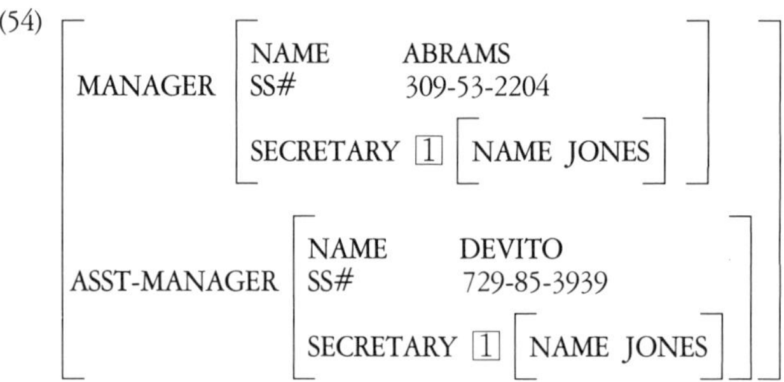

구조 공유의 개념을 도입하게 되면, 이제 포섭 관계의 형식적 정의를 제공할 수 있다. 앞에서 언급한 바와 같이, 만약 A와 B가 원자라면, A=B일 경우에만 A≤B이다. A와 B가 비원자인 경우에는, 포섭은 다음과 같이 재귀적으로 정의된다. (i) B의 모든 경로에 대하여, A에 동일한 경로가 있고, B의 경로의 값이 A의 경로의 값을 포섭하고, (ii) B에서 구조-공유하는 모든 쌍의 경로들에 대하여, A에서 같은 쌍의 경로들이 구조-공유하는 경우에 A≤B이다.

이제 이 책에서 아주 중요한 개념인 *통합*(*unification*)에 대해 살펴보자. 어떤 자질 구조 A와 B가 있을 때, 그것들이 실제로도 같은 대상을 기술하지만 자질 구조는 다른 경우가 있다. 그러한 경우에, 우리는 당연히 문제의 대상을 A와 B로부터 정보를 결합하는 새로운 자질 구조 C로 나타낸다. 앞에서 논의된 기본적인 일치 이론을 다시 가져오자. (55)와 (56)은 자질구조에서 드러난 형태적 특성에 따라 각각 어떤 명사와 어떤 동사에 관하여 우리가 알고 있는 것을 나타낸다고 가정하라.

(55)
$$\begin{bmatrix} \text{AGR} & \begin{bmatrix} \text{PER} & \text{3RD} \\ \text{GEN} & \text{FEM} \end{bmatrix} \end{bmatrix}$$

(56)
$$\begin{bmatrix} \text{AGR} & \begin{bmatrix} \text{NUM} & \text{PLU} \end{bmatrix} \end{bmatrix}$$

이에 더하여 어떤 문장이 있는데, 그 문장은 그것의 주어와 서술어가 일치하는 정보 (57)을 가진다고 가정하라(이것은 AVM 형식에서 바로 (51)이라는 것을 유의하라).

(57)
$$\begin{bmatrix} \text{SUBJECT} & \begin{bmatrix} \text{AGR} & \boxed{1} \end{bmatrix} \\ \text{PREDICATE} & \begin{bmatrix} \text{AGR} & \boxed{1} \end{bmatrix} \end{bmatrix}$$

이어서 명사와 동사가 그 문장의 주어와 서술어라는 것을 알게 된다면, 그때 그 문장은 (58)과 같은 정보를 가진다.

(58)
$$\begin{bmatrix} \text{SUBJECT} & \begin{bmatrix} \text{AGR} & \boxed{1} \end{bmatrix} \begin{bmatrix} \text{PER} & \text{3RD} \\ \text{GEN} & \text{FEM} \end{bmatrix} \\ \text{PREDICATE} & \begin{bmatrix} \text{AGR} & \boxed{1} \end{bmatrix} \begin{bmatrix} \text{NUM} & \text{PLU} \end{bmatrix} \end{bmatrix}$$

(58)은 바로 (59)와 같이 표기될 수도 있다.

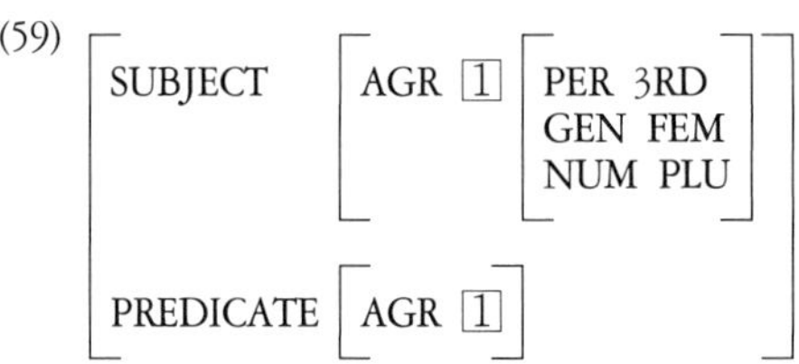

간단히 말하여, (55)와 (56)의 AGR 값이 동일한 대상을 기술한다는 것을 알게 됨에 따라, 그것들의 정보를 결합하여 (60)을 얻는다.

(60)
$$\begin{bmatrix} \text{PER 3RD} \\ \text{GEN FEM} \\ \text{NUM PLU} \end{bmatrix}$$

우리는 (60)을 (55)와 (56)의 통합(*unification*)이라 한다.

일반화해서 설명하면 A, B와 C가 각각 자질 구조일 때, C가 최소한 A만큼의 정보를 가지면서 동시에 최소한 B만큼의 정보를 가지고 있는, 최소한의 정보를 가진 자질 구조인 경우에, C를 A와 B의 통합이라고 한다. 달리 말하자면, A∧B는 A와 B의 모든 정보를 가지지만, 더 이상의 정보는 가지지 않는다.[12]

좀더 복잡한 예를 들면, (61a)와 (61b)의 두 명사구의 자질 구조는 (62)로 통합된다.

---

12) 수학적으로는, A∧B는 포섭 순서 ≤에 대하여 A와 B의 *가장 큰 낮은 경계*, 곧, A와 B 둘다에 포섭되는 가장 큰 자질 구조이다.

(61) a.
$$\begin{bmatrix} \text{AGR} & \begin{bmatrix} \text{PER} & \text{1ST} \end{bmatrix} \\ \text{CASE} & \text{NOM} \end{bmatrix}$$

(61) b.
$$\begin{bmatrix} \text{AGR} & \begin{bmatrix} \text{NUM} & \text{SNG} \\ \text{GEN} & \text{MASC} \end{bmatrix} \\ \text{MAJ} & \text{N} \end{bmatrix}$$

(62)
$$\begin{bmatrix} \text{AGR} & \begin{bmatrix} \text{PER} & \text{1ST} \\ \text{NUM} & \text{SNG} \\ \text{GEN} & \text{MASC} \end{bmatrix} \\ \text{CASE} & \text{NOM} \\ \text{MAJ} & \text{N} \end{bmatrix}$$

여기서의 생각은 통합이 되풀이하여 작용한다는 것이다. 내포된 자질 구조들을 포함하는 자질 구조들을 통합하기 위하여, 대응되는 하위 구조들을 통합한다. 이에 더하여, A 또는 B가 공유된 구조이면, 그것들도 그것들의 통합에 반영되어야 한다. 예컨대, (63a)와 (63b)의 통합은 (64)이다.

(63) a.
$$\begin{bmatrix} \text{SUBJECT} & [\ ] \\ \text{CATTGORY} & \boxed{1} \begin{bmatrix} \text{VFORM} & \text{FIN} \end{bmatrix} \\ \text{PREDICATE} & \begin{bmatrix} \text{CATGORY} & \boxed{1} \end{bmatrix} \end{bmatrix}$$

(63) b.
$$\begin{bmatrix} \text{PREDICATE} & \begin{bmatrix} \text{OBJECT} & [\ ] \\ \text{CATEGORY} & \boxed{2} \\ \text{VERB} & \begin{bmatrix} \text{CATEGORY} & \boxed{2} \begin{bmatrix} \text{AUX} & + \end{bmatrix} \end{bmatrix} \end{bmatrix} \end{bmatrix}$$

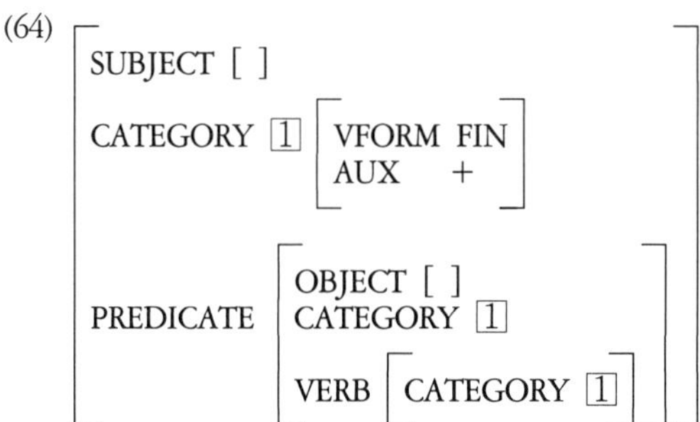

그런데 특수한 경우가 하나 있다. A와 B가 원자들인 경우에는 A와 B가 같은 경우에만 통합된다.

정보에 기반한 언어학에서 통합 연산이 아주 중요하기 때문에 자질 구조들을 채택하는 문법적 형식주의들에서는 가끔 *통합에 기반한 언어학*으로 불린다. 최소한 부분적으로라도 통합에 기반한 언어 이론을 보여주는 중요한 예들은 일반화된 구 구조 문법(GPSG)과 어휘-기능 문법(LFG)인데, GPSG에서는 자질 구조들이 통사 범주들의 분석에 사용되었으며, LFG에서는 자질 구조들이 문법 관계를 나타내기 위하여 사용되었다. 통합에-기반한 형식주의는 또한 자연 언어 처리에 관심이 있는 전산학자들에게도 채택되었는데, 가장 영향력 있는 것은 Martin Kay에서 비롯된 기능 통합 문법(FUG)와, SRI 인터네셔널에서 발달된 PART 프로그래밍 언어이다.

여기서 주의해야 할 점이 있다. 두 자질 구조 A와 B의 통합이 항상 존재하는 것은 아니다! 그것은 A와 B가 서로 양립불가능한 정보를 포함하기 때문이다. 서로 양립불가능한 자질 구조들은 하나의 같은 대상을 기술하지 못하는 것은 명백하다. 그러한 경우는 A와 B가 같은 속성이나 경로에 대하여 다른 원자 값을 명세화하는 경우이다. 예컨대 (65a)와 (65b)는 경로 AGR|GEN에서 다르기 때문에, 같은 대상을 기술하지 못

한다.

(65) a.
$$\left[\text{AGR} \begin{bmatrix} \text{PER} & \text{3RD} \\ \text{GEN} & \text{FEM} \end{bmatrix} \right]$$

b.
$$\left[\text{AGR} \begin{bmatrix} \text{NUM} & \text{PLU} \\ \text{GEN} & \text{MASC} \end{bmatrix} \right]$$

비슷하게 (66a)와 (66b)도 통합될 수 없다.

(66) a.
$$\begin{bmatrix} \text{SUBJECT} & \text{AGR} & \boxed{1} \\ \text{PREDICATE} & \text{AGR} & \boxed{1} \end{bmatrix}$$

b.
$$\begin{bmatrix} \text{SUBJECT} & \left[\text{AGR} \left[\text{NUM} \ \text{SNG} \right] \right] \\ \text{PREDICATE} & \left[\text{AGR} \left[\text{NUM} \ \text{PLU} \right] \right] \end{bmatrix}$$

(66a)에 따르면, SUBJECT|AGR과 PREDICATE|AGR 값은 같으나, (66b)에 따르면, 수는 다르다.

두 자질 구조 A와 B의 통합이 존재하지 않을 때, 우리는 통합이 *실패한다(fails)*고 말한다. 양립불가능한 정보를 나타내는 데는, 보통 관습적으로 기호 "⊥"을 사용하고, "bottom"이라 읽는다. 그리하여 우리는 A∧B = ⊥라고 쓴다. ⊥는 너무 많은 정보를 가진 "부적절한" 자질 구조의 한 종류로 간주된다. 그것은 양립불가능이라 할 정도로 너무 많이 명세화되었다. 물론, ⊥는 어떤 대상도 적절하게 기술할 수 없다. 이러한 의미에서, 그것은 ⊤의 반대인데, ⊤는 너무 덜 명세화되어서, 어떠한 대상이라도 기술하는 것으로 간주될 수 있다. 바로 ⊤은 ≤ 순서에서 가장 큰 요소이고, ⊥는 가장 작은 요소이다. 이 때 자질 구조라든지 그 자질 구조와 ⊥이 통합하면, 항상 그 통합은 이루어진다.

통합 실패의 다른 형태는 *순환성(cyclicity)*의 개념과 관계가 있다. 이 절의 들어가기에서 언급한 바와 같이, 수학적인 용어로 자질 구조는 어떤 종류의 유한 상태 장치인데, 특히 그것은 *비순환적인(acyclic)* 것으로 요구된다. 이것은 단순히 자질 구조가 어떤 *순환(cycle)*, 곧, 어떤 경로의 값이 자신의 앞에 놓인 같은 경로(시작하는 하위 경로)의 값과 공유되는 경로를 포함할 수 없다는 것을 의미한다. 그리하여, (67)은 자질 구조로 적합하지 않다.

$$(67) \quad \begin{bmatrix} \text{ATTRIBUTE1} & \boxed{1} \begin{bmatrix} \text{ATTRIBUTE2} & \boxed{1} \end{bmatrix} \end{bmatrix}$$

두 (비순환적인) 자질 구조들로부터 나온 정보를 결합한 결과가 순환을 포함하게 될 수 있는 것은 아마도 놀라운 사실일 것이다. 예컨대, 자질 구조 (68a)와 (68b)가 결합하여 순환적 그래프 (69)를 형성한다.

$$(68)\ \text{a.} \quad \begin{bmatrix} \text{ATTRIBUTE1} & \begin{bmatrix} \text{ATTRIBUTE1} & \boxed{1} \end{bmatrix} \\ \text{ATTRIBUTE2} & \boxed{1} \end{bmatrix}$$

$$\text{b.} \quad \begin{bmatrix} \text{ATTRIBUTE1} & \boxed{2} \\ \text{ATTRIBUTE2} & \begin{bmatrix} \text{ATTRIBUTE1} & \boxed{2} \end{bmatrix} \end{bmatrix}$$

(69)

$$\begin{bmatrix} \text{ATTRIBUTE1} & \boxed{1} & \begin{bmatrix} \text{ATTRIBUTE1} & \boxed{2} \end{bmatrix} \\ \text{ATTRIBUTE2} & \boxed{2} & \begin{bmatrix} \text{ATTRIBUTE1} & \boxed{1} \end{bmatrix} \end{bmatrix}$$

물론, (69)는 (68a)와 (68b)의 통합으로 간주되지 않는데, 그 까닭은 그것은 자질 구조가 아니기 때문이다(정의에 의하여, 자질 구조 A와 B의 통합은 A와 B 둘 다에 포섭되는 최소한의 정보를 가진 *자질 구조*임을 상기하라). 사실, $\bot$를 고려하지 않는다면, (68a)와 (68b) 둘 다에 포섭되는 자질 구조는 없다. 그리하여 여기서 통합이 실패하는데, (68a)와 (68b)가 다른 경로가 없다하더라도 그러하다.

일반적으로, 순환적 그래프는 가장 잘 거부되는 어떤 수학적 복잡성과 전산적 복잡성을 나타내지만, 때때로 그것들에 대한 언어학적 적용이 제안되어 왔다. 다행히도 이 책에서는 그것들이 요구되지 않을 것이다.

(70)은 자질 구조들, 포섭, 통합에 관한 많은 유용한 일반적 사실들을 묶어서 제시한 것이다.[13]

(70) a. (idempotency) $A \wedge A = A$

     b. (commutativity) $A \wedge B = B \wedge B$

     c. (associativity) $(A \wedge B) \wedge C = A \wedge (B \wedge C)$

     d. (top) $\top \wedge A = A$

     e. (bottom) $\bot \wedge A = \bot$

     f. (interdefinability $A \leq B$ iff $A \wedge B = A$
        of $\leq$ and $\wedge$)

---

13) 이러한 사실들은 포섭 관계에 있는 자질 구조들이 top과 bottom과 함께 *meet semilattice*를 형성한다는 진술에 의하여 요약된다.

2.2. 자질 구조의 확장

앞 절에서 언급한 개념들은, 통합에 기반한 형식주의의 다른 이론들에서 설명되는 여러 형식에 나타나는 자질 구조들과 관련된 개념들의 핵심과 공통점이 있다. 그러나 이것은 대략적이어서 우리가 관심을 가진 언어 정보의 어떤 양상들을 모형화하는 데는 불충분하다. 이 절에서는, 우리 이론을 전개하는데 필요한 자질 구조들을 정교화하고자 한다.

정보를 모형화 할 때는 때때로 어떤 속성의 값에 관한 정보를 결여하는 경우와 그 속성이 기술되는 대상의 종류에 *비관여적인* 경우를 구별하는 것이 중요하다. 예컨대 X가 통사 범주이고 Y가 기호이고, 그것들에 관한 정보가 (71)에 보이는 것과 같다고 가정하라.

(71) a. 범주 X에 관한 정보

$$
\begin{bmatrix}
\text{MAJ} & \text{V} \\
\text{VFORM} & \text{FIN} \\
\text{AUX} & +
\end{bmatrix}
$$

　　b. 기호 Y에 관한 정보

$$
\begin{bmatrix}
\text{SYN} & \begin{bmatrix} \text{MAJ} & \text{N} \end{bmatrix} \\
\text{SEM} & \text{DOG}
\end{bmatrix}
$$

(71)의 자질구조들 가운데 속성 음운론(PHON)에 관한 명세화를 포함하고 있지 않다. 그러나 실제로 두 자질 구조가 속성 음운론을 명세화하지 않은 내용은 아주 다르다. (71b)에서 기술하는 대상 Y는 기호로, 음운론을 가지고 있는 것이다. 다만 (71b)에서는 대상 Y의 음운론이 무엇인지를 모른다는 것이다. 그래서 (71b)는 (72)와 같이 표기법적으로 축약

해서 나타낼 수 있다.

(72) 기호 Y에 관한 정보

$$\begin{bmatrix} \text{SYN} & \begin{bmatrix} \text{MAJ} & \text{N} \end{bmatrix} \\ \text{SEM} & \text{DOG} \\ \text{PHON} & [\ ] \end{bmatrix}$$

언급하지 않으면, PHON 속성은 *비명시적*으로 (유용한 정보가 아닌) ⊤로 명세화된다. 그러나 (71a)에서는 기술되는 대상 X는 통사 범주인데, 그와 같이 대상이 통사 범주인 경우에는 PHON 속성은 의미가 없다. 그러나 다른 속성들은 또 다른 종류의 대상들에서는 의미가 있다. 앞 절에서 자질 구조의 형식을 단순하게 나타낸 것의 심각한 결점은 이와 같은 명백한 사실들을 무시한 것이다. 그래서 그러한 형식에 추가적인 기술이 필요하다. 먼저 앞 절에서 기술된 자질 구조들에 대하여 유형 (*type*)의 개념을 추가할 필요가 있다. 곧 자질 구조들은 그것들이 기술하는 대상에 따라 다른 *유형들(types)*에 나타나고, 자질 구조의 유형들에는 각각의 속성들의 집합이 적합하다는 것이다.

예컨대 자질 구조 유형 *sign*에 대한 적합한 속성들은 음운론(PHON), 통사론(SYN), 그리고 의미론(SEM)을 포함하고, 유형 *agreement-value*에 대한 적합한 속성들은 인칭(PER), 수(NUM), 성(GEN)을 포함한다. 어떤 자질 구조의 유형에 관하여 명시적으로 나타낼 필요가 있는 경우에는, (73)과 같이 왼쪽 아래에 그것을 표시한다.

(73)

$$\begin{bmatrix} \text{PHON} \\ \text{SYN} \\ \text{SEM} \end{bmatrix}_{sign}$$

그렇지만 자질 구조의 유형은 대부분의 경우 문맥에서 명백하게 알 수 있기 때문에, 그 표시는 생략된다. 자질 구조의 유형은 기술되는 대상에 관하여 제공하는 정보의 부분으로 간주된다. 예컨대 (74a)는 (74b)보다 정보가 더 많은데, 그것은 (74a)는 기술되는 대상이 기호임을 최소한 나타내는 데 비하여 (74b) (⊤)는 아무것도 나타내고 있지 않기 때문이다.

(74) a. sign[　]

    b. [　　]

분명히 다른 속성들에 대해서는 다른 유형의 값이 적합하다. 예컨대 유형 *sign*에 대한 **SYNTAX** 속성은 유형 *syntactic-category*의 자질 구조들을 값으로 취하고, 속성 **AGREEMENT**는 유형 *agreement-value*의 자질 구조들을 값으로 취한다. 유형 *agreement-value*에 대한 **PERSON** 속성과 같은 "원자를 값으로 취하는" 속성의 경우에 적합한 값은 유형 *person*의 원자들 1ST, 2ND, 3RD이다.

자질 구조들에 대한 포섭 순서($\leq$)와 자질 구조들의 유형들 사이에는 자연적인 관계가 있는데, 하나의 유형 t_1이 다른 유형 t_2를 포섭할 수 있다는 사실에서 나온다. 그러한 경우에 t_2는 t_1의 하위 유형(*subtype*)이고, t_1은 t_2의 상위 유형(*supertype*)이라고 한다. 예컨대, 어휘 기호(*lexical-sign*)와 구 기호(*phrasal-sign*)는 둘다 *sign*의 하위 유형이다. 당연히 주어진 유형 t_1의 어떤 자질 구조가 t_1을 포섭하는 어떤 t_2에 대하여 t_2 유형인 것으로 간주되는데, 만약 A가 유형 *phrasal-sign*의 자질 구조이면, 그것은 당연히 유형 *sign*이다. 이것을 정리하면 다음과 같다. (i) 어떤 주어진 유형에 적합한 어떤 속성은 그 유형의 하위 유형에도 적합하다. 그리고 (ii) 어떤 주어진 유형이 그 속성의 어떤 하나가 어떤 유형의 값을 취하기를 요구한다면, 주어진 유형의 하위 유형도 그러하다. 예컨대, PHONOLOGY, SYNTAX, SEMANTICS는 *sign*에 적합하기 때문에, *phrasal-sign*에도 적합한 속성들이고, 유형 *phrasal-sign*의 자질 구조에서 SYNTAX의 값은 유형 *sign*의 자질 구조에서 같은 제약이 유지되기 때문에, *syntactic-category* 유형이 요구된다. 그리하여 하나의 자질 구조의 유형은 모든 속성들과 그것들의 값에 대한 관련된 유형 제약들을 그 상위 유형으로부터 상속받는다.

그러나 어떤 자질 구조가 상위 유형으로부터 상속받는 속성들과 값들에 대한 관련된 유형 제약에 더하여, 어떤 유형은 그 자신의 속성들을 도입하기도 한다. 예컨대 PHONOLOGY, SYNTAX, SEMANTICS에 더하여, *lexical-sign*에는 적합하지 않지만, *phrasal-sign*에 적합한 다른 DAUGHTERS 속성이 있다. 이것은 구 기호들은 딸들(곧, 내부 성분 구조)을 가지지만, 어휘 기호들은 그렇지 않다는 사실을 반영한다. 이에 더하여 어떤 유형이 상위 유형들로부터 물려받은 속성들에 대한 유형 제약들을 지켜야 하지만, 그 자신의 유형 제약들을 더 부과할 수도 있다. 예컨대, 앞서 언급한 바와 같이 *phrasal-sign*은 *sign*으로부터 그 SYNTAX 속성에 대한 유형 제약 *syntactic-category*를 물려받는다. 그리고 유형 *phrasal-sign*의 자질 구조는 그것의 SYNTAX 값이 *phrasal*(또는 *nonlexical*) 범주, 곧 명세화 [LEX −]를 포함하는 범주일 것을 추가적으로 요구한다.

직관적으로도 명백히, 자질 구조 유형들 자체가 포섭에 의하여 부분적으로 순서지어지는데, 그것은 *phrasal-sign* ≤ *sign*, *lexical sign* ≤ *sign*의 순서이다.

다음으로 논리적 특성의 확장에 대하여 살펴보자. A와 B가 어떤 대상 X를 적합하게 기술하는 자질 구조들이라고 가정하라. 그 때 우리는 A와

B를 X에 관한 *참 명제*들을 표현하는 것으로 생각할 수 있다. 이제 위에서 본 바와 같이, A와 B가 그것들이 통합될 수 있는 같은 것을 기술하기 때문에, A∧B도 X를 기술한다. 역으로, C가 X를 기술하고, C가 A∧B라는 것을 안다면, A와 B가 X를 기술한다는 것도 안다. 그래서 A와 B 둘다 X에 대한 참 명제를 표현하는 경우에만, A∧B가 X의 참 명제를 표현한다. 그리하여 자질 구조들의 통합은 그것들이 표현하는 명제들의 *논리적 연접*에 대응된다. 명제 논리의 표시법을 사용하면 다음과 같다. P가 A에 의해 표현된 X에 관한 명제이고, Q가 B에 의해 표현된 X에 관한 명제라면, A∧B는 명제 P AND Q를 표현한다.

그러나 연접 이외에도 이접(A∨B), 함축(A IMPLIES B), 부정(NOT A)과 같은 논리적 명제들에 관한 연산들이 있다. 이들에 대응하여 언어 정보는 이접적이거나 함축적(곧, 조건적)이거나, 부정적 특성일 수 있다. 따라서 우리는 그러한 개념들을 포함하기 위하여 자질 구조들에 대한 이 글의 체계를 확장할 필요가 있다.

이접적 정보부터 살펴보자. 때때로 A나 B로 적합하게 기술되지만, A인지 B인지는 모르는 어떤 언어적 대상 X를 아는 경우가 있다. 이 정보는 A와 B의 *이접(disjunction)*이라고 하고, A∨B로 적는다. 이접의 가장 단순한 경우들은 원자 값들의 이접을 포함한다. 예컨대, PERSON 속성은 값들로 1ST, 2ND, 3RD를 가질 뿐만 아니라, 이접에 의하여 이것들로부터 형성된 어떤 값, 곧 1ST∨2ND, 1ST∨3RD, 2ND∨3RD, 1ST∨2ND∨3RD을 가진다. 이것의 마지막 값은 PERSON에 관한 가장 일반적으로 가능한 값, 곧 *person*[ ]이다.

좀더 복잡한 경우는 비원자적 자질 구조들의 이접이다. 예컨대 독일어 관사 die에 대한 격과 일치는 (75)와 같이 나타낼 수 있다.

(75)

$$\begin{bmatrix} \text{CASE} & \text{NOM} \vee \text{ACC} \\ \text{AGR} & \begin{bmatrix} \text{GEN} & \text{FEM} \\ \text{NUM} & \text{SNG} \end{bmatrix} \vee \begin{bmatrix} \text{NUM} & \text{PLU} \end{bmatrix} \end{bmatrix}$$

그리하여 우리는 자질 구조의 개념을 값들에 대한 이접적인 명세화를 허용함으로써 일반화할 수 있다. 편의상 우리는 이 일반화된(곧, 가능한 이접적인) 자질 구조들을 가리키기 위해서는 간단히 자질 구조라는 용어를 사용하고, 특별히 이접들을 포함하지 않는 자질 구조(곧, 앞선 용어법에서 *좀더 단순한*(*simpliciter*) 자질 구조)를 가리키기 위해서는 기본적 자질 구조라는 용어를 사용할 것이다.[14] 이 새로운 의미의 자질 구조들에 따르는 포섭의 개념에 관련해서 자연스럽게 일반화하면 다음과 같다. 만약 A가 A1∨...∨An이고, B가 B1∨...∨Bm라면(각 이접항들은 기본적 자질 구조들이다), 각각의 Ai가 Bj의 하나에 (원래의 의미에서) 포섭되는 경우에만 A≤B라고 한다. (이론적으로는 무한한 이접항들도 합법적인 자질 구조들이다. 여기서는 그것들을 사용하지 않을 것이다. 그러나 그것들에 대한 어떤 적용들이 그리고 그것들을 다루는 계산적으로 추적할 수 있는 어떤 방법들조차도, LFG에서 "기능적 불확실성"의 얼개 아래 제안되어 왔다. 자세한 것은 Kaplan, Maxwell, Zaenen(1987)과, Johnson(1987)을 보라.) A와 B가 원자이면, 포섭에 관한 이 확장된 개념은 바로 이전의 개념으로 줄여진다. 통합 연산도 비슷하게 일반화된다. 두 (일반화된) 자질 구조의 통합 A∧B는 A와 B 둘다에 포섭되는 가장 적은 정보를 가진 (일반화된) 자질 구조인데, (70)에 요약된 특성들은 여전히 유지된다.

대조적으로, A와 B의 이접인 A∨B는 A와 B 둘다를 포섭하는 가장

---

14) 기술적으로는 이 일반화된 의미의 자질 구조는 쌍으로 포섭된 비교할 수 없는 기본 자질 구조들의 집합이다.

많은 정보를 가진 자질 구조이다.[15] (76)에 주어진 이접들의 일반적인 속성들은 통합에 대한 속성들 (70)과 유사하다. 여기서 변항 A, B와 C는 (일반적) 자질 구조들을 범위에 포함한다.[16]

$$
\begin{aligned}
&\text{(76) a. (멱등성질)} && A \lor A = A \\
&\quad\ \ \text{b. (교환성질)} && A \lor B = B \lor A \\
&\quad\ \ \text{c. (결합성질)} && (A \lor B) \lor C = A \lor (B \lor C) \\
&\quad\ \ \text{d. (전체집합)} && \top \lor A = \top \\
&\quad\ \ \text{e. (공집합)} && \bot \lor A = A \\
&\quad\ \ \text{f. (동치)} && A \leq B \text{ if and only if } A \lor B = B \\
&\qquad\qquad\quad \text{of } \leq \text{ and } \lor)
\end{aligned}
$$

자질 구조들의 통합과 이접은 상호작용이 잘 된다. 좀 더 정확하게는 (77)에 제시된 배분성 법칙을 지킨다는 것이다.[17]

$$
\begin{aligned}
\text{(77) (배분성)}\quad & A \land (B \lor C) = (A \land B) \lor (A \land C) \\
& A \lor (B \land C) = (A \lor B) \land (A \lor C)
\end{aligned}
$$

---

15) 수학적 용어로는 $A = A_1 \lor \ldots \lor A_n$와 $B = B_1 \lor \ldots \lor B_m$의 통합-또는 때때로 불려지는 바와 같이, 연접은 모든 $A_i \land B_j$의 이접을 취하고, 모든 가장 크지 않은 이접항들을 버림으로써 얻어진다. 그리고 $\lor$는 포섭 순서 $\leq$에 대한 *가장 작은 위의 경계* 연산이다.

16) (70)과 함께, 이러한 사실들은 포섭 관계에 있는 자질 구조들이 top과 bottom을 가지고, 격자 만남으로서의 통합과 격자 결합으로서의 이접을 가진 *격자*(lattice)를 형성한다고 진술함으로써 요약될 수 있다. 주의할 점은 이 격자가 많은 전산학자들의 관점에서는 "뒤집어진" 것으로 되어 있는데, 전산학자들은 "더 큰 정보"를 "더 많은 정보"와 동일시하는 관습이 있어서 그렇다는 것이다. 그러나 표준적 논리학의 관점에서는, 통합과 이접이 각각 $\land$과 $\lor$에 대응된다는 의미에서 격자가 "똑바른" 것이다. 여기서 가장 기억하기 좋은 방법은 하나의 자질 구조는, 그것이 대상들의 더 큰 집합을 기술하는 경우에 다른 자질 구조보다 더 크다는 것이다.

17) 따라서 자질 구조들의 포섭 격자는 분포적 격자이다.

예컨대, (78a)와 (78b)는 정확히 같은 정보를 가진다.

$$(78)\ a.\quad \left(\begin{bmatrix} \text{CASE NOM} \\ \text{AGR} \begin{bmatrix} \text{PER 3RD} \end{bmatrix} \end{bmatrix} \vee \begin{bmatrix} \text{CASE ACC} \\ \text{AGR} \begin{bmatrix} \text{PER 1ST} \end{bmatrix} \end{bmatrix}\right) \wedge \begin{bmatrix} \text{AGR} \mid \text{NUM SNG} \end{bmatrix}$$

$$b.\quad \begin{bmatrix} \text{CASE NOM} \\ \text{AGR} \begin{bmatrix} \text{PER} \quad \text{3RD} \\ \text{NUM SNG} \end{bmatrix} \end{bmatrix} \vee \begin{bmatrix} \text{CASE ACC} \\ \text{AGR} \begin{bmatrix} \text{PER} \quad \text{1ST} \\ \text{NUM SNG} \end{bmatrix} \end{bmatrix}$$

(70), (76), (77)에서 설명되고 있는 포섭, 통합, 이접에 관한 아주 일반적인 사실은 자질 구조들에 대한 논리학의 필수적 사실들이다. 이에 더하여 비논리적 사실들도 있는데, 그것은 언어적 대상들에 어떤 유형들이 있는가에 대한 우리의 지식과 그 지식들 사이의 관계에서 나온다. 예컨대 기호는 반드시 어휘나 구 둘 가운데 어느 하나가 될 수 밖에 없기 때문에, 기호는 (79)와 같이 나타낼 수 있다.

$$(79)\ _{sign}\begin{bmatrix}\ \ \end{bmatrix} = {}_{lexical\text{-}sign}\begin{bmatrix}\ \ \end{bmatrix} \vee {}_{phrasal\text{-}sign}\begin{bmatrix}\ \ \end{bmatrix}$$

그리고 어휘라는 사실과 구라는 사실은 서로 양립불가능하기 때문에, (80)같이 나타낼 수 있다.

$$(80)\ _{lexical\text{-}sign}\begin{bmatrix}\ \ \end{bmatrix} \wedge {}_{phrasal\text{-}sign}\begin{bmatrix}\ \ \end{bmatrix} = \perp$$

일반적으로, 언어적 대상들의 유형 사이의 관계들에 관한 위와 같은 사실들은 명백하므로 여기서는 그것을 명시적으로 진술하지 않을 것이다.

우리는 이접적 정보를 모형화하기 위하여 (일반적인 의미의) 자질 구조들을 도입했다. 그러한 자질구조들은 조건적 (함축적) 정보와 부정의 정보를 모형화하는데 충분하다. 먼저 조건적 정보부터 살펴보자. 부정의 정보는, 우리가 보는 바와 같이 조건적 정보의 특수한 경우이다. 조건적 정보는, 어떤 언어적 대상이 있을 때 만약 그 정보가 기술 A를 만족시키면, 기술 B도 만족시켜야 한다는 것을 안다는 것에서 출발한다. 일반적으로 보편 문법의 원리는 이러한 형식으로 되어 있다. 예컨대 단순화해서 설명하면 *중심어 자질 원리*(Head Feature Principle)는 다음과 같다. 기호 X가 구이고 Y가 X의 딸이면, X와 Y는 경로 SYNTAX|LOCAL|HEAD 에 대하여 같은 값을 공유해야 한다. (다음 장에서 보게 되는 바와 같이, 통사 범주들은 두 속성들 LOCAL과 BINDING을 가지는데, LOCAL 값은 다시 HEAD, LEX, SUBCAT을 가진다. 그러나 이러한 자세한 분류는 여기서는 중요하지 않다). 이 원리는 조건적 자질 구조 (81)로 표현될 수 있다.

$$(81) \quad \textit{phrasal-sign} [\;] \Rightarrow$$

$$\begin{bmatrix} \text{SYN|LOC|HEAD} \; \boxed{1} \\ \text{DTRS|HEAD-DTR|SYN|LOC|HEAD} \; \boxed{1} \end{bmatrix}$$

여기서 ⇒는 자질 구조들에 대한 어떤 이항적 연산을 나타낸다. 정보 내용에 따라 ⇒는 다음과 같이 정의된다. A와 B가 자질 구조라면, A⇒B 는 A와의 통합이 B에 포섭되는 가장 큰 (가장 적은 정보를 가진) 자질 구조이다. 이러한 관점에서 얻을 수 있는 가장 중요한 결과는 다음과 같다. 만약 X가 C와 A⇒B에 의해 적합하게 기술되는 언어적 대상이고 C 가 A에 포섭되면, C'= C∧B도 X의 적합한 기술이다. 예컨대 X가 영어 기호의 표상이고 X에 관한 정보가 자질 구조 C에 의하여 주어졌다고 가정하자. 또 C는 X가 구 곧 $C \leq_{phrasal\text{-}sign} [\ ]$라는 정보를 포함한다고 가정하자. 그런 경우 X가 기호이고 보편적 원리는 모든 기호에 적용되기 때문에, X도 (81)에 의하여 적합하게 기술된다. X는 C와 (81)의 오른쪽 항과 통합함으로써 얻어지는 자질 구조 C'에 의하여 적합하게 기술되는데, 곧 X의 중심어 자질들이 그것의 중심어 딸의 자질들과 같다는 X에 관한 정보를 추가할 수 있다.[18]

(81)과 같은 보편적 원리의 의의는 그것이 이 글의 전체적인 언어 이론에 어떻게 들어맞는지를 먼저 이해함으로써 가장 잘 포착될 수 있다. 이 책에서는 보편 문법 이론과 개별 언어 이론을 구별한다. 보편 문법 이론은 단순하게 말하면 (81)과 같은 모든 보편적 원리들을 통합할 때 얻어질 수 있다. 그것은 보편적 언어 지식에 대한 이론적 모형이며, 그것들이 소속된 언어 공동체들에 독립되어 있고, 정상적인 모든 성인이 공유된 유전 능력에 따라 사용하는 언어에 관한 정보이다. 어떤 언어에서든, 언어적 대상이 구이면 그것의 중심어 자질들이 그 중심어 딸의 중심어 자질들과 일치한다는 정보가 내재되어 있다는 점에서 (81)이 보편적 원리라고 한다. 만약 $P_1, \ldots, P_n$들이 그러한 원리들의 목록이면, 그때 보편 문법에 대한 이론인 UG는 (82)와 같이 되는데, 그 중의 하나가 중심어 자질 원리이다.

$$(82)\quad UG = P_1 \wedge \ldots \wedge P_n$$

---

18) 수학적으로 말하면 ⇒는 포섭 격자에서 *relative pseudocomplement* 연산이다. 이 연산은 잘 정의된 것으로 보일 수 있기 때문에, 자질 구조들의 포섭 격자는 *Heyting algebra*라 불리는 특별한 종류의 배분적 격자를 구성한다. A도 B도 유한한 이접이 아닐지라도, A⇒B가 유한한 이접일 수 있음을 보이는 것은 어렵지 않은데, 다행히도 그러한 경우들은 여기서는 일어나지 않는다.

그때 영어와 같은 개별 언어에 대한 이론은 무엇이 될까? 그 이론은 (82)에 포섭되는데, 그것은 각 언어가 보편 문법에 의하여 부과된 제약들을 따라야 하기 때문이다. 게다가 각 언어는 모든 언어들에는 유용하지 않다하더라도, 대상이 되는 개별 언어의 모든 언어적 대상들에는 적용되는 언어에 특수한 원리들의 $P_{n+1}, \ldots , P_{n+m}$의 집합을 부과할 것이다. 영어에 특수한 원리의 한 예는 다음과 같은 제약이다. 만약 X가 구이고, 그 중심어 딸이 어휘 기호 Y이면, Y는 X의 보어 딸들을 선조적으로 앞선다. (이 원리는 분명히 중심어가 구의 끝에 나타나는 일본어와 같은 언어에는 적용되지 않는다). 이에 더하여, 각 언어는 무엇이 어휘 기호로 간주되고, 무엇이 구 기호로 간주되는가에 대한 다른 집합의 선택사항들을 이용하는데, 그것이 바로 각 언어의 어휘부와 문법 규칙들이다. 그리하여, 만약 $L_1, \ldots , L_p$가 영어의 어휘 기호들에 대응되고, $R_1, \ldots , R_q$ 문법 규칙들에 대응되면, 영어에 대한 이론은 (83)의 형식을 취한다.

$$(83)\ \mathrm{UG} = P_1\ \wedge\ \ldots\ \wedge\ P_{n+m}\ \wedge\ (L_1\ \vee\ \ldots\ \vee\ L_p\ \vee\ R_1\ \vee\ \ldots\ \vee\ R_q)$$

곧, 언어적 대상은 (i) 그것이 어휘 기호들의 하나임을 예증하거나 문법 규칙들의 하나임을 예증하고, (ii) 그것이 보편적 문법 원리들과 영어에 특수한 문법 원리들을 만족시키는 경우에 영어의 기호 표상이 된다.

우리가 자질 구조들에 대하여 고려하는 마지막 논리적 개념은 부정(*negative*)이다. 이것은 바로 ⇒의 특수한 경우이다. 만약 A가 자질 구조이면, 그 부정인 ㄱA는 바로 A⇒⊥이다. 이것은 단순히 A와 통합할 수 없는 가장 일반적인 자질 구조이다. 일반적인 A⇒B에서와 같이, 항상 ㄱA를 기본 자질 구조들의 (가능한 한 유한한) 이접으로 표현할 수 있는데,

그렇게 하는 것이 유용하지는 않다. 그래서 우리는 이접을 길게 쓰지 않기 위하여 때때로 부정을 채택한다. 예컨대 어떤 기호가 있는데(예컨대, 한정적 동사 *go*의 주어로 알려진 어떤 기호의 SYNTAX이기 때문에) 그것의 일치가 3인칭 단수가 아니라는 것을 안다고 가정하라. 우리는 일치 값에 관한 정보를 (84a)와 같이 이접적으로 기술할 수 있다.

$$(84)\ \text{a.}\quad \underset{agr\text{-}value}{\left[\text{NUM PLU}\right]} \vee \underset{agr\text{-}value}{\begin{bmatrix}\text{PER} & \text{1ST}\\ \text{NUM} & \text{SING}\end{bmatrix}} \vee \underset{agr\text{-}value}{\begin{bmatrix}\text{PER} & \text{2ND}\\ \text{NUM} & \text{SNG}\end{bmatrix}}$$

그러나 같은 정보가 (84b)의 형식으로 더 꽉 짜이게 표현될 수 있다.

$$(84)\ \text{b.}\quad \underset{agr\text{-}value}{\begin{bmatrix}\text{PER} & \text{3RD}\\ \text{NUM} & \text{SNG}\end{bmatrix}}$$

이제까지 우리는 원자와 같은 단순한 자질 구조들이거나 그것으로부터의 논리적 결합들인 자질 구조들에만 관심을 가져왔다. 우리는 좀더 복잡한 방법들로 명세화된 부분적 정보 구조들을 허용하기 위해 몇몇 확장된 기술들 즉 목록에 대한 기술, 집합에 대한 기술, 그리고 기능적으로 의존적인 값들을 논의하고 자질 구조들에 대한 개관을 마무리하고자 한다.

*목록에 대한 기술*은 자질 구조 기술들의 목록으로 그 목록은 꺾쇠 괄호 사이에 쓰는데, 기술되는 것이 대상들의 목록(이나 연쇄)일 때 적합하다. 예컨대 다음 장에서 우리는 SUBCAT이라고 하는 통사적 범주들의 속성을 도입할 것인데, SUBCAT는 어떤 기호의 *하위범주화(subcategorization)*에 관한 정보, 곧 그것과 공기하는 다른 기호들인 주어, 목적어, 동사적

보어 따위에 대한 제약들을 제공한다. 따라서 동사 persuade에 대한 SUBCAT 값은 (대략) 목록 $<$VP[INF], NP, NP$>$인데, VP[INF]와 NP 는 어떤 통사적 특성들을 가진 기호들에 대응하는 자질 구조에 대한 약식형들이다. SUBCAT 목록에서 각 요소들의 순서는 의의가 있다. 그것은 전통문법의 *사격성*의 개념들에 관련되는데, 가장 오른쪽의 요소가 가장 덜 사격적이다(곧, 문법적 주어이다). 목록에 대한 포섭과 통합은, (85)에 지시된 것과 같이 (벡터 부가와 같은) 좌표별(componentwise)로 정의된다.

$$(85)\ \text{a.}\ <A_1, ..., A_n> \lesssim <B_1, ..., B_n>\ \text{iff}\ A_1 \leq A_i\ i=1, ..., n$$
$$\text{b.}\ <A_1, ..., A_n> \wedge <B_1, ..., B_n>\ =\ <A_1 \wedge B_1, ..., A_n \wedge B_n>$$

직관적으로 길이 n을 가진 목록에 대한 기술은 그 자체가 길이 n을 가진 목록인 무엇을 기술하는 것으로 생각되어야 한다. 명백하게도 다른 길이를 가진 목록에 대한 기술들은 통합되지 않아야 하는데, 그 까닭은 그것들이 기술하고자 하는 대상들의 목록에 관하여 상충되는 정보를 제공하기 때문이다.

목록의 다른 기본적인 적용은 재귀적 내포에 대한 자질 구조의 잠재력을 엄격하게 이용하는데, 일차적으로 변형 생성 언어학의 배경 지식을 가진 독자들은 생소할 수 있기 때문에 보충이 필요할 수도 있다. 이 적용은 전통적으로는 구 구조 나무들의 형식에서 나타나는 내부적 성분 구조를 가진 기호들의 표시에서 일어난다. 조금 단순화하면 (86)과 같은 전형적인 구 구조 나무들에 포함된 정보는 (87)과 같은 자질 구조로 표시할 수 있다.

(86)

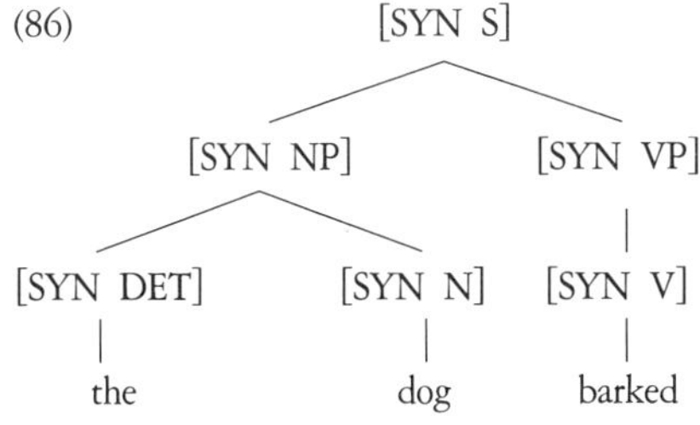

(87)

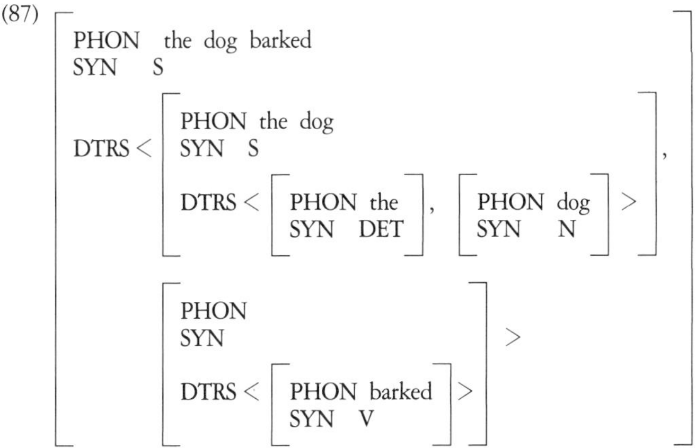

(87)에서, DAUGHTERS 목록에 관한 요소들의 순서를 사용하여 자매 성분들의 "표면적 순서"(곧 음운론적 실현들에 대응되는 시간적 순서)를 기호화할 수 있다. 여기서 잉여성이 분명히 있는데, 그 까닭은 명백하게도 "잎 분지점들"의 PHONOLOGY 값이 한 번 주어지면, 각 성분의 PHONOLOGY 값이 DAUGHTERS의 값으로부터 예측될 수 있기 때문이다. 이러한 잉여성은 이어지는 장에서 실제로 상용하는 구조들에서는 사라지는데, 거기서는 DAUGHTERS 값들의 안에 있는 요소들의 목록 순서가 표면 순서를 직접적으로 반영하는 것이 아니라, 전통적인 개념의 *사격성(obliqueness)*에 대응하는 문법 관계들의 추상적인 순서를 반영하기

때문이다.

　*집합에 대한 기술*은 자질 구조의 목록으로서 중괄호 사이에 쓰는데, 기술되는 것 자체가 대상들의 집합일 때 합당하다. 목록에 대한 기술과는 달리, 집합에 대한 기술에서는 각 요소들의 순서는 중요하지 않다. 여기서 주의해야 할 점이 있다. 바로 보통의 집합-이론적 표시법에서와 같이, 형식 $\{A_1, \ldots, A_n\}$의 집합 기술들에서 A_i의 두 개가 같은 대상의 기술들이 되는 것을 금지하지 않는다. 따라서 (88)은 차 두 대만 있는 주차장일지라도, 그 주차장의 내용을 기술할 수 있다.

$$(88) \quad \left\{ \begin{bmatrix} \text{MAKE TOYOTA} \\ \text{YEAR} \quad 1984 \end{bmatrix}, \begin{bmatrix} \text{MAKE DATSUN} \\ \text{YEAR} \quad 1985 \end{bmatrix}, \begin{bmatrix} \text{COLOR RED} \end{bmatrix} \right\}$$

　집합을 기술한 (88)은 주차장이 Toyota, Datsun과 붉은 차를 수용한다는 정보를 제공한다. 그러나 (88)에만 기초해서는 붉은 차가 Toyota, Datsun인지 아니면 더 이상의 정보를 이용하지 않는 제3의 차인지에 대해서 말할 아무런 방법이 없다. 다른 한편, 우리는 다음과 같은 것을 가정할 것이다. (i) 기술 중인 집합의 모든 대상은 최소한 집합에 대한 기술에서 기술들 가운데 최소한 하나에 의하여 기술된다. 그리고 (ii) 집합에 대한 각 기술은 기술되는 집합 가운데 하나의 구성원에 관해서만 정보를 제공한다. 달리 말하자면, 집합에 대한 기술에서 각 요소에 기술되는 집합의 한 구성원을 연합하는 위로의(onto) 함수가 있다. 그러면 (88)은 네 대 이상의 차가 있는 주차장에 대한 적합한 기술이 될 수 없다.

　집합 값들의 통합은 직관적으로는 단순하지만, 형식적으로는 기술하기 어렵다. 만약 S_1과 S_2가 두 기술 집합이면, $S_1 \wedge S_2$는 S_1과 S_2 둘다에 의하여 기술되어지는 어떤 집합을 기술한다. 기본적인 생각은 (89a)와

(89b)의 통합이 (89c)인데 (89c)에 (89a)와 (89b)의 내용이 기술된다.

(89) a.
$$\{ [\text{MAKE TOYOTA}] , [\text{MAKE DATSUN}] \}$$

b.
$$\{ [\text{COLOR WHITE}] , [\text{COLOR RED}] \}$$

c.
$$\left\{ \begin{bmatrix} \text{MAKE TOYOTA} \\ \text{COLOR WHITE} \end{bmatrix} , \begin{bmatrix} \text{MAKE DATSUN} \\ \text{COLOR RED} \end{bmatrix} \right\} \vee$$

$$\left\{ \begin{bmatrix} \text{MAKE DATSUN} \\ \text{COLOR WHITE} \end{bmatrix} , \begin{bmatrix} \text{MAKE TOYOTA} \\ \text{COLOR RED} \end{bmatrix} \right\}$$

일반적으로 집합에 대한 첫 번째 기술의 어떤 자질 구조가 두 번째 기술의 어떤 자질 구조에 대응되는가를 알지 못한다는 사실 때문에 복잡해지므로, 그것들이 어울리는 모든 가능한 방법들에 걸치는 이접들을 고려해야 한다. 집합 값이 통합되는 다른 예는 (90)과 같다.

(90) $\{ [\ ], [\ ] \} \wedge \{ [\ ] \} = \{ [\ ] \}$

여기서 좌변의 왼쪽 항은 하나의 요소를 가진 집합이나 두 요소를 가진 집합을 기술해야 하지만, 좌변의 오른쪽 항은 하나의 요소를 가진 집합으로만 기술할 수 있다. 그래서 하나의 요소를 가진 집합만이 가능하다.

마지막으로 *기능적으로 의존적인 값*들을 살펴보자. 때때로 자질 구조의 어떤 경로 p의 값에 관한 정보가 다음과 같은 형식으로 되어 있는 경우가 있다. 경로 p_1의 값이 x_1이고, 경로 p_2의 값이 x_2이면, x_1과 x_2의 값이 무엇이든지 간에, 경로 p의 값은 $F(x_1, x_2)$이다. 거기서 F의 값은 어떤 명세화된 함수이다. (더 일반적으로는 F는 임의적으로 많은 논항들의 함수일 것이다.) 곧 하나의 값이 같은 자질 구조의 다른 값들에 기능적으로 의존한다.

이 책에서는 그러한 의존 관계와 관계된 함수들은 보통 목록 연산들이나 집합 연산들이다. 예컨대, 단순하게 말하면 뒤에 도입하게 될 보편 문법의 원리들의 하나로 다음과 같은 것이 있다. 구 기호의 중심어 딸의 SUBCAT 값은 항상 보어 딸들의 목록에 구 기호 자신의 SUBCAT 값을 결합한 목록이다. 달리 말하면, 구 기호의 SUBCAT 값은 그 구의 중심어 딸의 하위범주화 값에서 보어 딸들에 의하여 충족된 값을 뺀 것이다. 이 원리는 조건적 자질 구조 (91)에 표현되어 있다.

(91) *phrasal-sign*$[\ ]\Rightarrow$

$$\begin{bmatrix} \text{SYN}\,|\,\text{LOC}\,|\,\text{SUBCAT}\ \boxed{2} \\ \text{DTRS}\ \begin{bmatrix} \text{HEAD-DTR}\,|\,\text{SYN}\,|\,\text{LOC}\,|\,\text{SUBCAT}\ \text{append}(\boxed{1},\ \boxed{2}\,) \\ \text{COMP-DTRS}\ \boxed{1} \end{bmatrix} \end{bmatrix}$$

여기서 append는 (92)와 같은 두 목록을 결합하는 기능을 가리킨다.

(92) append $(\langle A_1,\ ...,\ A_n\rangle,\ \langle B_1,\ ...,\ B_m\rangle) = \langle A_1,\ ...,\ A_n,\ B_1,\ ...,\ B_m\rangle$

기능적 의존관계에서 자주 일어나는 다른 연산은 (93)에서 정의된 집합의 결합(union)이다.

(93) union $(\{A_1,\ ...,\ A_n\},\ \{B_1,\ ...,\ B_m\}) = \{A_1,\ ...,\ A_n,\ B_1,\ ...,\ B_m\}$

이 연산에서 논항은 두 집합에 대한 기술이고, 값은 두 논항 집합에 대한 기술에 의하여 적합하게 기술되는 두 집합의 결합인 어떤 집합에 적합한 기술이다. 집합의 결합(union)은 집합의 통합과 다르다는 것을 유의하라. 예컨대 (89a)와 (89b)의 결합은 (89c)가 아니라, (94)이다.

(94) {[MAKE TOYOTA], [MAKE DATSUN], [COLOR WHITE]
　　　[COLOR RED]}

이것은 두 대에서 네 대까지 주차할 수 있는 주차장을 기술할 수 있다는 것을 유의하라. 이것은 집합 통합과 아주 다른데, 통합된 기술들은 반드시 같은 집합의 기술들로 간주된다.

기능적 의존 값과 관련된 다양한 다른 목록 연산들과 집합 연산들은 필요할 때 도입될 것이다.

이러한 형식적 도구들을 사용하여, 이제 위 (83)에 주어진 일반적 형식의 자연 언어 통사론과 의미론에 관한 특수한 이론을 세우고, 자질 구조들을 사용하여 기호들, 규칙들, 원리들과 그것들로 이루어지는 다른 언어적 대상들을 기술하는 작업으로 나아갈 것이다.

2.3. 더 읽을거리

통사 구조에서 자질 구조들을 사용하는 것은 (Kay(1984, 1985)에서 기능적 통합 문법이라 한) Kay(1979)의 기능 문법의 이름인 "기능적 기술들"에서 유래하는데, 거기서는 자질 구조들이 어휘 항목들과 규칙들 둘 다를 (이접에 의하여, 문법 자체를) 나타내는데 사용되었다. 이 형식주의는 초기 LFG의 발달에 중요한 영향을 끼쳤는데 (특히 Kaplan과 Bresnan (1982)를 보라), 거기서는 자질 구조들이 문법적 기능들에 관한 정보가

나타나는 언어적 층위인 "기능적 구조들"의 형식에서 나타난다. GPSG
의 저작에서 통사 범주들을 모형화하기 위한 자질 구조들의 사용은
Pollard(ms.1)와 Gazdar과 Pullum(1982)에 도입되었다. 통합은 Gazdar 외
(1985)에서 광범위하게 사용되었고, 더 밀접하게 관련된 Pollard(1984)의
HG에서는 더욱 광범위하게 사용되었다. 과거 2년 동안, Karttunen
(1986b), Uzskoreit(1986a), Zeevat 외(1987)에서 제시된 통합에 기반한 형
식주의들로부터 통찰력을 얻어 풍부해진 범주 문법들에서 다시 관심을
불러 일으켰다.

자질 구조들을 통사론과 의미론 둘 다에 사용할 가능성도 Kay(1984)에
서 비롯된 것으로 보인다. 우리가 주목하는 첫 체계적인 의미적 적용은
Fenstad 외(1985)와 Pollard(초고 2)인데, 통사적 태도의 차이들(각각 LFG와
HPSG)에도 불구하고, 그들의 상황 지향적 의미 분석들과 전체적인 관점
에서는 꽤 유사하다. 또 Johnson(1986)과 Zeevat 외(1987)에 의해 제시된
DTR 이론에 대한 통합에 기반한 접근도 이 책의 의미론의 접근과 아주
유사하다.

통합에 기반한 공동체에서 특별한 역할을 한 작업의 한 방향은 SRI
International of PART Ⅱ의 발달인데, 그것은 언어 이론이 아니라 넓은
범위의 언어 이론들에 대한 통합에 기반한 완성물들을 구축하기 위한
전산 언어이다. 이론 구성을 위한 도구들을 제공하는 것 이외에, 이 작
업은 그러한 이론들을 위한 수학적 기초들과 전산적 기초들을 수립하는
데에도 중요하게 기여했다. PART Ⅱ와 그것과 관련된 작업들은, Shieber
외(1981), Karttunen(1984), Pereira와 Shieber(1984), Shieber(1984), Karttunen
(1986a)에 잘 기록되어 있는데, 통합에 기반한 문법의 형식주의들에 대한
개관이 잘 되어있다.

자질 구조들의 토대가 되는 수학적 기술들과 관련된 내용은, Rounds

와 Kasper(1986), Kasper와 Rounds(1986), Moshier와 Rounds(1987)의 논리적 접근과, Ait-Kaci(1984)에서 설명한 자료 유형들의 격자들에 따른 대수학적 접근에 영향을 가장 많이 받았다.

⋯3

통사 자질과 통사 범주

앞장에서 본 바와 같이 영어 어휘적 기호 cookie와 같은 기호는 속성들 PHONOLOGY와 SEMANTICS를 가진 (95)와 같은 자질 구조에 의하여 부분적으로 기술될 수 있다.

(95)
$$\begin{bmatrix} \text{PHON} & \text{cookie} \\ \text{SEM} & \text{COOKIE} \end{bmatrix}$$

그리고 만약 영어가 단어들로만 구성되고 단순한 표현들을 결합하여 복합적인 표현들을 형성할 가능성이 없다면 우리는 그것들만으로 해 나갈 수 있을 것이라고 생각할 수 있다. 영어에 대한 우리의 전체 이론은 바로 (95)와 같은 자질 구조들의 큰 이접일 것이다. 그러나 물론 자연 언어들은 그것보다 더 복잡한데, 다른 종류의 단어들과 구들은 문법의 규칙들과 원리들에 일치하여, 어떤 다른 종류의 구들과 결합하여, 더 복잡한 메시지들을 전하는데 사용될 수 있는 새로운 구들을 형성한다. 그리고 이것이 가능하기 때문에 기호는 그것의 음운론적 특성들과 의미론적 특성들에 더하여, 다른 기호들에 관한 결합력에 관한 정보, 곧 통사적 속성들을 포함해야 한다. 그때 어떤 점에서 통사론은 음운론과 의미론을 함께 묶는 접착제이다.

이제 통사론은 소쉬르가 거의 언급하지 않았던 언어의 한 양상이다. 소쉬르는 통사론을 *랑그*의 영역 밖에 있는 것으로 보았다. 그의 시대의 언어학에서는 되풀이되는 집합의 규칙들에 대한 어떤 개념이 없었다는 것을 생각한다면 소쉬르가 결합력을 기호 체계의 부분으로 인식하지 않았다는 것은 그렇게 놀랄 일도 아니다. 그러나 우리는 기호들의 통사론에 관하여 많이 말할 수 있을 것이고 따라서 유형 *sign*의 자질 구조들에서 통사적 정보의 용기로 기능하는 SYNTAX 속성을 도입할 것이다. 그리하여 기호에 연합된 정보는 일반적으로 형식 (96)을 가진다.

(96)
$$\begin{bmatrix} \text{PHON} \\ \text{SYN} \\ \text{SEM} \end{bmatrix}$$

통사론 속성의 값으로 기능하는 언어적 대상은 통사 범주들(*syntactic categories*) 또는 단순히 범주들(categories)이라고 한다. 범주들을 기술하는데 적합한 속성들(이나 경로들)은 보통 통사 자질들(*syntactic features*) 또는 단순히 자질들(features)이라고 한다. 이 장에서는 우리의 이론에 채택된 통사 자질들에 대하여 그것들의 가능한 값들에 관한 제약들과 그것들이 반영하는 언어적 특징들의 본질과 함께 개관할 것이다.

우리는 국지적(*local*) 자질들과 결속(*binding*) 자질들을 기본적으로 구분함으로써 시작한다. 국지적 자질들은 일반적으로 (지배에 대한 전통적인 개념을 포함하는) 품사, 굴곡, 격, 하위범주화와 (기호가 어휘적인가 구적인가 하는) 어휘성과 같은 기호의 내부적 통사적 특성들을 명세화한다. 결속 자질들은 다른 한편 (가끔 *빈자리(gaps)*나 *흔적들(traces)*이라고 하는) "실종된" 요소들, 관계 대명사들, 의문적 표현들과 같은 기호 안의 성분으로 포함된 다양한 종류의 의존적인 요소들에 관한 정보를 제공한다. 그러한 정보는 (예컨대 빈자리와 그것의 "filler" 사이에 또는 관계 대명사와 선행사 명사 사이에) 포함된 통사적 의존 관계의 종류가 먼 거리에까지 임의적으로 확장된다는 의미에서 비국지적이다. 앞으로 보는 바와 같이 이러한 두 유형의 문법 관계는 구별되는 문법적 원리들에 의하여 지배되고, 따라서 이어지는 장에서 명확해지는 방법으로 다른 종류의 경로들을 따라서 언어 구조들을 통하여 전해진다(propergated).

국지적 통사 자질들은 세 가지로 구별된다. 첫째 *중심어(head)* 자질들이 있는데 그것은 어떤 어휘 기호가 그것의 투사들과 (곧 어휘 기호가 중심어인 구 기호들과) 공유하는 통사적 특성들을 명세화한다. 둘째 자질 SUBCAT는 기호의 결합가, 곧 문제의 기호가 *하위범주화하는* (*subcategorize for*) (또는 특징적으로 결합하는) 구 기호들의 수와 종류에 관한 정보를 제공한다. 셋째 양분 자질 LEX는 어휘적 기호들과 비어휘적 기호들을 구별하기 위하여 사용되는데, 이 구별은 "X'-이론의 친숙한 판의" X^0 범주들과 $n>0$인 X^n 범주들을 구별하는 것과 같은 역할을 한다.

결속 자질들에 관해서는 이 책에서 논의하게 될 세 개가 있다. SLASH 자질은 아직까지 적합한 filler(이나 "외치된" 성분)에 결속되지 않은 기호 안의 빈자리들에 관한 정보를 제공한다. REL 자질과 QUE 자질은 기호 안에서 결속되지 않은 관계사와 의문사에 대한 정보를 제공한다.

따라서 기호의 전체적인 구조는 (97)에 제시된 것과 같다.

(97)

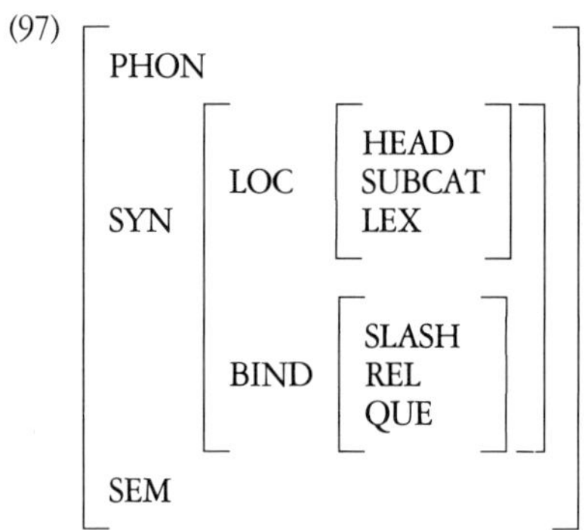

3.1. 중심어 자질과 성분 구조 유형

구의 *중심어(head)*의 개념은 오랜 역사와 함께 하는 전통 문법에서 나온 GB와 GPSG와 같은 최근의 통사적 틀에서 중심적인 역할을 하는 것이다. 기저의 직관은 단순히 각 구가 전체로서의 구의 많은 통사적 특성들을 결정한다는 의미에서 중심적으로 중요한 어떤 단어를 포함한다는 것인데, 그 단어는 *어휘적 중심어(lexical head)*라 한다. 따라서 동사구나 문장의 어휘적 중심어는 동사이고 전치사구의 어휘적 중심어는 전치사이다. 사실 바로 "동사구"(VP) "명사구"(NP) "전치사구"(PP)라는 용어들은 그것들의 어휘적 중심어의 품사에 따라 구들을 분류하기 위하여 사용되었다.19) 더 일반적으로는 구의 중심어는 구의 어휘적 중심어이거나 그것을 포함하는 구의 딸 (직접 성분)이다. 예컨대 문장 *Sandy likes bagles*에서 중심어 딸은 동사구 *likes bagles*이다. 차례로 동사 *likes*는 동사구의 중심어이고 동시에 동사구와 문장 둘다의 중심어이다.

---

19) 당분간 우리는 그러한 용어들을 비형식적인 기초로만 사용한다. 뒤따르는 절에서는 우리는 실제로 그것들을 자질 구조들에 따라 정의할 것이다.

몇몇 단순한 예들은 구에서 어휘적 중심어의 중심적인 중요성을 드러
내는데 충분할 것이다. 첫째 어휘적 중심어의 품사가 구의 결합적 특성
들의 주요한 결정자이다. 예컨대 (98a)에서 보여 주듯이 영어 계사 (be와
그 굴곡 형식들)는 NP, AP, VP, PP가 뒤따를 수 있다.

> (98) a. Mary was   the tallest skateboard in central Idaho.
>
> so drunk she couldn't remember her own name.
>
> leaving on the next train.
>
> kicked by a deranged wildebeest.
>
> under the station clock.

그러나 become에는 (98b)에서 보이는 바와 같이 NP나 VP만 뒤따를
수 있다.

> (98) b. Mary became   the tallest skateboard in central Idaho.
>
> so drunk she couldn't remember her own name.
>
> *leaving on the next train.
>
> *kicked by a deranged wildebeest.
>
> *under the station clock.

그리고 (98c)~(98e)는 각각 NP, AP, PP, VP만 뒤따를 수 있는 동사의
예들을 보여 준다.

> (98) c. Kim devoured   the three-day-old bagel.
>
> *melancholy.
>
> *on her eccentric uncle Pavel.
>
> *leave on the next train.

d. Kim waxed	*the three-day-old bagel.
	melancholy.
	*on her eccentric uncle Pavel.
	*leave on the next train.
e. Sandy depended	*the three-day-old bagel.
	*melancholy.
	on her eccentric uncle Pavel.
	*leave on the next train.
f. Chris must	*the three-day-old bagel.
	*melancholy.
	*on her eccentric uncle Pavel.
	leave on the next train.

유사하게 절의 결합 가능성이 중심어 동사에 형식에 의존하는 것을 쉽게 볼 수 있다.

(99) a. I believe that	*John leave tomorrow.
	John leaves tomorrow.
	*John leaving tomorrow.
b. Bagels,	*John like.
	John likes.
	*John liking.
c. I demand that	John leave tomorrow.
	*John leaves tomorrow.
	*John leaving tomorrow.

d. With   *John leave tomorrow   , things sure will be dull.
                  *John leaves tomorrow
                  John leaving tomorrow
                  John in New York
                  John dead

(99a)와 (99b)에서 보는 바와 같이 한정적 동사가 중심어인 (그러나 기본-형식이나 현재 분사가 중심어가 아닌) 절은 동사 *believe*의 보어로 나타나거나 주제화 구성에서 나타날 수 있다. 다른 한편 동사 *demand*는 기본 형식(base-form) 동사가 중심어인 보어 절만 취한다(99c). (99d)에서 보면 현재 분사 형식의 동사가 중심어인 절은 서술적 전치사 구와 형용사절과 with로 표지된 문장 부가어로 기능하는 능력을 공유한다. 이러한 예들로부터 우리는 동사 형식은 단순히 동사 자체의 특성일 뿐만 아니라 동사가 중심어인 전체 절의 특성이기도 하다는 것을 알 수 있다. 이러한 까닭으로 우리는 한정적 절, 현재 분사절 등에 관하여 말한다.

그리고 같은 방식으로 전치사구의 결합력은 중심어인 전치사의 정확한 형식에 의존한다. 예컨대 몇몇 동사들은 (100)에서 보인 바와 같이 전치사 *on*이 중심어인 전치사구를 요구한다.

(100) a. Kim depends   *to Sandy.
                      *of Sandy.
                      on Sandy.
                      *above Sandy.
                      *over Sandy.

b. Kim blames all his misfortunes   *to Sandy.
                                        *of Sandy.

on Sandy.

*above Sandy.

*over Sandy.

자질들 VFORM(동사 형식), PFORM(전치사 형식), MAJ("주요한" 자질, 또는 품사 자질)은 — 아래에 논의되는 많은 다른 자질들과 마찬가지로 — 모두 중심어 자질들로 분류된다. 곧 통사 범주에서 속성 HEAD에 대한 적합한 값은 속성들 MAJ, VFORM 따위를 가진 자질 구조들로 기술된다.

자질 구조들과 그것들의 가능한 값에 대한 우리의 목록으로 나아가기 전에, 그러나 어휘 기호들과 그것들의 구적 투사 사이의 중심어 자질들의 공유가 우리의 이론에서 어떻게 설명되는지에 대하여 간략하게 개관하는 것이 도움이 될 것이다. 이것은 다음 장들에서 충분히 자세하게 설명될 몇 가지 개념들을 예견하는 것을 요구할 것이다. 첫째 모든 기호들을 내부적인 성분 구조를 가지는 기호들(*phrasal* 기호들 또는 단순히 *phrase*)과 그렇지 않은 기호들(*lexical* 기호들 또는 단순히 *word*)로 나누어진다. 이러한 구별에 대응하여 sign의 두 하위 유형들인 (자질-구조 유형) *phrasal sign*과 *lexical sign*이 있다. (영어에는 어떤 구들이 있는가에 대한 중요한 문제는 6장으로 미루는데 거기서 문법 규칙들을 도입할 것이다.) 보통의 기호 속성들 PHONOLOGY, SYNTAX, SEMANTICS에 더하여 유형 *phrasal sign*는 네 번째 속성 DAUGHTERS을 포함하는데, 그것은 문제의 기호의 직접 성분들인 (어휘적 또는 구적) 기호들에 관한 정보를 제공한다.

DAUGHTERS 속성은 관습적인 성분-구조 나무 그림에 포함된 구성성에 관한 (그러나 상대적인 성분들의 순서들에 관한 것은 아닌) 정보의 종류를 제공한다. 그러나 이에 더하여 전체로서의 기호에 기여하는 정보의 종류에 따라 기호의 다양한 딸들을 구별하는 것이 중요하다. 그리하여 딸들은 특히 *heads*(어머니와 그들의 중심어 자질들을 공유하는 것들), *complements*(중심어의 하위범주화 요구를 이행하는 것들), *fillers*(중심어의 결속 요구들을 이행하는 것들), *conjuncts*(대등 접속 구성에서 상호 동등한 것들) 따위로 분류된다. 이에 대응하여 DAUGHTERS의 적합한 값들은 *constituent-structure* 유형의 자질 구조들인데 그것들은 HEAD-DTR(head daughter), COMP-DTRS(complement daughters), FILLER-DTR(filler daughter), CONJ-DTRS(conjunct daughthers) 속성들을 가진다.

성분 구조들은 그것들에 나타나는 딸들의 종류들에 기초하여 분류된다. 예컨대 하나의 중요한 *constituent-structure* 하위 유형은 *coordninate-structure*이고 그 속성들의 하나는 CONJ-DTRS이다. *constituent-structure*의 다른 중요한 하위 유형은 사실 이 책에서 주로 관계되는 것인 *headed-structure*인데 최소한 HEAD-DTR과 COMP-DTRS을 포함한다. 중심어 구조들은 차례로 그것들이 가진 비중심어 딸들의 종류에 따라 하위분류되는데 그러한 하위 유형들은 (속성들 HEAD-DTR과 COMP-DTRS을 가진) *head-complement-structure*와 (COMP-DTRS에 대한 값으로 빈 목록 < >을 요구하고 부가적으로 FILLER-DTR을 가진) *head-filler-structure* 따위가 있다.

실례로서 주제화된 문장 Bagels, John likes에 대응되는 기호는 (101a)에 의하여 부분적으로 기술된다.[20]

(101) a.

```
     ┌                                                          ┐
     │     ┌ FILLER-DTR [PHON  bagels]                      ┐   │
     │     │ COMP-DTRS                    < >               │   │
     │     │                                                │   │
DTRS │     │            ┌ COMP-DTRS <[PHON  John]>        ┐ │   │
     │     │ HEAD-DTR   │ DTRS                            │ │   │
     │     │            │ HEAD-DTR│DTRS ┌ HEAD-DTR [PHON  likes] ┐ │ │
     │     │            └          └ COMP-DTRS  <PHON //> ┘    ┘ │ │
     └     └                                                  ┘   ┘
```

---

20) 기호 "/ /"는 빈 음성적 연쇄를 가리킨다.

강조를 위하여 SYNTAX와 SEMANTICS 속성들(과 구적 성분들의 PHONOLOGY 속성들)은 생략되었다. 여기서 유의할 중요한 것은 구 기호의 기술에서 구 성분의 기호들 (딸들) 자체가 기호 유형의 자질 구조로 기술되어 위 층위의 기술의 DTRS 속성 안에 하위 구조들로 나타난다는 것이다. 그리하여 FILLER-DTR과 HEAD-DTR의 값들은 (기호는 많아야 하나의 filler 딸이나 중심어 딸을 가지기 때문에) 바로 유형 기호의 자질 구조들이지만 (기호는 많은 보어 딸들을 가질 수 있기 때문에) COMP-DTRS의 값은 기호의 목록이다. 친숙함을 위하여 우리는 구 기호들을 기술하기 위하여 (101b)에 나타낸 가끔 대안적인 표시법을 이용할 것이다.

(101) b.

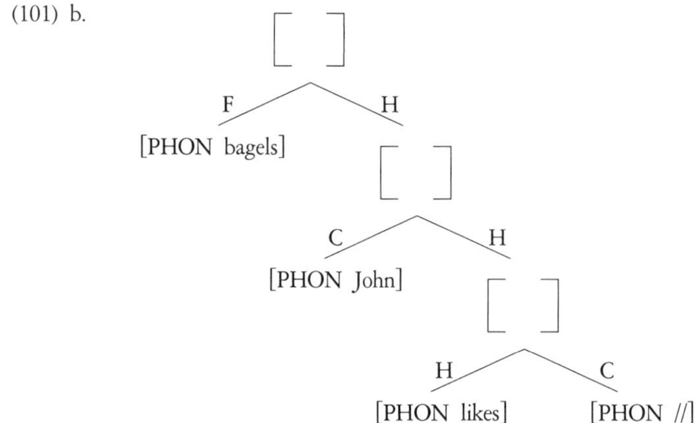

이 표시법은 통사론자들이 관습적으로 선호하는 나무 그림들을 연상시키려고 의도되었는데, 이 표시법에서 기술되는 구에 대응되는 자질 구조는 딸 속성을 *제외한* 표준적인 AVM 표시법으로서 지시된 모든 속성들을 가지고 맨 위에 나타난다. AVM에 의하여 보통의 방법으로 표시되

는 대신에 DTRS 속성의 값이 성분 구조는 맨 위의 AVM으로부터 아래로 내려오는 꼬리표가 붙여진(labelled) "가지들"(branches)로 가리켜진다. 가지들 위의 표시 "F", "H"와 "C"는 각각 성분 구조 속성들 FILLER-DTR, HEAD-DTR과 COMP-DTRS에 대응된다. 같은 기술적 관습이 되풀이하여 적용되는데, 예컨대 되풀이되는 내포의 많은 층위를 가진 AVM 기술인 (101a)는 대응되는 많은 층위의 가지들을 가진 꼬리표가 붙여진 나무 형식인 (101b)를 취한다. 물론 표시된 나무 표시에서 "잎들"(leaves)은 어떤 성분 구조도 가지지 않고 단순히 정상적인 AVM으로 표시된다. 주의 둘 이상의 보어 딸을 가진 성분의 경우에 (예컨대 (133)에서 *appealed to him to leave*를 관할하는 분지점인 경우에) 각 보어 딸에 "C"로 꼬리표가 붙여진 가지가 있는데 관습적인 언어학적 나무 표시법과는 달리 복합적인 보어 딸들에 대한 왼쪽에서-오른쪽으로의 순서는 사격성의 증가를 반영하는 것이지 대응되는 음운론적 실현들의 시간적 순서를 반영하는 것이 *아니다.*

우리는 어휘 기호로부터 위로 올라가는 "H"로 꼬리표가 붙은 가지들의 가장 긴 경로를 어휘 기호의 투사 경로(*projection path*)라고 한다. 자질 구조들에 따라 투사 경로는 그것의 값이 어휘 기호인 DTRS|HEAD-DTR⋯DTRS|HEAD-DTR 형식의 경로이다. 구의 어휘 기호의 투사들은 바로 투사 경로에 놓인 구들이다. 따라서 현재의 예에서는 구들인 *likes, John likes*와 *Bagels, John likes*가 모두 어휘 기호 *likes*의 투사들이다.

이제 어휘적 중심어들과 그 투사들 사이의 중심어 자질의 공유는 어떻게 되는가? 이것은 (102)에 진술된 중심어 자질 원리(Head Feature Principle, HFP)라고 하는 일반 문법의 원리에 의하여 설명된다.

(102) 중심어 자질 원리

$$[\text{DTRS }_{\textit{headed-structure}}\ [\quad]\ ] \Rightarrow$$

$$\begin{bmatrix} \text{SYN}\,|\,\text{LOC}\,|\,\text{HEAD}\ \boxed{1} \\ \text{DTRS}\,|\,\text{HEAD-DTR}\,|\,\text{SYN}\,|\,\text{LOC}\,|\,\text{HEAD}\ \boxed{1} \end{bmatrix}$$

(여기서 **HFP**는 GPSG의 중심어 자질 약정을 자질 구조의 용어로 재공식화한 것이다.) 이것은 단순히 다음과 같이 말할 수 있다. 구가 중심어 딸을 가지면 그것들은 같은 중심어 자질을 공유한다. 앞선 예의 경우에서는 HFP의 결과는 (103)에 지시되었다.

(103)

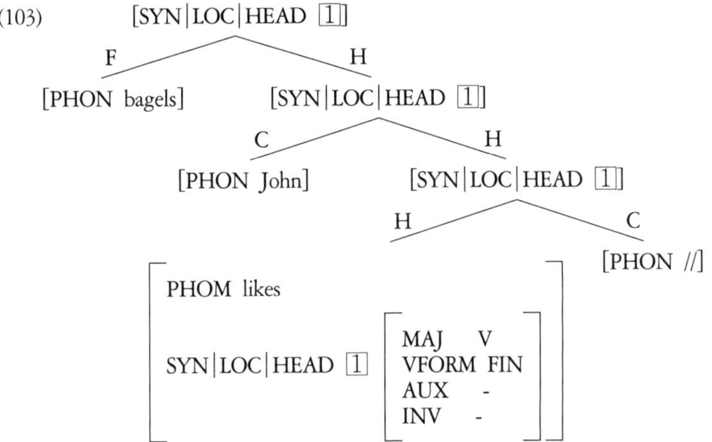

비유적으로 말하면 우리는 때때로 다음과 같이 말함으로써 그러한 상황을 기술한다. 어휘적 중심어의 중심어 자질들은 모든 구적 투사들에 대한 투사 경로를 따라서 나무 위로 "전해지거나" "흐른다." 물론 실제적인 정보의 이동은 없다. 실제로 관련되는 것은 어휘적 중심어와 그것의 투사 사이의 정보의 공유이다. (유사하게 아래에서 보게 되는 바와 같이 filler와 gap 사이의 관계는 변형 문법에서와 같이 이동에 의해서가 아니라 filler와 gap 사이의 정보의 공유에 의하여 설명된다.)

이제 영어에 대한 우리의 분석에서 사용되는 중심어 자질들의 목록에 착수한다. 다소 조금의 차이는 있지만, 이것들은 GPSG의 중심어 자질에 대응된다. 일반적인 논평에서 통사적 자질들(과 그 가능한 값들)이 언어에 따라 변이되는가, 아니면 각 개별 언어들이 어떤 하위 집합을 선택하게 되는 통사 자질들의 고정된 목록을 보편 문법에서 이용하는가에 대한 이론적 문제가 있다. 우리는 이 문제에 어떤 입장을 취하지 않을 것인데, 그 까닭은 우리로서는 어떤 쪽이든지 증거로 삼을 무엇이 분명하지 않기 때문이다. 그러나 이 책에서 사용되는 몇몇 자질들은 범언어적으로 중요할 것이라는 것을 명심해야 한다.

우리가 보아 온 바와 같이 **MAJ** (주요한) 자질은 품사라는 낯익은 개념에 대응된다. 영어의 **MAJ** 값들은 (104)에 목록화된 것들을 포함한다 (물론 이접이다).

(104) MAJ 값들

    N   (명사적 기호들, 예컨대 대명사들을 포함한 명사들과 NP들)

    V   (동사적 기호들, 예컨대 동사들, VP들, 문장들)

    A   (형용사들, AP들, AP가 중심어인 부가절들)

    P   (전치사들, PP들, PP가 중심어인 부가절들)

    D   (한정사들)

    ADV (부사들과 부사구들)

MAJ 값들의 이 목록은 모든 것을 다 망라하거나 정의하고자 한 것은 아니다. 중요한 것은 품사가 중심어 자질로 다루어진다는 것이다. 6장에서 보게 되는 바와 같이 이것은 고도로 조직적이고 중심어-보어 구조들을 세우는데 문법 규칙들, 곧 VP → V NP, PP → P NP, AP → A NP

따위의 관습적인 구 구조 규칙들의 광범위한 배열에 합당한 규칙들의 공식화에 범범주적인 공식화를 허용한다.

다른 HEAD 자질은 CASE이다. 수 많은 언어에서 명사들의 다양하게 굴곡된 형식들이 CASE에 대한 다른 값들에 따라 명세화되고 HFP에 따라 CASE의 명세화는 명사들이 투사하는 NP들로 상속된다. 그리하여 주어진 동사가 [CASE GEN]이나 [CASE DAT](이 명세화들은 소유격과 여격에 대한 전통적인 구별에 대응된다)로 표지된 NP에 대하여 하위범주화하면 (지배하면), 이것은 지배된 NP의 중심어 명사의 형식(은 물론 CASE 명세화들이 중심어 명사의 그것과 일치하는 어떤 한정사들이나 수식어들의 형식)에 대한 직접적인 결과들을 가진다. 영어에서는 물론 격 체계가 아주 퇴화되어 있다. 대명사들만이 CASE에 대하여 어휘적으로 명세화된다. *I, he, she, we*와 *they*는 [CASE NOM]으로 표지되고 *me, him, her, us, them*과 *whom*이 [CASE ACC]로 표지된다. 다른 모든 명사들과 대명사들은 (아래에서 논의되는 소유격을 제외하고는) CASE에 대하여 명세화되어 있지 않다. 기술적으로는 이것은 그것들이 값 *case-value*[ ]이 부여되어 있는데, 그것은 영어의 모든 가능한 CASE 값들(NOM, ACC와 가능한 GEN)의 이접이다.

얼핏 보기에 소유 대명사들 my, your, our, his, her, its, their와 whose는 그것들을 주격과 대격의 NP들과 구별하기 위하여 [CASE GEN]으로 명세화하는 것이 타당한 것으로 보인다. 그러나 비대명사적 소유들을 어떻게 다룰 것인지의 문제가 일어나는데 그것은 영어에서 비대명사적 NP 뒤에 접어 -'s를 덧붙임으로써 형성된다.

(105) a. [The ambassador from Bulgaria]'s hat was stolen.

b. [The candidate I talked to]'s resume was outstanding.

만약 (CASE에 대하여 비명세화된) 명사구가 소유의 구의 중심어이면 그 중심어가 [CASE GEN]일 수 없는데 그 까닭은 중심어 명사가 소유의 굴곡이 없기 때문이다. 아마 여기서 말하는 올바른 것은 NP가 아니라 접어 's가 중심어라는 것이다. 그 경우에는 소유의 구들은 실제로 NP가 아니다. (예컨대 소유의 구들이 다른 NP들과는 달리 명사의 한정사들로 기능할 수 있다는 것을 고려하라.) 우리는 이 문제를 해결하지 않고 남겨 둘 것이다.

동사 굴곡들은 중심어 자질 VFORM에 의하여 분석되는데 그 가능한 값들은 (106)에 지시되어 있다.

   (106) VFORM 값들

       FIN   (한정적이거나 시제의 형식들, 예컨대 *speaks, spoke, was*)

       BSE   (기본 형식들이거나 비굴곡된 형식들, 예컨대 *speak, be*)

       PSP   (과거 분사 형식들, 예컨대 *spoken, been*)

       PRP   (현재 분사 형식들, 예컨대 *speaking, being*)

       PAS   (피동 분사 형식들, 예컨대 *spoken, rumored*)

       INF   (비한정적 표지 to에 부여된 VFORM인데 *to leave*와 같은 비한정적 구들의 중심어로 간주된다)

       GER   (동사의 동명사 형식, 예컨대 *speaking, having, being*)

그리고 8장에서 보게 되는 바와 같이 영어의 대부분의 동사들은 기본 형식만 목록화하는 것으로 충분한데 그 까닭은 굴곡 형식들의 존재와 정확한 음운론은 어휘 규칙들에 의하여 예측되기 때문이다. 그러나 모든 동사들이 완전한 범위의 굴곡을 하는 것은 아니다. 예컨대 (107)과 (108)에서 볼 수 있듯이 (may, might, shall, should, can, could, must와 같은) 서법 조동사들은 한정적 형식들만 있고, rumored는 피동 형식으로만 나타난다.

> (107) Pat may take the exam.　(FIN)
>
> 　　　*Pat will may take the exam.　(BSE)
>
> 　　　*Pat has mayed take the exam.　(PSP)
>
> 　　　*Pat is maying take the exam.　(PRP)
>
> 　　　*Pat would like to may take the exam.　(INF)
>
> 　　　*Maying take the exam bothered Pat.　(GER)

> (108) *They rumored Sandy to be a spy.　(FIN)
>
> 　　　Sandy was rumored to be a spy.　(PAS)
>
> 　　　*They may rumor Sandy to be a spy.　(BSE)
>
> 　　　*They had rumored Sandy to be a spy.　(PSP)
>
> 　　　*They are rumoring Sandy to be a spy.　(PRP)
>
> 　　　*Rumoring Sandy to be a spy caused endless troble.　(GER)

그러한 경우에는 굴곡 형식들은 명시적으로 주어져야 한다.

VFORM은 하위범주화에서 중요한 기능을 하는데, 영어에서 많은 동사들과 형용사들은 하나 또는 다른 VFORM으로 명세화된 VP나 문장 보어들을 선택한다. 예컨대 서법 조동사들은 BSE의 VP 보어들을 요구하는데 반하여, 진행-상의 be와 완료-상의 have는 각각 PSP와 PRP 형식의 VP 보어들을 취한다.

특수한 동사에 대한 몇몇 언급들은 다음과 같다.

FIN : 모든 한정적 동사 형식들은 (이른바 "통사적 일치"를 포함하는) 시제와 일치 특징들과는 관계 없이 단순히 [VFORM FIN]으로 간주된다. 시제와 일치는 본질적으로 의미적인 것으로 간주한다. 일치의 분석은 2권에서 자세히 다루어진다.

PRP : 예외 없이 *-ing*로 끝나는 현재 분사들이다.

PAS : 어떤 동사들은 (예컨대 동사적 보어가 직접 뒤따르는 조동사들과 다른 동사들은) 과거 형식이 없다. 그러나 과거 형식이 있으면 그것은 음운론(과 철자)에서 과거 분사와 일치한다.

INF : 우리는 비한정적 표지 *to*를 명세화 [VFORM INF]인 결여된 조동사로 분석한다. 따라서 *to leave tomorrow*와 같은 비한정적 구는 *to*(어휘적 중심어)에 *leave tomorrow*(기본-형식 VP 보어)가 뒤따르는 것으로 분석한다.

GER : 현재 분사들과 같이 동사적 동명사는 변함없이 *-ing*로 끝난다. 동사적 동명사들을 때때로 명사적 동명사들로 불리면서 *-ing*로 끝나는 어떤 "탈동사된" 명사와 구별하는 것이 중요하다. 다른 동사들과 같이 동사적 동명사들은 NP 직접 목적어들과 부사적 수식어들을 가질 수 있다. 다른 명사들과 마찬가지로 명사적 동명사들은 그렇지 않다. 예컨대 아래의 (109)에서 동사적 동명사 (b)는 한정적 (a) 형식과 같은 문형을 형성한다. 그러나 *execute*인 명사화된 형식은 명사적 동명사가 아니고 명사 *execution*이다.

> (109) a. The goverment of troops methodically butchered/executed the rebel
>   leaders.   (FIN)
>
>   b. The goverment of troops' methodically butchering/executing the
>   rebel leaders followed a long-established pattern.   (FIN)
>
>   c. The goverment of troops' methodically butchering/ *executing/
>   execution of the rebel leaders followed a long-established pattern.
>   (FIN)

(100)에서 언급한 바와 같이 많은 동사들과 형용사들은 중심어가 특별한 전치사들인 전치사 구들에 대하여 하위범주화한다. 이에 대응하여 중

심어 전치사의 동일성에 관한 정보가 전치사구에 전달되게 하기 위하여 중심어 자질 PFORM(전치사의 형식)을 도입한다. TO, FOR, BY, OF, ON 따위와 같은 적합한 값들은 전치사의 중심어의 특별한 선택들에 대응한다. 전치사 *on*은 예컨대 명세화 [PFORM ON]을 가진 유일한 어휘 기호이다. *depend*와 같은 동사가 *on*이 중심어인 PP와 결합하는 요구는 동사의 SUBCAT 값에 HEAD 값 [PFORM ON]을 포함하는 명세화를 포함한 것으로써 다루어진다. 이러한 명세화가 전치사 자체로부터 PP 보어로 전달되는 것은 물론 HFP의 결과이다.

중심어 자질 NFORM(명사의 형식)은 "정상적인"(normal) 명사구들과 대명사들(예컨대 *Kim, she, most skateboard champions from central Idaho*)과 (아주 특별한 통사적 특징들을 가진) (빈(dummy) 대명사들이라고도 하는) 허사(*expletive*) 대명사들 *it*와 *there*를 구별하기 위하여 사용된다. (이것들은 2권에서 자세히 다루어진다). 대응되는 값들은 (110)과 같다.

(110) NFORM 값들

    THERE   (존재 구성들의 허사 대명사 *there*, 예컨대 *there is a moon out tonight.*)

    IT   (허사 대명사 *it*, 예컨대 외치(*it bothers me that he resigned*), 날씨(*it's raining*), 의사분열(*it's bagels that I want*) 구성들.)

    NORM   (다른 모든 NP들과 명사들)

모든 어휘적 보통 명사들과 고유 명사들은 [NFORM NORM]으로 명세화된다. HFP에 의하여 이 명세화는 보통 명사가 중심어인 어떤 NP에 전해지고 허사 대명사를 요구하는 위치에 그것이 나타나는 것을 막는다. 이것은 (111)과 (112)에 예를 들어 보인다.

(111) a.　There were two employees absent.

　　　b.　*Kim and Sandy were two employees absent.

(112) a.　It is snowing.

　　　b.　*The weather is snowing.

밀접하게 관련된 두 중심어 자질들은 조동사들의 분석에 나타나는데 양분적 자질들인 AUX(조동사)와 INV(도치된)이다. (기술적으로는 양분 자질은 값이 유형 *boolean*인 곧, +이거나 −인 자질이다.) AUX는 조동사를 다른 모든 단어들(주동사들과 비동사들)로부터 구별한다. 좀더 정확히는 [AUX +]로 명세화되는 조동사들을 제외한 모든 어휘 기호들은 [AUX −]로 명세화된다. 이것들은 다음과 같은 것들을 포함한다. 완료 상 *have*, 계사라고 하는 *be*의 모든 형식들 *do*(조동사 do는 오직 한정적 형식들만 가지는데, 정상적인 범위의 굴곡 형식들을 가지는 주 타동사 *do*와 구별되어야 한다), 비한정적 표지 *to*, 그 밖에 *ought, need, dare*의 어떤 용법들, 아마 작은 집합의 (영어의 다른 변이형들에 따라 다소 변이되는) 부가적 동사들. 조동사들의 특징적인 통사적 특성들은 다음과 같다. (a) *not*와의 공기, (b) 부정 축약의 어휘적 과정을 겪을 수 있음, (c) 동사구 삭제에 의하여 "좌초될"(stranded) 수 있음, (d) 의문의 (그리고 다른) 구성들에서의 도치가능성, (e) 부가 질문들에서의 출현. 이러한 특성들은 (113)에 예시되어 있다.

(113) a. 한정적 [AUX +] 동사들만 *not*와 공기할 수 있다.

　　　　Dana is not sleeping.

　　　*Dana sleeps not.

　　b. [AUX +] 동사들만 부정 축약된 형식들을 가진다.

　　　　Dana isn't sleeping.

　　　*Dana sleepsn't/sleepn'ts.

    c. [AUX +] 동사들만 동사구 생략에서 좌초될 수 있다.

      Lou doesn't want to work hard, but Chris does ___.

      *Lou doesn't want to work hard, but Chris wants ___.

    d. [AUX +] 동사들만 "주어-조동사 도치"에 나타날 수 있다.

      Will Pat vote Proposition 61?

      *Voted Pat Proposition 61?

    e. [AUX +] 동사들만 부가적 질문들에 나타날 수 있다.

      Pat didn't vote Proposition 61, did he?

      *Pat didn't vote Proposition 61, voted he?

AUX에 더하여 조동사들에 대한 우리의 분석은 다른 중심어 자질 INV를 포함하는데, INV는 도치된 (곧 문장-처음의) 조동사들을 도치되지 않은 조동사들과 구별한다. 얼핏 보기에 그러한 자질은 불필요한 것으로 보인다. 각 조동사는 도치된 위치들과 도치되지 않은 위치들 둘다에 나타날 수 있다고 왜 단순히 말하지 않는가? 불행히도 이것은 사실이 아니다. 최소한 하나의 조동사, 부정 축약된 일인칭-단수 계사 aren't는 도치된 위치에서만 나타날 수 있다. 또 최소한 하나의 조동사 better는 도치된 위치에 나타날 수 없다. 이 사실들을 보면 INV 자질의 사용에 대하여 다음과 같이 설명할 수 있다. 첫째 도치된 문장들에 책임이 있는 문법 규칙들은(6장을 보라) 중심어 딸이 명세화 [INV +]를 지닐 것을 요구하지만, 도치되지 않은 구들이나 문장들에 책임이 있는 규칙들은 [INV −] 중심어들을 요구한다. 그때 INV에 대한 어휘적 명세화는 다음과 같이 부여된다. 도치되어야 하는 조동사들은 [INV +], 도치되어서는 안되는 비조동사들과 조동사들은 [INV −], 도치된 위치와 도치되지 않은 위치 둘다에 나타날 수 있는 다른 모든 조동사(대부분의 조동사들)은 INV에 대하여 명세화되지 않는데 곧 [INV + ∨ −]이다. 이것은

Gazdar, Pullum, Sag(1981)에서 처음으로 언급된 (114)와 (115)의 대조들을 설명한다.

(114) a. Aren't I in charge of refreshments?
b. *I aren't in charge of refreshments.

(115) a. We better leave early.
b. *Better we leave early?

양분적 중심어 자질 **PRD**(서술적)는 서술적/비서술적의 구별에 대응되는데 여러 다른 품사들에 걸쳐 나타난다. 대략 서술적 단어들(이나 그것들의 구적 투사들)은 계사의 보어로 나타날 수 있는 것들이다. 예컨대 (116)에서 보는 바와 같이 동사들 가운데 현재 분사들과 피동 분사들은 서술적이지만 다른 동사 형식들은 아니다.

(116) a. Kim was always hounding his debtors.   ([VFORM PRP])
b. Kim was hounded to death by creditors.   ([VFORM PAS])
c. *Kim was hounds/hounded his debtors.   ([VFORM FIN])
d. *Kim was immediately fallen through the ice.   ([VFORM PSP])
e. *Kim was immediately fall through the ice.   ([VFORM BSE])

그리하여 현재 분사와 피동 분사들은 어휘적으로 [**PRD** +]로 표지되고 다른 동사 형식들은 [**PRD** −]이다.

서술적/비서술적의 구별은 형용사와도 관련된다. 좀더 정확히는 형용사들은 세 일반적 유형들로 구별할 수 있다. (ⅰ) 계사 뒤에는 나타나지만 명사 앞 수식어로는 나타나지 않는 것들, (ⅱ) 명사 앞에는 나타나지만 계사 뒤에는 나타나지 않는 것들, (ⅲ) 명사 앞이나 계사 뒤 둘다에 나타나는 것들. 첫 번째 유형의 예들은 *ablaze, ajar, asleep, awake* 따위의 a-로 시작되는 많은 부류의 형용사들과 *ready*와 ("complete, finished"의 의미로서의) *through*와 같은 다른 형용사들을 포함한다.

(117) a. *an asleep baby

      *an ajar door

      *an ablaze house

  b. The house was ablaze.

     The door was ajar.

     The house was ablaze.

(118) a. *Butch put the ready cake on the table.

      *All the through people left.

  b. The cake was finally ready.

     Everyone who is through can leave.

그러한 형용사들은 어휘적으로 [PRD +]로 표지된다. [PRD −]로 표지되는 두 번째 부류의 예들은 (119)의 *former, mere, utter*, (connecting의 의미로서의) *through*를 포함한다.

(119) a. a former senator

      a mere child

      an utter fool

      a through street

  b. *The senator was former.

     *Chris is mere.

     *That fool is utter.

     *Hillview Terrace is not through.

대부분의 형용사들은 물론 (120)의 예들과 같은 세 번째 부류에 속한다.

(120) a. a red ball

     an optimistic salesman

   b. Dana's ball is red.

     Our salespeople have every reason to be optimistic.

그러한 형용사들은 자질 PRD에 대하여 명세화되지 않는다(곧 [PRD + ∨−]로 표지된다).

일반적으로 (121)에서 보듯이 전치사구들은 서술적 위치와 비서술적 위치 둘다에 나타난다.

(121) a. Felix is on oak library table.

    b. Max relies on the oak library table to hide under during earthquakes.

직관적으로 이 구별은 의미적 차이에 대응된다. (121a)에서는 *on*이 Felix와 책상과의 어떤 공간적 관계를 말하는 것으로 보인다. (121b)에서는 대조적으로 on은 명백하게도 아무런 독립적인 의미가 없고 대신에 그것은 격 표지와 같이 기능하여 단순히 *relies*의 보어를 형식적으로 표지하고 있다. 이러한 종류의 양의성(ambivalence)을 다루는 한 방법은 전치사들을 서술성에 대하여 무표의 것으로 두는 것이다. 그러나 이 접근은 의미적 차이를 설명하지 못한다. 그 대안으로는 각각 전치사에 구별되는 두 어휘 기호를 가정할 수 있는데, 하나는 (121a)에서와 같이 서술적 PP의 중심어인 [PRD +]인 것이고, 다른 하나는 어떤 동사들과 형용사들에 의하여 하위범주화된 비서술적 PP의 중심어인 [PRD −] "격−

전치사"(case-preposition)인 것이다. (뒤의 방법을 취하면 우리는 비서술적인 것들을 전치사가 아닌 다른 어떤 것으로 분류할 수도 있는데, 그것들은 실제로 의미적으로 기여하지 않는 보문자들이나 다른 형식적 표지들과 함께 묶을 수 있을 것이다. 지금으로 보아서는 HPSG는 그러한 표지들에 대한 어떤 정확한 분석을 하지 않는다.)

전치사구들과 같이 명사구들도 서술적(서술적 명사류들)과 비서술적 (예컨대 주어들과 목적어들) 둘다로 나타난다. 이러한 구별을 PRD 자질에 따라 다루는 방법에 관한 문제는 아주 까다로운데, 그 까닭은 해결되어야 하는 예컨대 (122)에 예증된 "동일성의 be"와 "서술성의 be"의 구별에 대한 타당한 분석과 같은 많은 미묘한 의미적 문제들이 있기 때문이다.

> (122) a. Mr. Canterbury is really Magnus Pym.
>
> b. Magnus Pym is really a double agent.

우리는 여기서 이 문제점들을 해결하고자 하지 않을 것이다.

이 지점에서 독자들에게는 다음과 같은 의문이 생겼을 것이다. 왜 새 자질 PRD를 계사 뒤의 위치에 나타날 수 있는 그러한 단어들과 구들을 구별하기 위하여 가정하지 않는가? 왜 계사가 NP, PP, 어떤 AP, 피동-분사의 VP, 현재-분사의 VP를 포함한 범주들의 이접들에 대하여 바로 하위범주화한다고 단순히 말하지 않는가? 그 대답은 범주들의 정확히 이러한 같은 모임이 많은 다른 통사적 환경들에 나타날 수 있다는 것이다. 그것은 자연 부류이며 범주들의 되는 대로의 뒤범벅이 아니다. 예컨대 [PRD +]로 확인되는 정확히 그러한 구들이 (123)에서 보이는 바와 같이 *regard*의 직접 목적어 뒤에서 as로 표지된 보어로 나타날 수 있다.

(123) a. I don't regard that as a reasonable suggestion.

     b. I don't regard that proposal as within the limits of decency.

     c. I don't regard him as ready for such a demanding task.

     d. I don't regard myself as running for office. I'm only testing the water.

     e. I don't regard myself as tainted by the scandal. I was always very careful.

그리고 같은 종류의 구들이 (124)에서와 같이 통제된 부가어들로 나타난다.

(124) Kim came back from texas   a Republican.

                                     in a boxcar.

                                     ready for anything.

                                     driving a Bentley.

                                     pursued by lawmen from for states.

비슷하게 *서술적 부가어 절(predicative adjunct clauses)*(125)이라고 하는 어떤 문장 수식어들의 중심어로 나타난다.

(125) His father a lifelong Mason

     His father on the screening committee

     His father ready to do anything on his behalf, Butch's membership

     His father looming in the background was assured.

     His father known to be a lifelong Mason

그리고 NP를 제외하고는 [PRD +] 구들은 존재의 there 구성 (126)에 나타날 수 있고, "줄여진 관계절의" 명사 뒤의 수식어들 (127)로 나타날 수 있다.

(126) There is a donkey　　in the garden.
　　　　　　　　　　　　　 asleep in the garden.
　　　　　　　　　　　　　 sleeping in the garden.
　　　　　　　　　　　　　 stuffed with kapok.

(127) The donkey　in the garden　　　　　　 started Sabina.
　　　　　　　　 asleep in the garden
　　　　　　　　 sleeping in the garden
　　　　　　　　 stuffed with kapok

　중심어 자질들에 대한 우리의 논의를 완결하기 위하여 일치에 관한 어떤 논의를 정리해 둔다. 아마도 기대와는 달리 우리는 (인칭, 수, 성과 같은) 일치 현상들을 중심어 자질들에 따라 다루지 않을 것이다. 중심어 자질이 자연스러운 방법으로 (예컨대 명사들과 동사들) 어휘적 중심어들로부터 그것들의 구적 투사들로 일치 자질들이 전달되는 것을 설명할 수 있을 것으로 보일지라도, 일치에 대한 특별한 속성들의 전체적인 배열은 그러한 설명에서 설명되지 않은 채로 남겨진다. 2권에서 우리는 일치 이론을 발전시킬 것인데, 거기서는 인칭, 성, 수와 같은 특징들이 통사적 범주들이 아니라 INDEX라고 하는 명사구의 어떤 *의미적* 속성과 연합된다.

　간추리면 구들의 많은 중요한 통사적 특성들이 그것들의 어휘적 중심어들에 의하여 결정된다. 그러한 특성들은 HPSG에서는 중심어 자질들로 다루어진다. HFP에 의하여 중심어 자질 명세화들에 구현된 정보는 투사 경로를 따라서 어휘 기호들에서 그것들의 구적 투사들로 옮겨진다. 이 절에서 논의된 중심어 자질들은 (128)로 요약된다.

(128) 자질   값들

    MAJ   N, V, A, P, ADV, ⋯

    CASE   NOM, ACC, (GEN?)

    VFORM   FIN, BSE, PSP, PRP, PAS, INF, GER

    NFORM   NORM, IT, THERE

    PFORM   OF, ON, TO, FROM, ⋯

    AUX   +, −

    INV   +, −

    PRD   +, −

3.2. 하위범주화 자질

어휘 기호나 구 기호의 하위범주화 또는 결합가는 문제의 기호가 완전해지기 위하여 특징적으로 결합하는 다른 기호들의 수와 종류에 대한 명세화이다. 예컨대 다른 동사들이 완전한 문장을 형성하기 위하여 다른 수의 명사구들과 결합하거나 또는 그것들에 대하여 하위범주화한다는 것은 잘 알려져 있다. 그리하여 *sneese*와 같은 자동사는 완전한 문장을 형성하기 위하여 다만 하나의 NP(주어)에 대하여 하위범주화하고 *touch*와 같은 타동사는 두 개의 NP(목적어와 주어)에 대하여 하위범주화하고 (hand Kim a book에서와 같은) *hand*와 같은 이중타동사는 세 개의 NP (이차적 목적어, 목적어, 주어)에 대하여 하위범주화한다. 물론 하위범주화의 개념은 단어들에 대해서뿐만 아니라 구들에 대해서도 관계가 있다. 그리하여 *likes bagels*와 같은 VP는 하나의 NP에 대하여 하위범주화하는 어휘적 자동사와 닮았다. 반면에 Kim likes bagels와 같은 문장은 완전하거나, 포화되었는데(*saturated*), 곧 그것은 어느 것에 대해서도 하위범주화하지 않는다.

동사들과 그것들의 투사들만이 하위범주화 명세화를 갖는 것은 아니다. 예컨대 *in*과 같은 서술적 전치사들은 두 개의 NP(전치사의 목적어와 주어)에 대하여 하위범주화하는 점에서 타동사와 닮았고, in New York과 같은 서술적 PP는 하나의 (주어) PP에 대하여 하위범주화한다는 점에서 VP와 닮았다. *Her father in New York, Kim took charge of the Duluth office*에서 문장-처음의 수식어와 같은 전치사적 서술적 절들은 포화되었다. 그리하여 그것들은 어휘적 중심어가 전치사이지 동사가 아니라는 점을 제외하고는 문장과 유사하다. 또 보통 명사들(과 *tall man with an axe*와 같은 명사구들)을 그것들이 결합하는 한정사들에 대하여 하위범주화하는 것으로 다루는데 반면에 *Kim*과 *the tall man with an axe*와 같은 NP들은 포화되었다. 그러나 한정사 자체는 포화된 것으로 간주한다.[21]

기호들의 하위범주화에 관한 정보의 저장소는 국지적 통사 자질 SUBCAT이다. SUBCAT에 대한 적합한 값들은 기호들의 목록이다. 그리하여 n개의 다른 기호들에 대하여 하위범주화하는 기호는 그것의 SUBCAT 값으로 n개의 (보통은 아주 부분적으로 명세화된) 기호들의 목록이다. 중요한 특별한 경우는 (예컨대 절들, NP들, 한정사들과 같은) 포화된 기호들의 경우인데 그것의 SUBCAT 값은 빈 목록인 < >이다.

중심어 자질들과 하위범주화의 개념들이 갖추어졌기 때문에 우리는 이제 NP, VP 따위와 같은 관습적 문법 기호들을 유형 기호의 자질 구조들에 따라서 정의한다. 그러면 포화된 기호들부터 시작하는데, 우리는 상징 **"DET"**를 *every*와 같은 한정사 기호를 부분적으로 기술하는 자질

---

21) 다른 처리들도 고려할 가치가 있다. 예컨대 한정사들이 포화되지 않았고, 그것들과 결합하는 보통 명사들에 대하여 하위범주화한다고, 거꾸로의 방법 대신에 제안할 수도 있다. 그러한 대안들에 대해서는 5장에서 다시 고려한다.

구조 (129a)에 대한 약기형으로 정의할 수 있다. 비슷하게 (129a)와 (129b)는 NP와 S를 각각 명사들과 동사들이 중심어인 포화된 기호들로 정의한다. 비포화된 기호들의 간단한 예들은 N(보통 명사)와 VP인데, 각각 (129d)와 (129e)로 정의된다. (상징 "N"은 자질 MAJ의 값으로도 쓰이고 명세화 [MAJ N]을 포함하는 어떤 자질 구조에 대한 약기형으로도 쓰인다. 어떤 의도로 쓰인 것인가는 항상 문맥에서 분명할 것이다.) 약기형들은 재귀적으로 사용된다는 예컨대 "NP"가 "VP"의 정의의 하위범주화에서 사용된다는 것을 기억하라.

(129) 관습적 문법 상징들의 정의

	상징	정의	예들
a.	DET	$\begin{bmatrix} \text{SYN|LOC|HEAD|MAJ D} \\ \text{SUBCAT } \langle\rangle \end{bmatrix}$	*every* *the*
b.	NP	$\begin{bmatrix} \text{SYN|LOC|HEAD|MAJ N} \\ \text{SUBCAT } \langle\rangle \end{bmatrix}$	*Kim,* *every cat*
c.	S	$\begin{bmatrix} \text{SYN|LOC|HEAD|MAJ V} \\ \text{SUBCAT } \langle\rangle \end{bmatrix}$	*Kim left* *did Kim go*
d.	N	$\begin{bmatrix} \text{SYN|LOC|HEAD|MAJ N} \\ \text{SUBCAT } \langle\text{DET}\rangle \end{bmatrix}$	*cat* *white cat*
e.	VP	$\begin{bmatrix} \text{SYN|LOC|HEAD|MAJ V} \\ \text{SUBCAT } \langle\text{NP}\rangle \end{bmatrix}$	*sneeze* *liking cat*

그러한 표준적인 기호들에 더하여 어떤 복합 상징들을 INV, CASE,

NFORM, VFORM, PRD와 같은 하나 이상의 중심어 자질들에 대한 어떤 값들을 가진 구들의 더 특수한 유형들에 대한 약기형들로 사용하는 것이 편리하다. 몇몇 예들이 (130)에 주어지는데 이와 유사한 약기형들은 앞으로 별도의 주석 없이 자유롭게 사용될 것이다.

(130) 몇몇 복합 상징들의 정의

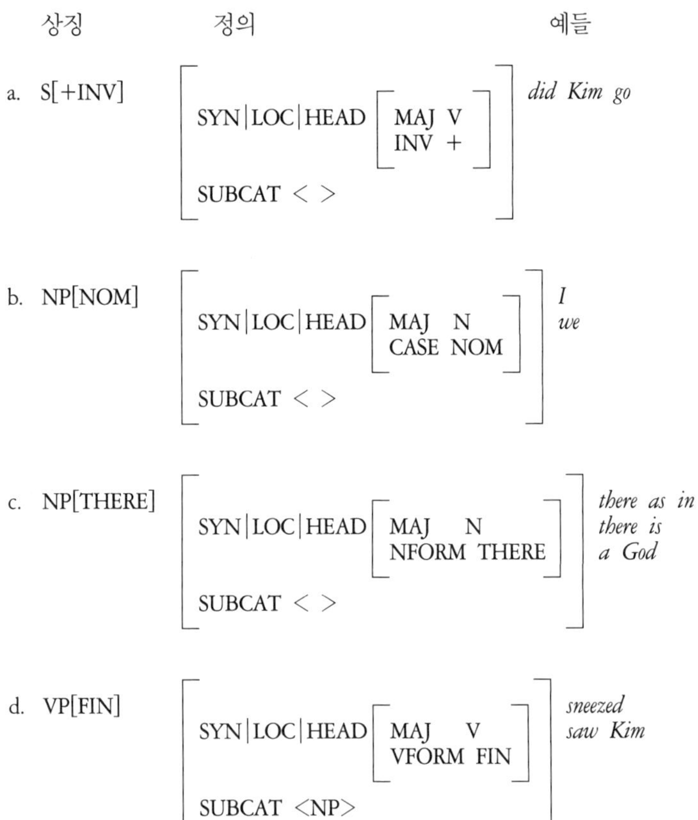

	상징	정의	예들
a.	S[+INV]	SYN|LOC|HEAD [MAJ V / INV +] · SUBCAT < >	*did Kim go*
b.	NP[NOM]	SYN|LOC|HEAD [MAJ N / CASE NOM] · SUBCAT < >	*I* / *we*
c.	NP[THERE]	SYN|LOC|HEAD [MAJ N / NFORM THERE] · SUBCAT < >	*there as in* / *there is* / *a God*
d.	VP[FIN]	SYN|LOC|HEAD [MAJ V / VFORM FIN] · SUBCAT <NP>	*sneezed* / *saw Kim*

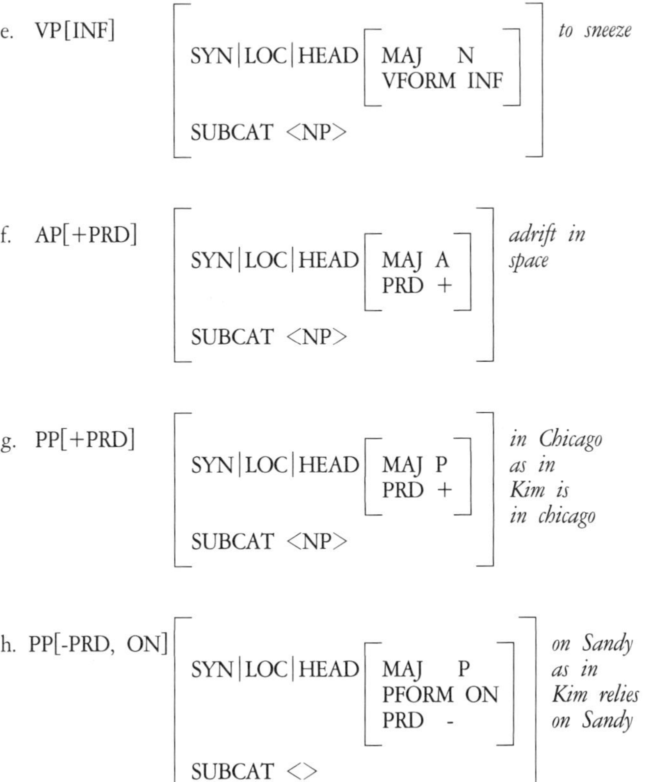

다시 (복합 상징들을 포함하는) 약기형들은 예컨대 한정적 VP (130d) 의 주격 주어 하위범주화에서 재귀적으로 사용된다. (따라서 우리는 다른 중심어들이 그것들과 결합하는 NP들에 정하는 격 요구들을 하위범주화의 특수한 경우로 다루고 있다. 우리는 5장에서 이 점에 다시 돌아올 것이다.)

물론 이것이 아닌 NP들도 (131)에서 보이듯이 하위범주화된다.

(131) 표시적 어휘 기호들에 대한 SYN|LOCAL|SUBCAT의 값들

    a. *sneezed*   <NP[NOM, NORM]>

    b. *rained*   <NP[IT]>

    c. *ablaze*   <NP[NORM]>

    d. *touched*   <NP[ACC, NORM], NP[NOM, NORM]>

    e. *relied*   <PP[-PRD, ON], NP[NOM, NORM]>

    f. *tried*   <VP[INF], NP[NOM, NORM]>

    g. *fond*   <PP[-PRD, OF], NP[NORM]>

    h. *on*   <NP[ACC, NORM], NP[NORM]>

    i. *handed*   <NP[ACC, NORM], NP[ACC, NORM], NP[NOM, NORM]>

    j. *forced*   <VP[INF], NP[ACC, NORM], NP[NOM, NORM]>

하위범주화 목록에서 상징들의 출현의 순서는 보어들의 표면 성분 순서들을 직접적으로 반영하고자 의도된 것이 *아니라*는 것을 유의하라. 그 대신에 SUBCAT 목록의 순서는 전통 문법의 개념인 문법 관계들의 사격성(*obliqueness of grammatical relations*)에 대응되는데 더 사격적인 요소가 더 왼쪽에 나타난다. 따라서 NP 보어들의 경우에 마지막 (가장 덜 사격적인) 요소는 문법적 주어에 대응되고, 뒤에서-두 번째 요소는 *직접 목적어*에 대응되고, 뒤에서-세 번째 요소는 *이차적 (또는 간접) 목적어*에 대응된다. (HPSG의 하위범주화와 LFG와 범주 문법과 같은 이론들에 나타나는 문법 관계들의 관련성에 대해서는 5장에서 좀더 자세히 고려된다.) 6장과 7장에서 보게 되는 바와 같이 사격성 순서와 표층적 성분 순서의 관계는 언어에-특수한 문법 규칙들과 성분 순서 원리들에 의하여 간접적으로 중개된다.

직관적으로 보아 분명하게도 구의 SUBCAT 값은 어휘적 중심어의 SUBCAT 값에서 구의 어떤 성분에 의하여 이미 충족된 명세화들을 뺀 것이어야 한다. 예컨대 *touched Fido*의 SUBCAT 값은 바로 <NP[NOM,

NORM]>이다. 그 까닭은 *touched*의 SUBCAT는 어휘적으로 <NP[ACC, NORM], NP[NOM, NORM]>으로 명세화되지만, 그러나 <NP[ACC, NORM]>은 구 안에서 *Fido*에 의하여 충족되었기 때문이다. 유사하게 *Kim touched Fido*의 SUBCAT 값은 < >(빈 목록)인데 그 까닭은 이제 남아 있는 명세화 <NP[NOM, NORM]>이 주어 *Kim*에 의하여 이미 충족되었기 때문이다. HPSG에서는 투사 경로들 위로의 하위범주화 정보의 전달은 하위범주화 원리(132)라고 하는 보편 문법의 원리에 지배된다.

(132) 하위범주화 원리

$$[\text{DTRS }_{headed\text{-}structure}\ [\quad]\ ] \Rightarrow$$

$$\begin{bmatrix} \text{SYN}|\text{LOC}|\text{SUBCAT } \boxed{2} \\ \text{DTRS} \begin{bmatrix} \text{HEAD-DTR}|\text{SYN}|\text{LOC}|\text{SUBCAT }_{append}\ (\boxed{1},\ \boxed{2}) \\ \text{COMP-DTRS } \boxed{1} \end{bmatrix} \end{bmatrix}$$

두 목록 L_1과 L_2에 대하여 append(L_1, L_2)는 두 목록들을 지시된 순서로 연결시킴으로써 얻어지는 목록이다. 그리하여 (132)는 어떤 중심어 구조에서 SUBCAT 값은 중심어의 SUBCAT 값에서 보어 딸 가운에 하나에 의하여 충족된 명세화들을 제거함으로써 얻어지는 목록이라는 것을 함의한다. 이에 더하여 (꼬리표 $\boxed{1}$과 $\boxed{2}$가 두 번 출현함으로써 가리켜진) 구조 공유는 각 보어 딸로부터의 정보는 실제로 대응되는 중심어의 하위범주화 명세화와 통합된다는 것을 함의한다. 그리하여 어떤 기호가 어떤 중심어의 하위범주화 명세화를 충족시킬 수 있는 것은 그것이 그 명세화와 일치하는 경우만이다. 그렇지 않으면, 하위범주화 원리를 어기고 통합은 실패할 것이다.

하위범주화 정보의 결과적인 전달은 문장 *I appealed to him to leave*의 (133)에 주어진 부분적인 기술에 의하여 예시된다.

(133)

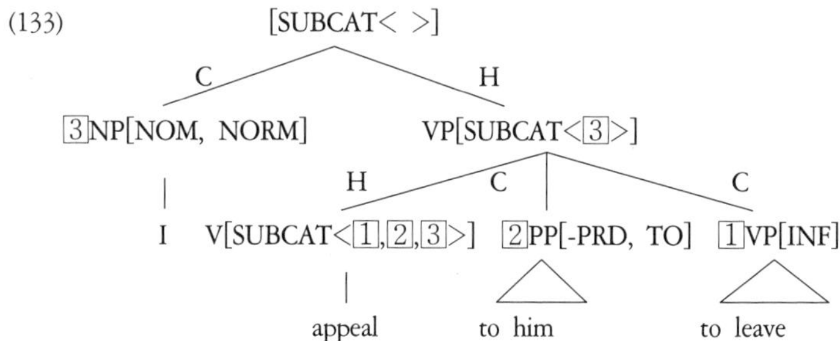

(여기서 "SUBCAT"는 "SYN|LOCAL|SUBCAT"를 생략한 것이다.) 사
실상 어휘적 중심어에서 투사 경로를 따라 올라갈 때 하위범주화 요구
물은 그것들이 적합한 보어들이 충족되는 경우 삭제된다(SUBCAT에서 제
거된다). 범주 문법에 친숙한 독자들은 하위범주화 원리가 범주들의 *삭
제*(*cancelation*)와 유사하며 중심어들과 보어들은 각각 함수자 범주들(*functor
categories*)과 논항 범주들(*argument categories*)에 대응된다는 것을 유의해야 한
다. 그러나 표준적인 범주 문법들과는 달리 HPSG 문법 규칙들은 양분
적-가지치기(*binary-branching*)가 아닌 성분 구조들도 허용한다. 따라서 구
는 현재의 예와 같이 둘 이상의 딸을 가질 수 있다.

　하위범주화의 문제는 최근의 통사 이론과 의미 이론에서 여러 중요한
문제들의 중심에 놓이는데 문법 관계들, 성분 순서 원리들, 보어들에 대
한 의미적 역할들의 부여의 본질을 포함한다. 우리는 이것들과 다른 문
제들을 5장에서 하위범주화와 관련하여 고려할 것이다.

3.3. 어휘성 자질

7장에서 보는 바와 같이 구 안에서 성분들의 표면적 순서를 결정하는

언어에-특수한 원리들은 주어진 성분이 어휘적인가 구적인가에 민감한 것으로 보인다. 예컨대 어휘적 자매들이 구적 자매들을 앞선다는 것이 영어의 성분 순서의 일반적 원리이다. 명백하게도 이것을 다루는 가장 간단한 방법은 이러한 원리들을 포함되는 기호들의 유형(곧 *lexical- sign*이나 *phrasal-sign*)에 맞추는 것이다. 그러나 등위 접속에 대한 우리의 논의 (2권)에서 보는 바와 같이 등위 접속 구조의 접속항들이 어휘성 정보를 공유한다는 의미에서 어휘성 정보는 통사 범주에 관한 정보와 함께 모방한다. 게다가 먼-거리 의존 관계에 대한 우리의 논의 (2권)에서 보는 바와 같이 어휘성 정보는 국지적 통사 정보 — 중심어 자질들과 하위범주화 — 와 같이 모방하지만 gap으로부터 filler로 전해지는 방법에서의 결속 정보와는 다르다. 따라서 우리는 통사 범주들에 대한 우리의 기술에 HEAD와 SUBCAT에 더하여 국지적 양분 자질 LEX를 도입한다. 어휘성은 중심어 자질로 다루어질 수 없는데, 그 까닭은 구 기호들과 그것들의 중심어 딸들은 전형적으로 어휘성에 따라 다르기 때문이다.

사실 LEX에 따라 다루는 구별은 어휘 기호들과 구 기호들 사이의 유형의 구별과 정확히 일치하는 것은 아니다. 예컨대 명사-명사 구조들과 형용사-명사 구조들이 전형적인 보통 명사구들과 대조되는 어휘적 명사들과 어떤 통사적 특성들을 공유한다는 예컨대 그것들 자체가 (134)에서 예증되듯이 명사-명사 구조들에서 수식어들로 나타날 수 있다는 증거가 있다.

(134) a. toxic waste

     b. [toxic waste] dump

     c. [[toxic waste] dump] manage

     d. *[dump for toxic waste] manage

따라서 우리는 그러한 구조들을 내부적인 구조를 가지고 있다 하더라도 [LEX +]로 다룰 것이다. 더 일반적으로는 우리는 문법 규칙들을 두 부류로 나눌 것이다. 합성화 규칙들을 포함하는 어머니에 명세화 [LEX +]를 도입하는 단어 형성 규칙들과 어머니에 [LEX −]를 도입하는 다른 규칙들. 이것과 유사한 제안들에 대한 자세한 논의는 이 책의 범위를 벗어나고 따라서 여기서는 더 이상 추구하지 않을 것이다.

3.4. 결속 자질

앞절에서 보아온 바와 같이 중심어 자질들과 SUBCAT 자질은 다음과 같은 의미에서 본질적으로 국지적(*local*)이다. 그것들의 명세화가 어휘 기호에 의해 결정되고 투사 경로를 따라서만 곧 중심어 딸에서 구로 옮겨진다. 달리 말하자면 그것들은 *어휘적으로 지배된다*(*lexically govered*). 그것들이 포함한 정보는 문제의 어휘 기호의 최대 투사를 벗어나서는 흐르지 않는다. 이 절에서는 *결속*(*binding*) 또는 먼 *거리*(*long-distance*) 의존 관계들이라고 하는 통사 현상의 부류를 도입하는데, 어휘적으로 지배되지 않는다. HPSG 이론에서 그러한 의존 관계들에 관한 정보의 저장소(repository)는 유형 *syntactic-category*의 자질 구조의 BINDING 속성이다. 국지적 자질들과는 달리 결속 자질 명세들은 (중심어 딸들이 아닌) 임의적인 딸들로부터 어머니로 비교적 자유롭게 옮겨지는데 사실상 그것들의 출발점들(point of origin)로부터 그것들이 적절하게 놓일 (또는 결속될) 수 있는 점에 도달할 때까지 언어 구조들을 거쳐 위로 흐른다.

우리는 세 결속 자질들 SLASH, REL, QUE와 연합되는 구별되는 세 종류의 결속 의존 관계에 관심을 가질 것이다. SLASH 자질은 gap들과

filler들 사이의 정보의 흐름 (곧 공유)을 중개한다. REL 자질은 관계대명사에 관한 정보를 관계절이 선행 명사와 결합되는 구조의 지점에까지 옮긴다. QUE 자질은 의문 요소들에 관한 정보가 문제의 요소가 작용의 범위에 두는 의문절이나 구에까지 전해지는 것을 보증한다. 각 유형에 대하여 우리에게 관심이 있는 세 가지 중요한 것을 고려해야 한다. 의존 관계의 원천(the origin of the dependency), 그것의 전이(its transmission), 그것의 결속(its binding).

영어에서 가장 단순한 종류의 filler-gap 의존 관계는 (135)에 보인 주제화 구성이다.

(135) a. Bagels, I like ＿＿＿.

 b. Bagels, I know he likes ＿＿＿.

 c. Bagels, I thought he said he likes ＿＿＿.

주제화된 문장은 "외치된" filler 성분과 그 뒤에 오는 filler와 같은 종류의 구가 결여된 (또는 gap를 가진) 문장 성분으로 구성된 것으로 단순히 특징화된다. filler와 gap 사이의 통사적 의존 관계는 분명히 비국지적인데, 그것이 임의적으로 많이 내포된 문장들의 경계를 넘어서까지 미친다는 의미에서 그러하다.

(135)의 예들의 경우에는 결여된 구가 NP이다. 그러나 다른 종류의 gap들도 가능한데 (136)에서는 결여된 요소들이 PP[TO]이다.

(136) a. To the first test tube, she added chlorine ＿＿＿.

 b. To the first test tube, we thought she added chlorine ＿＿＿.

 c. To the first test tube, we thought Kim said she added chlorine ＿＿＿.

이 모든 예들에서 항상 유지되는 것은 filler의 국지적 통사 자질들이 gap의 그것들과 일치해야 한다는 것이다. 그렇지 않으면 (137)과 같은 비문법적인 문장들이 된다.

(137) a. *The first test tube, we thought she added chlorine ____.
     b. *To bagels, I know he likes ____.

2권에서 제안된 먼-거리 의존 관계들에 대한 HPSG의 설명에 따르면 그러한 filler-gap 의존 관계들은 결속 자질 SLASH에 의하여 중개된다. 기호에 대한 SLASH 자질은 (전형적으로는 주제화 구성의 "topic" 요소 또는 wh-의문의 외치된 의문 표현인) 적합한 filler와 아직 결합되지 못한 기호에 포함된 gap들에 관한 정보를 제공한다. SLASH의 값 자체는 유형 *sign*의 자질 구조의 집합인데 그 집합의 각각은 결속되지 않은 결여된 요소들의 하나를 기술한다. 결속되지 않은 성분을 포함하지 않는 기호는 명세화 [SLASH { }](여기서 { }는 공 집합이다)를 가진다. 반면에 NP(곧 "결여된" NP 성분)를 포함하는 기호는 [SLASH {NP}]로 명세화된다. 그러한 비어 있지 않은 SLASH 값은 흔적들(*traces*)이라고 하는 특별한 종류의 기호들에서 유래되는데, 그것들은 음성적으로는 비어 있지만 같은 위치를 차지하는 "정상적인" 기호들에 의하여 생겼을 같은 국지적 통사 정보(와 의미 정보)를 가진다. 예컨대 만약 gap이 하위범주화된 보어가 정상적으로 차지하게 될 위치에 나타나면 흔적에 대한 SLASH 값은 그 위치를 지배하는 (또는 그 위치에 대하여 하위범주화하는) 어휘적 중심어의 SUBCAT 목록의 대응되는 요소와 일치한다(곧 공유되거나 통합된다). 이 상황은 (138)의 주제화된 구조에 의하여 예증된다.

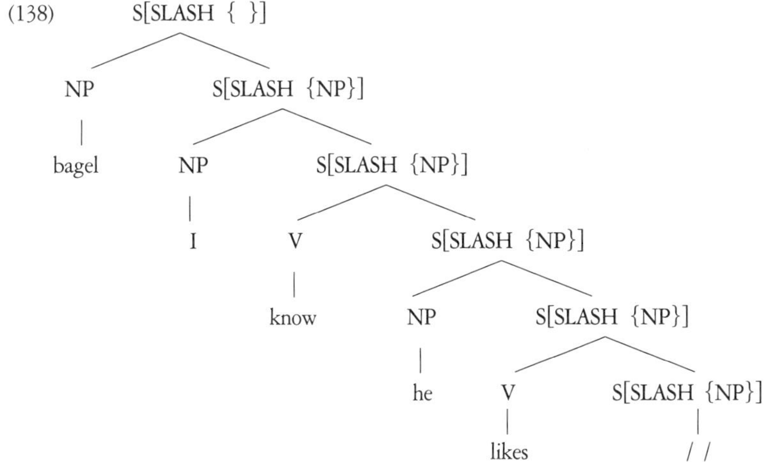

gap 위의 기술 "NP[SLASH {NP}]"는 흔적인데 SLASH 값의 NP는 어휘적 중심어 *likes*에 의하여 gap 위치에 가해지는 하위범주화 제약에 의해 결정된다. 여기에서부터 [SLASH {NP}] 명세는 딸로부터 어머니에게로 성공적으로 옮겨진다. 모든 결속 자질들과 마찬가지로 이러한 전이는 보편 문법의 원리인 **결속 상속 원리**(*Binding Inheritance Principle*(BIP))에 지배되는데 그 원리는 어떤 기호에 대한 SLASH의 값은 결속된 요소를 제외한 그 딸에 대한 값의 합 집합이라는 것을 요구한다. 현재의 예에서는 이것은 NP gap에 관한 정보가 그것을 포함하는 더 큰 기호들로 올라가서 적당한 기제가 그 gap의 결속을 초래하는 지점에까지 이르고, 그 지점에서 새로이 결속된 요소가 SLASH 값에서 제거되는 것을 보증한다. (138)에서는, 결속은 주제화 구성에 원인이 되는 문법 규칙에 의하여 생기는데, 그 규칙은 특히 filler의 국지적 통사 자질들이 결속되는 SLASH 요소의 그것들과 통합될 것을 요구한다. 전체적인 결과는 filler의 국지적 자질들이 흔적의 그것들과 일치된 (통합된) 것인데, filler가 실제로 gap

위치로부터 이동된 것과 같다. 그러나 우리의 분석에서는 gap로부터 filler로의 실제로의 이동이 없고, 다만 filler와 gap 사이의 정보의 공유가 있을 뿐이다.

어떤 경우들에는 SLASH의 집합 값이 둘 이상을 포함할 수 있다. 이 상황은 하나의 구가 구별되는 filler들과 관련되는 복합적인 gap들을 포함할 때 생긴다. 그러한 경우들은 영어에서는 좀 드물지만 (다양한 스칸디나비아 언어들에서는 좀더 보통이다), 많은 말할이들은 (139)와 같은 문장들을 문법적인 문장들로 쉽게 받아들인다.

(139) a. [Problems of this sort]$_i$ Jan$_j$ is easy to talk to ____$_j$ about ____$_i$.
  b. [That famous old professor in chicago]$_i$, I can't remember [which papers]$_j$ I sent copies of ____$_j$ to ____$_i$.
  c. [Into the wastebasket]$_i$ Hilary put ____$_j$ ____$_i$ tearfully and Rob dropped ____$_j$ ____$_i$ sheet by sheet [their autographed copies of Syntactic Structures]

여기서 아래첨자 "i"와 "j"는 어떤 filler들이 어떤 gap들을 결속하는 것을 비형식적으로 나타내는데 사용된다. 그러한 *지표들(indices)*의 이론적 중요성은 다음 장에서 논의될 것이다.

결속 자질 **REL**은 관계적 표현들 (예컨대 영어 관계 대명사들 *who, whom, whose, which*와 그것들의 선행사 명사들) 사이의 통사적 의존 관계를 중개한다. 그러한 의존 관계들은 영어에서 명사 (선행사)가 wh-관계절에 의하여 수식될 때 나타난다. wh-관계절은 바로 관계 대명사는 포함하지만 그 선행사는 포함하지 않는 한정적 문장이다. 관계절은 관계 대명사가 주어 NP 안에 있는 경우의 기본적인 형식(S→NP VP)이거나 관계 대명사가 filler 안에 있는 주제화된 형식(S→XP S[SLASH {XP}])일 것이다. 후자의 예들은 (140)에 주어진다.

(140) a. They introduced the man$_i$ [[who$_i$] [Pat had been talking to ___]]

b. They introduced the man$_i$ [[whose$_i$ sister] [Pat had been talking to ___]]

c. They introduced the man$_i$ [[to whom$_i$] [Pat had been talking ___]]

관계 대명사들의 분포에 대한 많은 부가적인 제약들이 있지만 다음과 같은 것은 분명하다. gap이 잠재적으로 그것의 filler로부터 결속되지 않고 떨어져 있는 것처럼 관계 대명사도 그것이 관계절에서 임의적인 깊이로 내포될 수 있다는 의미에서 잠재적으로 그것의 선행사 명사로부터 결속되지 않고 떨어져 있다. 이것은 (141)에서 예를 보인다.

(141) a. They introduced the man$_i$ [[whose$_i$ brother's friend' sister's ... uncle] [Pat had been talking to ___]]

b. They looked over the government reports$_i$, [[the height of the lettering on the covers ··· of which$_i$][the government prescribes]

그러한 의존 관계들의 분석은 filler-gap의 의존 관계의 분석과 유사하다. 따라서 REL의 자질 명세는 (어휘적으로 명세화된) 관계 대명사에서 유래하여, BIP에 의하여 위로 옮겨지고 관계 대명사가 선행사에 결속되는 관계절의 맨 위에서 제거된다. (또다시 우리는 결속을 야기하는 관계화에 대한 문법 규칙들의 논의는 뒤로 미룬다.)

SLASH와 마찬가지로 REL의 값은 집합이고 결속되지 않은 관계 대명사들을 포함하지 않은 어떤 기호에 대한 REL의 값은 { }이다. 영어에서는 REL 값 집합은 최대한 하나의 요소를 포함할 수 있으나 예컨대 Marathi와 같은 언어들에서는 하나의 관계절 안에 복합적인 관계 대명사들이 나타나고, 주절에서 상호 관련되는 대명사들과 일대 일로 (또는 거의 그렇게) 연합된다(Dalrmple와 Joshi(1996)을 보라).

SLASH와는 달리 그러나 REL의 값 집합들의 요소들은 통사 범주에 관한 정보를 전달하지는 않는다. 대신에 그것들은 의미 정보의 조각, 곧 관계대명사의 *지표(index)*를 명세화한다. 다음 장에서 보게 되는 바와 같이 지표들은 논리학의 변항들과 비슷한데 다소 단순화하면 관계대명사가 그 선행사에 결속될 때 그것들의 지표는 통합된다. wh-관계절에 대한 우리의 분석의 일반적인 결과는 (142)에 개관된다.

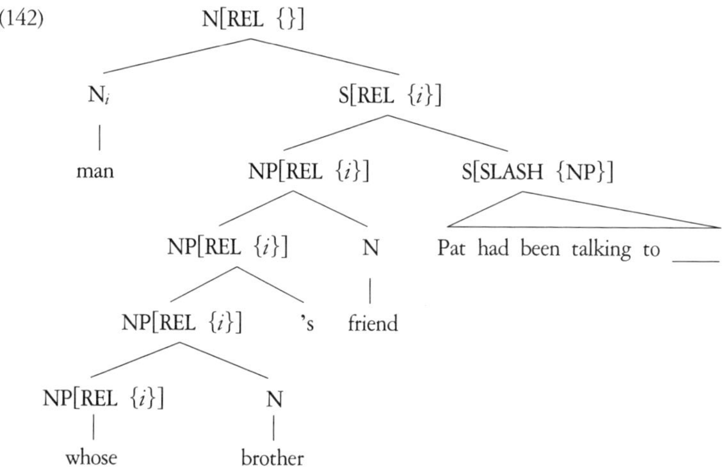

우리는 지표들에 관한 정보가 자질 구조들에 기호화되는가에 관한 문제들과 보통 비형식적으로 아래 첨자로 된 표기로 된 내용들 자체는 당분간 보류한다.

주의가 깊은 독자들은 이 시점에서 REL 값들이 통사 범주 정보가 아니라 의미적 지표들을 명세화한다면 REL 명세화가 왜 통사 정보로 간주되는가 하고 의심을 품었을 것이다. 여기서 중요한 점은 어떤 기호가 결속되지 않은 관계 대명사를 포함하는가 그렇지 않은가 하는 것이 그 기호에 관한 통사적으로 중요한 정보라는 것이다. 예컨대 그것은 어떤 문장이 명사 뒤에 관계절로서 나타날 수 있는가 그렇지 않은가를 결정한다.

고려되는 마지막 결속 자질은 QUE인데 기호에 대한 QUE의 값은 기호가 포함하는 결속되지 않은 의문 요소들의 집합들 (예컨대 영어의 who, whom, which, what, whose, when, where, how나 why를) 기술한다. 영어에서는 성분 의문들은 wh-관계절들과 중요한 차이들이 있을지라도 (예컨대 *Who ate what*과 같은 복합적 *wh*-의문들이 있다), 구조적으로 유사한데 그리하여 비지 않은 QUE 값들은 의문적 단어들에 대하여 어휘적으로 명세화되고 BIP에 따라 위로 흐른다. 그것들은 적합한 성분(내포된 의문)이 작용의 범위에 들기 위하여 wh-양화사들에 도달될 때 결속된다(QUE 값에서 제거된다). 전체적인 결과는 (143)에 예시된다.

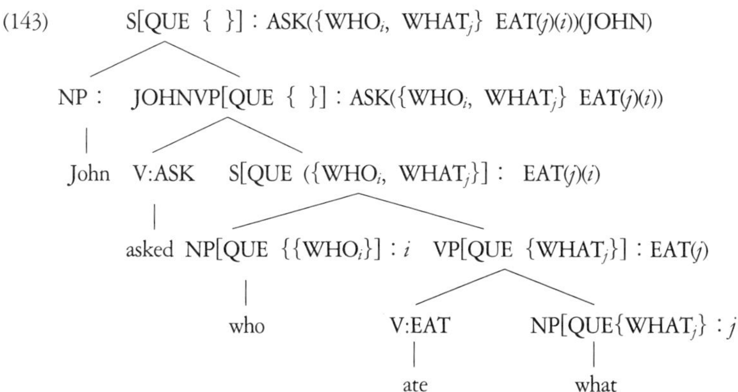

여기서 논리학과 비슷한 주석들은 기호들의 *의미 내용들*(곧 경로 SEMANTICS|CONTENT의 값)에 대한 대역들이다. 의미 내용이 자질 구조들에 따라 어떻게 기술되는가에 대한 논의는 또다시 4장으로 미룬다.

이 절에서는 우리는 단지 결속 의존 관계와 관련된 몇 가지 기본적 개념들을 소개하였다. 우리는 2권에서 이 중요한 주제로 되돌아와서 좀 더 여유 있게 논의할 것이다.

3.5. 마무리

이 장에서 보아온 바와 같이 HPSG의 통사 범주들은 아주 복합적인 대상들인데 그 특성들은 여러 구별되는 부류들의 통사 자질들에 의하여 기술된다. 중심어 자질 원리, 하위범주화 원리, 결속 상속 원리와 같은 보편 문법의 원리들은 통사 자질들에 기호화된 정보에 대한 언어 구조들을 통한 흐름을 지배한다. 그리고 자질들 자체는 이러한 원리들에 의존하는 HEAD, SUBCAT, BINDING으로 분류된다. 부가적인 자질인 LEX도 성분 순서의 결정에서 어떤 역할을 하는 것으로 간주된다. 이러한 적절한 통사적 기초들과 함께 우리는 4장에서 몇몇 의미적 개념들에 착수한다.

3.6. 더 읽을거리

여기서 발전된 통사 자질과 범주들에 대한 이론은 Gazdar, Pullum, Sag(1981), Pollard(ms.1), Gazdar와 Pullum(1992)의 생각들을 종합하고 정교화한 것이다. 목록-값인 자질들과 원자 값들에 대한 이접과 부정은 Pollard(1984)에서 도입되었고, 일반적인 이접과 부정을 가진 범주들에 대한 필요성은 Karttunen(1984)에서 맨먼저 인식되었다. 여기서 사용된 중심어 자질들과 값들의 특별한 목록은 Gazdar 외(1985)와 같은 GPSG의 저작에서 채택된 목록과 유사하다. 자질들과 범주들에 대하여 GPSG의 체계를 따르는 형식적이고 분명하고 간결한 제안은 Gazdar 외(1987)에 포함되어 있다. 여기(2장)에서 제안된 자질 구조들의 체계와는 달리 부정은 직관론적이라기보다는 고전적이고 여기에 포함된 몇몇 논의들(구조 공유, 목록과 집합 값들)은 다루어지지 않았다. GPSG-류의 (우리의 자질 구조 유형들과 유사한) "자질 공기 제약들"은 거기서 필수 연산자와 함께 제약 언어를 통해 강요된다.

4

기본적 의미 개념

앞장에서 우리는 자연 언어 기호들에서 SYNTAX 속성의 값들로 기능하는 대상들인 통사 범주들의 본질과 구조를 논의했다. 이 장에서는 논의의 초점을 SEMANTICS 속성으로 옮긴다. 우리는 2장에서 소개한 의미의 관계 이론을 출발점으로 삼았는데 그 이론은 의미들이 두 유형의 상황들 사이에 유지되는 어떤 종류의 관계들이라는 것을 주장한다. 따라서 '연기는 불을 의미한다'고 하는 것은 상황 유형 A(연기가 나는 상황의 유형)가 상황 유형 B(불이 났다는 상황의 유형)와 어떤 의미적 관계에 있다고 하는 것이다. 만약 상황 유형 A가 상황 유형 B를 의미한다고 하면 유형 A의 어떤 상황이 유형 B의 상황을 하나의 부분으로 포함하는 더 큰 상황의 부분이다. 다른 종류의 의미들은 다른 종들이나 유기체들의 공동체들에 의미가 있다. 또는 다른 방식으로 말하면 다른 생물들은 다른 의미들에 *조율된다(attuned)*. 어떤 의미 관계에 조율되어 있는 피조물들은 그것을 이용하여 이미 이용할 수 있는 정보로부터 새로운 환경에 관한 정보를 얻을 수 있다.

4.1. 의미 관계와 개별화 설계

이 책에서 우리는 *언어적 의미*에 관심을 가지는데 그것은 자연 언어 발화들의 유형들과 그것이 기술하는 상황들의 유형들의 관계이다. 모든 정상적 성인들은 이 관계에 조율되어 있고 이 조율이 보편 문법의 원리들로서 우리가 포착하고자 하는 것이다. 각 자연 언어는 언어적 의미의 하위 유형으로 간주될 수 있다. 발화 유형 /kIm snizd/와 Kim이라고 하는 어떤 사람이 재치기하는 상황의 유형 사이의 관계는 무엇인가? 그것은 *영어에서의-의미*들 관계이다. 영어에서 처음은 다음을 의미한다. 어떤 종류의 피조물이 이 관계에 조율되어 있는가? 영어 공동체의 구성원이다.

물론 영어 말할이의 조율은 영어의 어휘부, 문법 규칙들, 영어에-특수한 문법 원리들과 보편 문법을 포함한다. 그러나 그러한 정보는 음소들, 통사적 범주들과 성분 구조 유형들과 같은 그러한 것들만으로 공식화되지는 않는다. 이것들의 발화 유형을 분류하는 데 필요하지만 영어의 의미 관계를 이용하기 위해서는 영어 말할이는 또 발화들이 관계하는 세계의 사물들을 분류하는 방식을 가져야 한다. 상황 의미론에 따라 우리는 거기로부터 언어적 의미에 관한 많은 생각들을 빌려오거나 채택하였는데 어떤 공동체에 특징적인 세계에서 사물들을 분류하는 방식은 *개별화 설계*(*Schemes of Individuation*)라고 한다. 개별화 설계는 실재를 이해할 수 있는 부분들로 나누고 그 부분들의 솔기에 따라 어떤 부류의 유기체가 세계를 분리하는 체계로서 생각될 수 있다. 물론 이것이 이루어질 어떤 수의 생각할 수 있는 방법들이 있다. 그러나 상황 의미론은 인간의 개별화 설계들이 (Ronald Reagan이나 위성 Vinus와 같은) *개체들*(*individuals*), (베이지 색임, 또는 Idaho에서 온 스케이트보트 챔피언임과 같은) *속성들*(*properties*)과 (사랑하는 것 또는 주는 것과 같은) *관계들*(*relations*)로 구성된다.

상황 의미론에 특징적인 실재론의 관점에 따라 개체들, 속성들과 관계들은 세계에 있는 사물들로 간주되고 어떤 유기체들의 마음들 속에만 존재하는 개념적 대상들이 아니다. 상황 의미론에서 선호되는 용어를 사용하면 그것들은 인간들에 (또는 더 정확히 말하자면 인간들의 공동체들에) 의해 개별화된 *상황들을 가로지르는 한결같음*(uniformities across situations)이다. 이것은 사람들이 Ronald Reagan의 개념이나 주는 것의 개념을 가질 것이라는 것을 부인하는 것이 아니다. 그러나 개념들은 사물들과 구별해야 한다. 이 구별은 *언어의 외적 의의*(external significance of language), 곧 사람들이 언어적 발화로부터 세계에 관한 정보를 얻는다는 사실을 설명하는데 중요하다. 만약 우리가 진실하고 신뢰할 수 있는 관찰자로부터 Reagan이 Reykjavikd에서 달린다는 것을 듣는다면 우리는 Reagan에 관한 정보를 얻을 수 있다. 물론 우리는 보고자의 정신적 상태(예컨대 그가 Reagan이 달린다고 믿는 것)에 관한 정보를 얻을 수도 있지만 그러나 상황 의미론에 따르면 정신의 상태들조차도 궁극적으로 실재하는 개체들, 속성들, 그리고 관계들에 따라 특성화된다.

그래서 기호들이 개념들과 연합되어 있다고 우리가 생각할지라도 개념들을 외부의 무엇과 관계지우지 못하면 우리는 언어에 대한 참된 *의미적* 설명을 제공하지 못한다. 그렇지만 개념론을 정당하게 대접하기 위해서는 상황 의미론에 의하여 주창된 실재론의 종류는 (unicorn임의 속성 또는 둥근 네모의 속성과 같은) 상상적인 속성 또는 불가능한 속성들과 (제우스나 셜록 홈즈와 같은) 허구적 개체들과 관련된 많은 복잡한 철학적 문제들을 불러일으킨다는 것을 인정해야 한다. 그렇지만 실용적인 관심에서 우리는 그저 그러한 문제들은 무시하고 SEMANTICS 값들에 대한 상징을 독자들의 철학적 망설임에 일치하는 방식으로 독자들이 해석하도록 남겨 둔다. 설명상의 편의의 문제로 우리는 항상 의미에 관하여 실재론적 방식으로 말할 것이다. 그러나 독자들은 건전한 회의론을 채택하여 실재론과 개념론 사이의 충돌을 이런 저런 방법으로 해결하는 것을 돕는 언어적 증거의 가능성에 대하여 여전히 방심하지 않고 남아 있기를 바란다.

대강 말하자면 기호들에 대한 SEMANTICS 값들은 상황 속에서 나타나는 개체들, 속성들, 관계들에 따라 기술된 상황을 특성화하는 자질 구조들에 의하여 명세화될 것이다. 이 장에서는 우리는 그러한 의미적 값들에 대한 하나의 속성인 CONTENT 속성에 관심을 가질 것인데 그것은 기술된 상황의 전체적인 특성화에 대한 기호의 주요한 의미적 기여를 기술한다. 다른 속성들은 뒤의 장들에서 소개될 것인데 (예컨대 지시적, 대명사적, 재귀적, 허사적 따위의) NP들의 종류에 따라 내용에 나타나는 (논리적 변항들과 유사한) 다양한 지표들을 의미적으로 분류한다. 첫 번째 비슷한 것에 대하여 서술적 문장의 의미 내용은 상황의 유형을 기술하고 그 기술에서 어휘 기호가 기여하는 것은 개체들, 속성들, 관계들이다.

그러나 이러한 기여들을 그것들을 포함하는 문장이 기술하는 상황에 대한 전체적인 특성화에서 어떻게 나타나는가? 우리가 이 문제에 대답하기 전에 먼저 상황들이 상황들에 나타나는 개체들, 속성들과 관계들에 따라 어떻게 분류되는가를 고려할 필요가 있다.

4.2. 세계의 부속품 : 개체, 관계, 상황소와 상황

세계는 다른 종류들의 많은 대상들로 이루어져 있으나 사람들이 세계에 관하여 어떻게 접근하고 개념화하고 말하는가에 대하여 이해하는 것인가에 대하여 우리는 대상들을 모두 *개체들*(*individuals*)과 *관계들*(*relations*)

(속성들(*properties*)은 어떤 종류의 관계이다)에 따라서 분석한다. 대강 개체들은 세계의 일상적인 질서에 속하는 항구적인 대상들인데 그 대상들은 우리가 개념적으로 추적할 수 있고 그것들에 작용함으로써 영향을 줄 수 있다. 예컨대 의자들, 컵들, 당나귀들, 위성들, 양성자들, 진흙들, 양배추들, 왕들, 이름들을 가진 어떤 개체들은 언어 공동체의 구성원들에게 충분히 중요하다. 왕들 그리고 일반적으로 사람들은 그 범주에 속한다. 덜한 정도로는 당나귀들과 위성들이 그 범주에 속하고 양성자들과 진흙들과 양배추들은 거의 그 범주에 속하지 않는다. 첫 번째 비슷한 것에 대하여 고유 명사의 의미 내용은 바로 개체인데 (144)에 주어진 어휘 기호 Kim의 부분적 기술에 의하여 지시된다.[22]

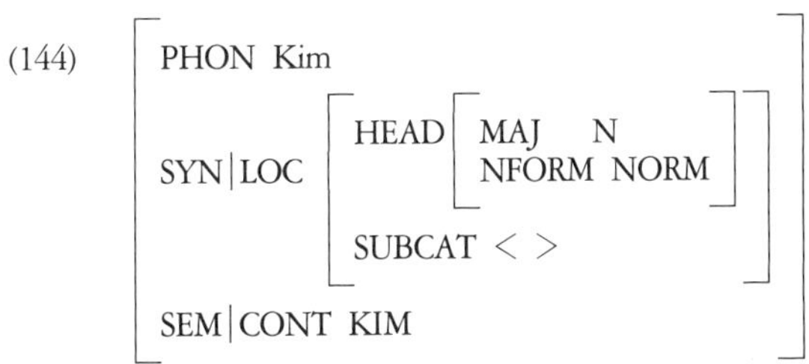

$$(144) \quad \begin{bmatrix} \text{PHON Kim} \\[1em] \text{SYN|LOC} \begin{bmatrix} \text{HEAD} \begin{bmatrix} \text{MAJ} & \text{N} \\ \text{NFORM} & \text{NORM} \end{bmatrix} \\[1em] \text{SUBCAT} \langle \; \rangle \end{bmatrix} \\[1em] \text{SEM|CONT KIM} \end{bmatrix}$$

곧 *Kim*의 표상적 사용의 의미적 기여는 그것을 포함하는 발화가 개체 Kim과 관련이 있다는 것이다. 이것은 명백히 너무 단순화된 것인데 그 까닭은 Kim이 발화의 상황들에 의존하는 *다른* 개체들에 관하여 말해지는데 사용될 수 있기 때문이다. 우리는 이 결점을 곧 고치고자 시도할 것이다.

아주 대략 말하자면 고유 명사 이외의 다른 어휘 기호들은 (예컨대 보

---

22) 이 장을 통하여 필수적이지 않은 통사적 세부 사항들은 예컨대 **MAJ** 외의 중심어 자질들의 명세화들은 기술들에서 자주 생략된다.

통 명사들, 형용사들, 동사들, 전치사들은) *관계들*로 간주된다. 직관적으로 말하자면 관계들은 대상들이 관계하고 있는 세계의 일들(goings-on)의 종류들이다. 그리하여 관계들은 개체들이 가질 (푸름과 당나귀임과 같은) 성질들(qualities), 그것들이 어떤 상태가 되는 (화남, 불남, ～의 위에 있음, 알기, 사랑하기와 같은) 상태들(states), 그것들이 참여하고 있는 (걷기, 세우기, 읽기, 주기와 같은) 행위들과 과정들(activities and processes)과 같은 것들을 포함한다. 그리하여 우리는 (145)～(148)에 기술된 것과 같은 어휘 기호들을 가진다.

(145)

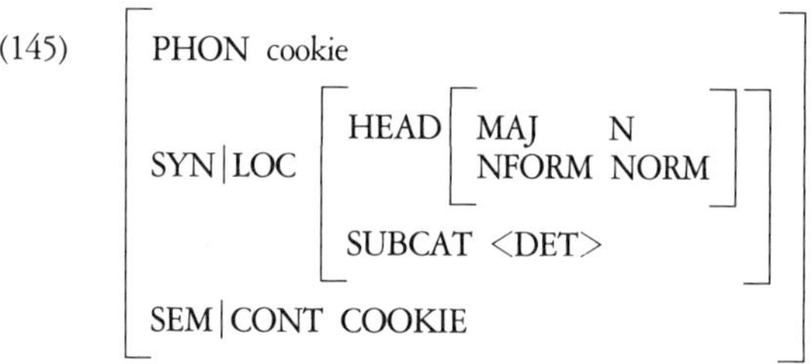

(146)

(147)

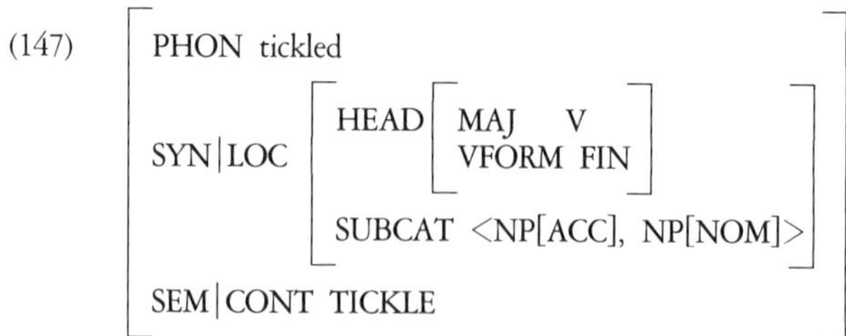

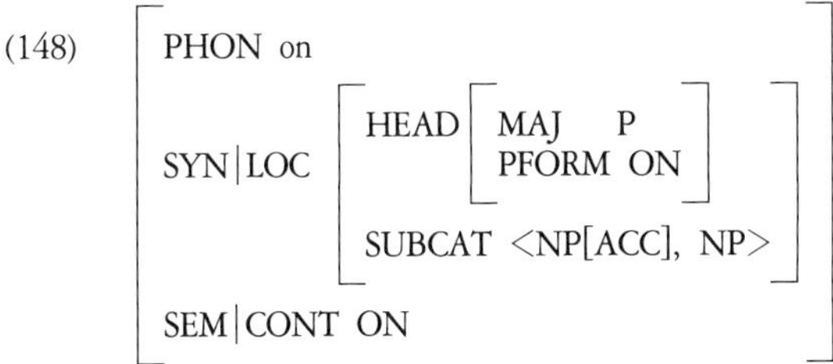

다시 우리는 단순화하고 있는데 몇몇 세부 사항들은 뒤따르는 절에서 제공될 것이다. 예컨대 (147)은 목적어(NP[ACC])와 주어(NP[NOM])에 의해 기술된 사물들이 기술되고 있는 간질이는 상황에 어떻게 관련되고 있는지에 관한 어떤 정보를 결여한다. 우리는 누구누구를 간질이는지를 말할 수 없다.

관계들에 관한 기본적인 사실은 관계들에 참여하고 있는 사물들의 수에 관하여 다양하다는 것이다. 각 관계에 대하여 그 특징적인 수는 관계의 항(*arity*)이라고 한다. 따라서 우리는 관계들을 1항 술어(*unary*)(항이 하나), 2항 술어(*binary*)(항이 둘), 3항 술어(*ternary*)(항이 셋) 따위와 같이 분류한다. 예컨데 걷기, 죽기, 노랑, 말임과 같은 관계들은 1항 술어인데, 곧 그것들은 바로 하나의 참여자(걷는 것, 죽는 것, 노란 것, 말인 것)를 포함한다. 2항 술어인 관계들의 예들은 간질이기, 사랑하기, 인식하기, 읽기, ~의 어머니임, ~의 위에 있음을 포함하고, 3항 술어 관계들은 주기, 소개하기, 놓기, 설득하기를 포함한다.

항상 완전하고 간단하게 어떤 관계의 항을 결정할 수 있는 것은 아닌데 독자들은 깨기, 면도하기, 차기, 사기, 빌리기와 같은 경우들을 고려함으로써 금방 그것을 알 수 있을 것이다. 또 더 일반적인 적용 가능성에 대한 문제들이 있는데 예컨대 어떤 관계들이 시공적 대상(시간과 공간의 영역)이 수행하는 위치 역할을 가진 것으로 간주되어야 하는가 어떤가

하는 문제가 있다. 사실 주어진 관계의 항에 대하여 말하는 것이 적합한가 그렇지 않은가에 대한 몇몇 문제들이 있는데 우리는 5.5.절에서 이 점에 대하여 간략하게 다시 다룰 것이다.

또 관계들은 대상들이 그것들에 참여하는 *방법들*(ways)에 따라 다르다. 이 점은 그것들이 주어진 개체(우리는 그것을 Max라고 하자)에 적용될 때 걷기, 죽기, 고양이임과 같은 속성들을 고려함으로써 쉽게 설명된다. 만약 Max가 걷는다면 그는 행위자(doer)로서 걷기의 속성에 참여한다. 만약 그가 죽는다면 죽기의 속성은 그에게 일어난 무엇이다. 만약 그가 고양이라면 Max인 고양이가 실제로 있다는 의미에서 고양이의 예(instance)임에 의하여 고양이 성질의 속성에 포함된다. 이러한 종류의 속성들은 가끔 *부류적*(sortal) 속성들 또는 단순히 *부류들*(sorts)이라 한다. 관계들에 참여하는 방식들은 역할(roles)이라고 한다. 따라서 n-항의 관계는 n 역할들을 가진 관계이다. 우리의 의미에서의 관계들과 순서지워진 n-tuples으로서의 관계의 수학적 개념 사이의 대략적인 유사성으로 말미암아 역할들은 때때로 논항 위치들(*argument position*)로 관계들에서 역할들을 수행하는 대상들은 때때로 논항들(*arguments*)이라고 한다. 예컨대 한 개체가 간질이는 데 수행하는 구별되는 두 역할 즉, 그것을 하거나 그것을 당하는 것이 있다.

역할들의 개별화에서 몇몇 다른 철학적 문제들이 일어난다. 예컨대 걷기에서의 (유일한) 역할과 달리기에서의 (유일한) 역할을 행위자(agent)라는 역할로 간주해야 할 것인가? 아니면 걷는 자 역할과 달리는 자 역할로 구별해야 할 것인가? 앞의 접근의 다양한 판들은 격 역할들(*case roles*), 주제적 역할들(*thematic roles*), *theta-roles*들과 같은 개념들을 연구 대상으로 삼는 언어학자들에 의하여 주창되었다. 그러나 어떠한 격 역할들이 있는지에 대하여 또는 문제의 대상들이 필수적으로 통사적인 것인가, 개념적인 것인가, 아니면 (우리가 그렇게 생각하는 바와 같이) 실재론적인 것으로 간주되어야 하는가에 대하여 합의되지 않고 있다. 상황 의미론에서는 대조적으로 뒤의 견해를 채택한다. 각 관계는 그 자신의 역할들의 목록을 갖추고 있다. 이러한 견해의 차이를 해결하는 하나의 방법은 언어학자들에 의하여 가정된 (행위자, 수동자, 목표 따위의) 전통적인 격 역할들을 (상황 의미론의 뜻에서의) 역할들이 가지는 속성들(properties)로 보는 것이다. 예컨대 행위성(agentiveness)은 걷는 자와 달리는 자 역할에 공유된 하나의 속성이다.

다행스럽게도 그러한 철학적인 문제들은 우리의 언어학적 채택에서 우리에게 거의 직면하지 않는 것으로 보이는데 우리의 목적들에서는 구별되는 어떤 주어진 관계에 대한 역할을 유지하면 충분하고 다른 관계들에 걸친 역할들을 어떻게 분류할 것인가에 대해서는 걱정할 필요가 없다. (언제나처럼 독자들은 그러한 주장들을 의심을 가지고 보아야 하는데 행위자와 수동자 같은 그러한 개념들을 지지하는 언어적 증거의 가능성에 남겨 두어 해로울 것이 없을 것이기 때문이다!) 그리하여 간질이기의 경우에 우리는 tickler, ticklee 역할들을 언급할 것이고 주기의 경우에 giver, given, recipient 역할들을 언급할 것이다. 논의의 편의를 위하여 부류적 속성들에서의 역할을 보통 예시(instance) 역할이라 할 것이고 또 역할에 대한 어떤 새로운 이름을 찾아내기가 너무 어려운 경우에는 때때로 단순히 논항(argument) 역할로 (줄여서 "arg"로) 언급할 것이다.

지금쯤은 이미 독자들은 개체들과 관계들에 대한 훌륭한 직관을 포착했을 것이다. 그러나 그것들이 언어적 발화들이 기술하기 위하여 가정되는 상황들과 어떤 관련이 있는가? 그 문제에 착수하기 전에 앞서 해결할 문제가 있다. 상황들은 정확하게 무엇인가? 그것들은 어떤 종류의 시공간적으로 제한된 (상황이 그의 개별화 설계에 속하는 유기체들에 의하여) 해석될 수 있고 다양한 사물들이 나타나는(going on) 세계의 부분들인 개체들이다. Barwise와 Perry(1983 : 7)가 그것을 다음과 같이 말했다. "실재는 다양한 시공간적 위치들에서 속성들을 가지며 관계들에 참여하는 개체들인 상황들로 구성되어 있다." Reagan이 Reykjavok에서 Gorvachev를 만나는 것은 상황이다. Carl이 1987년 1월 4일 오후 4시 45분에 Stanford University, Vertura Hall의 Office D-2에서 어떤 사과를 먹는 것도 상황이고 Claire가 1986년 크리스마스에 감기에 걸린 것도 상황이다. 명백하게도 우리는 상황들 속에서 무슨 일이 일어나고 있는가에 따라 상황들에서 행해지는 *상황소들(circumstances)*에 따라 상황들을 이해하거나 포착한다.

대략 말하자면 상황소들은 세계가 되어지는 가능한 방법들인데 그것들은 세계가 어떻게 존재하는가에 의존하는 행해지거나 행해지지 않는 어떤 종류의 사물들이다. (주의 : 상황 의미론에서는 우리가 상황소들로 부르는 사물들은 보통 *일들(states of affairs)* 또는 단순히 soas라고 한다. 우리는 그러한 용어를 거부하는데 그 까닭은 행위들, 사건들, 과정들 따위에 대비되는 상태적인 관계들과의 어떤 관련성을 잘못 연상시키기 때문이다.) 예컨대 Rebecca가 노래부를 수도 있는데 Rebecca가 노래부르는 것은 세계가 실제로 어떻게 되어 있는가에 따라서 행해지거나 행해지지 않는 상황소이다. 비슷하게 Rebecca가 노래부르지 않을 수도 있는데 Rebecca가 노래부르지 않는 것도 상황소이다. 상황소들을 생각하는 유용한 방법은 *잠재적 사실(potential facts)*과 같은 것인데 상황소는 그것이 행해지는 경우에는 사실이라 한다.

상황소들은 철학자들이 명제(*proporsition*)라고 하는 어떤 것과 비슷한 것이지만 두 개념을 동일시하고자 하는 것은 아주 주의해야 한다. 용어 "명제"는 주장들, 진술들이나 정신적 대상으로 구성된 문장들의 의미와 같은 어떤 것을 언급하는데 다양하게 사용된다. 그러나 우리의 상황소들은 실재적인, 사실 얼마간은 추상적이지만 대상으로 통사적이거나 정신적인 대상은 아닌데 그것들은 *실재론적 명제(realistic proportions)*라고 할 수 있다.

상황소의 개념은 또 많은 철학자들과 의미론자들에 (예컨대 몬테규 의미론자들에) 의하여 채택된 *가능 세계(possible world)*의 다양한 개념들과도 비슷하다. 주요한 차이점은 상황소들은 세계가 존재할 수 있는 오직 *부분적으로(partial)* 가능한 방법들이고 가능 세계는 항상 *전체적인(total)* 방법들로 간주된다는 것이다. 예컨대 어떤 가능 세계는 모든 문제들을 해결하고자 가정되는데 예컨대 Claire가 웃거나 웃지 않는가 하는 것은 만약 w가 가능 세계이면 Claire가 w에서 웃거나 웃지 않는다. 그러나 상황소들은 어떤 문제들만 해결한다. Rebecca가 노래하지 않는 것은 Rebecca가 노래하는 문제를 부정적으로 결정하는 상황소인데 그러나 그것은 Claire가 웃는 것과는 아무런 관련이 없다. 이러한 상황소들의 부분성은 심리학자들이나 언어학자들을 위한 분석 도구로서 가능 세계보다 유리한 것으로 보인다. 상황소들은 다소 충분히 작아서 언어의 이해나 논증의 목적들을 위하여 유기체들이 그것들을 어떻게 포착하는가, 또는 정신적으로 그것들을 나타내는가에 관하여 우리는 사색할 수 있다. 그러나 가능 세계들은 너무 넓기 때문에 그것들이 어떻게 인지적인 연관성을 가지는지 상상하기 어렵다. 많은 매력 있는 철학적인 문제들과 심리학적인 문제들이 손짓하지만 실제적인 관심에서 우리는 이러한 개략적이고-준비된 상황소들의 특징과 함께 해 나갈 것이다.

상황소들과 거래하기 위하여 그것들에 대한 표시법을 갖는 것이 편리하다. 여기서 소개된 표시법은 상황 의미론에서 완전히 표준화된 것의 변이형이다. (주요한 차이점은 우리가 숫자로 된 논항 위치들 대신에 핵심어로써 역할들을 가리킨다는 것이다. 이것은 뒤따르는 절에서 채택된 자질 구조 표시법에 쉽게 전환될 것이다.) 우리는 *기본(basic)* 상황소들 (상황 의미론의 보통의 용어로서는 soa들)과 함께 출발하는데 투박하게 말한다면 그것은 상황소들 안에서 일어나는 하나의 일만을 가진다. 기본 상황소들은 (ⅰ) 관계들과 (ⅱ) 그 관계의 각 역할에 대한 대상들의 부여 (*assignment*), (ⅲ) 각각 "1"과 "0"으로 나타내는 긍정 또는 부정의 극성 (*polairty*)을 명세화함으로써 유일하게 결정된다. 유일한 결정이란 만약 두 기본 상황소들이 같은 관계, 같은 부여, 같은 극성을 가지면 그것들은 사실 하나의 같은 상황소임을 의미한다. 그렇지 않으면 그것들은 다른 상황소들이다. 표시법은 (149)에 보인다.

(149)　　형식적 표시　　　　　　　비형식적 기술

　　　　≪laugh, laugher : Claire ; 1≫　Claire가 웃는 상황소

　　　　≪cat, instance : Claire ; 0≫　Clarie가 고양이가 아닌 상황소

　　　　≪tickle, tickler : Rebecca　　Rebecca가 Claire를 간질이는

　　　　　　　ticklee : Clarie ; 1≫　상황소

　(149)와 같은 표시법들이 상황소들을 *가리키는(denote)* 것을 이해하는 것이 아주 중요하다. 그것들은 문제의 상황소들이 실제로 유지된다는 것을 주장하지 않는다. 또 역할들이 핵심어로 가리키기 때문에 논항들이 나타나는 순서는 중요하지 않다.

　기본 상황소들의 좀더 복합된 예들은 (150)과 같이 하나 이상의 역할 수행자들 자체가 상황소들인 경우에 나타난다.

(150)　a.　≪want, wanter : Rebecca,

　　　　　　wanted : ≪cry, cryer : Clarie ; 1≫ ; 0≫

　　　　　(Clarie가 울기를 Rebecca가 원하지 않는 상황소)

　　　b.　≪try, tryer : Clarie

    tried : ≪get, getter : Clarie, gotten : Elliot ; 1≫ ; 1≫

   (Elliot를 얻으려고 Clarie가 노력하는 상황소)

  c. ≪believe, believer : Clarie,

     believee : ≪sleep, sleeper : Rebecca ; 1≫ ; 1≫

   (Rebecca가 자고 있다고 Clarie가 믿는 상황소)

그러나 몇몇 상황소들은 비기본적이다. 이러한 범주에는 연접 (*conjunction*) 상황소들과 이접(*disjunction*) 상황소들과 양화된(*quantificational*) 상황소들이 있는데 이것들은 (151)에 기술된다.

  (151) a. (and {≪tickle, tickler : Rebecca, ticklee : Clarie ; 1≫,

     ≪laugh, laugher : Clarie ; 1≫})

   (Rebecca가 Clarie를 간질이고, Clarie가 웃는 상황소)

  b. (or {≪tickle, tickler : Rebecca, ticklee : Clarie ; 1≫,

     ≪laugh, laugher : Clarie ; 1≫})

   (Rebecca가 Clarie를 간질이거나, Clarie가 웃는 상황소)

  c. (forall x | ≪cat, instance : x ; 1≫) ≪howl, howler : x ; 1≫

   (모든 고양이가 우는 상황소)

명백하게도 술어 논리에서 비원자적 공식들이 원자적 공식들에 관련되어 있는 방식으로 비기본적인 상황소들이 기본 상황소들에 관련되어 있다. 실제로 (150)과 (151)과 같은 표시법들은 상황소들의 형식 논리에서 표현들로 간주될 수 있는데 사실 상황 의미론의 최근의 연구의 좋은 처리 방식은 공리들, 추론 규칙들과 그러한 의미론을 위한 모형-이론적 의미론의 발달과 관계가 있다. *공리적 상황 이론*(*axiomatic situation theory*)을 대강의 개관조차도 이 책의 범위를 벗어나지만 혼동을 피하기 위하여 여기서 사용된 상황소들의 논리학과 표준 일순(standard first-order) 논리학 사이의 통사적 차이들과 의미적 차이들이 언급되어야 한다.

통사적 차이들 가운데 두 개는 원자적 공식에서 나온다. 첫째 이미 언급한 바와 같이 공식에서 수적 논항 위치 대신에 핵심어를 사용하여 관계의 역할들을 구별한다. 둘째로 긍정과 부정의 원자적 공식들은 부정 기호를 앞에 붙이는 대신에 극성으로 구별한다. (몇몇 필자들은 "외부적" 부정을 상황 의미론의 극성들과 마찬가지로 사용하기를 제안했지만 그것을 결정하기에는 아직 멀었다.) 읽기 쉽게 하기 위하여 우리는 연접과 이접의 공식들을 "AND"와 "OR"를 앞에 붙여서 쓰기를 선택하고 (집합 표시에서와 같이) { } 사이에 연접항들(conjuncts)과 이접항들(disjuncts)을 나열한다(list). 물론 그러한 공식들에서 연접항들이나 이접항들의 순서는 중요하지 않다. 상황소들에 대한 우리의 논리학에서의 양화는 자연 언어를 따르지만 그러나 두 가지 점에서 일순 논리를 따르지 않는다. 첫째 우리가 양화하는 변항들은 항상 *제약되어 있다*(restricted). "for every x, x howls" 대신에 우리는 "for every cat x, x howls"를 사용한다. 기술적으로는 이것은 변항이 항상 상황소 표현에 의하여 주석되고 상황소 표현에서 주석된 변항 자체가 자유로운 출현, 예컨대 (151c)에서 제약된 변항 "$x | \ll$cat, instance $: x$; $1\gg$"을 갖는다는 것을 의미한다. 둘째 일순 논리학에 의하여 지지되는 한정사 "exist"와 "forall"에 더하여 "most", "no", "exactly three", "more-than-two-but -less-than-seven" 따위의 넓은 범위의 일반화된 한정사를 사용한다.

더 중요하게는 상황소들에 대한 우리의 논리학에서의 표현들은 그들의 의도된 해석들에 따른 일순 논리학의 짝들과는 다르다. 일순 논리학의 표준적 모형에서는 술어 기호들이 관습적 수학적 의미에서의 관계들로 곧 순서지워진 n-tuple들의 집합으로 해석된다. 그러나 우리의 관계 기호들은 실재론적 관계들인 우리 인간들이 이해할 수 있는 세계의 사건들-속성들, 상태들, 행위들과 과정들이다. 실재론적 관계들은 수학적 관계들보다 다음과 같은 점에서 더 풍부하고 더 잘-결지어져 있다 (finely-grained). 두 수학적 관계는, 두 관계에서 정확히 같은 순서로 된 n-tuple들이 나타난다면 동일한 것으로 간주된다. 그러나 이것은 실재론적 관계들에서는 그렇지 않다. 예컨대 a가 b를 찼거나, 차고 있거나, 찰, 순서지워진 모든 쌍들 $\langle a, b \rangle$의 집합이 a가 b를 뽀뽀했거나, 뽀뽀하고 있거나, 뽀뽀할 모든 $\langle a, b \rangle$의 집합과 정확히 같다는 것이 참으로 나타난다고 가정하라. 그때 수학적 관점에서는 차는 것과 뽀뽀하는 것이 하나의 동일한 관계이다. 그러나 실재론적인 관점에서는 이것은 사실이 아니다. 차는 것과 뽀뽀하는 것은 다른데 그 까닭은 그것들이 다른 우연적 결과들을 갖는 다른 종류의 일들이고 두 개체가 서로 관계하는 다른 방식들이기 때문이다. 어떤 사물들이 차고 있고 뽀뽀하고 있는가 하는 것은 차는 것과 뽀뽀하는 것이 무엇인가 하는 것과는 거의 관계가 없다.

　다소 다른 예를 알아보자. 수학적으로 말하면 등변 삼각형(equilateral-triangle)임의 속성(1항 관계)는 등각 삼각형(equiangular triangle)임의 속성과 같다. 사실 정확히 같은 삼각형들이 이 두 속성들을 가지는 것이 우연히 참으로 나타날 뿐만 아니라 게다가 (수학적 참들은 필연적 참들이라는 가정 아래), 그렇지 않았더라면 사물들이 있을 수 없었을 것이다. 그러나 그것들은 다른 실재론적인 속성들을 가진다. 이것을 평가하기 위하여 t가 어떤 삼각형이고 Kim이 수학적으로 미숙하거나 늦게 알아차리는 어떤 개체인데 그는 (아마 각들을 재었기 때문에) t가 등각 삼각형이라고 믿지만 (등각 삼각형들이 변이 같다는 것을 모르거나 관련된 추론을 하지 못하기 때문에) t가 등변 삼각형이라고는 믿지 않는다고 가정하라. 그때 명백히 (152a)와 (152b)는 구별되는 상황소들인데 (152a)는 참이고 (152b)는 거짓이기 때문이다.

(152) a. ≪believe, believer : Kim

believed : ≪equiangular-triangle, instance : t ; 1≫ ; 1≫

b. ≪believe, believer : Kim

believed : ≪equilateral-triangle, instance : t ; 1≫ ; 1≫

기본 상황소들이 그것들의 관계들, 역할 부여들과 극성들에 의하여 유일하게 결정된다는 가정이 주어지면 만약 등각 삼각형과 등변 삼각형이 같은 속성을 가진다면 이것은 불가능할 것이다.

상황소들에 대한 우리의 논리학과 일순 논리학의 다른 기본적인 의미적 차이는 이것이다. (149)∼(152)에서와 같은 상황소 표현들은 상황소들을 가리키지만 일순 논리학에서는 닫힌 공식들(곧 자유 변항들이 없는 공식들)만이 진리-값들을 가리킨다.

(153) a. ≪laugh, laugher : Rebecca ; 1≫

b. laugh(Rebecca)

그리하여 (153a)는 Rebecca가 웃는 상황소를 가리키지만 (153b)는 ("Rebecca"에 의하여 지시되는 사물이 "laugh"에 의하여 지시되는 집합에 속하는 모형들이나 세계에서) 참이거나 (그렇지 않으면) 거짓이라는 것만 가리킨다. 달리 말하자면 (153b)는 (153a)가 사실이면 참을 가리키고 그렇지 않으면 거짓을 가리킨다. 명백하게도 (153a)는 (153b)보다 더 많은 내용을 가지는데 그 까닭은 (153b)는 그것이 사실인가 사실이 아닌가하는 것을 제외하고는 (153a)의 내용을 가지지 않기 때문이다. 이 중대한 차이는 (150)이나 (152)와 유사한 어떤 일순 공식들도 없다는 사실에 반영되어 있다. 예컨대 (154)는 잘-형성되지 않았다.

(154) believe(Clarie, sleep(Rebecca))

표현 (154)는 통사적으로 무의미한데 "sleep(Rebecca)"이 공식이지 항이 아니며 따라서 원자적 공식에서 논항 위치를 채울 수 없기 때문이다. 게다가 (154)는 의미적으로도 무의미한데 통사적으로 잘-형성되었다고 가정한다 할지라도 의도된 해석을 가질 수 없다는 의미에서 그러하다. 진리 값들은 전혀 우리가 믿는 사물들의 종류가 아니다. 상황소들이 사물들의 종류이다.

우리의 언어학적 적용들에서는 가끔 (155a)와 같은 양화에 묶이지 않은 변항들을 포함하는 상황소 표현들을 사용하는 것이 편리할 때가 있다.

(155) a. ≪laugh, laugher : x ; 1≫
       b. laugh(x)

형식적으로는 그러한 표현들은 (155b)와 같은 자유 변항들을 포함하는 일순 공식들과 유사하다. 그러나 그러한 표현들의 해석은 미묘하게 다르다. 표준 논리학에서는 우리는 (155b)와 같은 공식이 하나의 값이 변항 x에 부여된 경우에만 지시(denotation)를 가진다고 생각한다. 그러나 상황 의미론에서는 실제적 사용은 (155a)와 같은 표현을 *매개 변항화된* (*parametrized*) 상황소(상황 의미론이 보통 사용하는 용어로는 *parametrized state of affairs* 또는 단순히 *psoa*)라고 하는 종류의 상황-이론적 대상을 가리키는 것으로 간주된다. 대략 매개 변항화된 상황소는 어떤 종류의 논항 역할(그것의 *매개 변항들*(*parameters*))이 대상을 결정하기 위하여 닻내려지지(anchored) 아니한 것을 제외하고는 상황소와 같다. 독자들은 매개 변항들의 정확한 지위가 전혀 결정되지 않았다는 것을 유의해야 하는데 그것들에 관한 기본적 문제는 그것들이 실재인 것, 곧 개체들, 속성들과 관계들로 간주되어야 하는가, 아니면 단순히 어떤 종류의 분석적 장치들로 간주되어야 하는가 하는 것이다.

　여느 때처럼 우리는 이 형이상학적인 지뢰밭을 비켜갈 것이다. 우리의 목적들을 위하여 (155a)를 "$5x+2$"를 그 값들이 실수들인 함수로 간주될 수 있는 것과 같이 그 값들이 상황소인 *함수(function)*를 단순히 가리키는 것으로 생각하는 것으로 충분할 것이다. 그리하여 (155a)는 Clarie를 상황소 ≪laugh, laugher : Clarie ; 1≫ 따위에 사상하는 함수를 가리킨다. 이러한 사용에 따라 자유 변항들이 매개 변항화된 상황소 표현에 나타나는 것은 그것들이 다른 표현의 부분이 아니면 문제가 되지 않는다. 예컨대 우리는 (156a)와 (156b)를 같은 매개 변항화된 상황소를 가리키는 것으로 생각한다.

(156)　a. ≪want, wanter : x,

　　　　　　 wanted : ≪tickle, tickler : y, ticklee : x ; 1≫ ; 0≫

　　　b. ≪want, wanter : z,

　　　　　　 wanted : ≪tickle, tickler : w, ticklee : z ; 1≫ ; 0≫

　두 표현들은 두 개의 매개 변항을 가진 하나의 같은 함수를 가리키는데 이 매개 변항들의 하나는 (156a)에서 x의 출현에 의하여 (156b)에서는 z의 출현에 의하여 가리켜지고 다른 하나는 (156a)에서는 y의 출현에 의하여 (156b)에서는 w의 출현에 의하여 가리켜진다. 이들 매개 변항들이 각각 Clarie와 Rebecca에 주어지면 이 함수는 값 (157)로 가정된다.

(157)　≪want, wanter : Clarie,

　　　　　 wanted : ≪tickle, tickler : Rebecca,

　　　　　　　　　 ticklee : Clarie ; 1≫ ; 0≫

양화에 의하여 묶인 변항들이 그것들의 작용 범위에 제약될 수 있듯이 매개 변항들도 그것들이 어떤 종류의 사물들에 주어지는가에 따라 제약될 것이다. 매개 변항들이 이러한 방식으로 제약된 매개 변항화된 상황소들은 (158)과 같이 표시될 것이다.

(158) $\ll$kick, kicker : x, kickee : y ; 1$\gg$
$x\,|\ll$donkey, instance : x ; 1$\gg$, $y\,|\ll$zebra, instance : y ; 0$\gg$

이것은 두 매개 변항들의 상황소가-값인 함수를 가리키는데 그 중 하나는 당나귀에 제약되지만 다른 하나는 얼룩말이 아닌 것에 제약되어 있다.[23]

이러한 꽤 긴 상황소들에 대한 논의는 뒤에 남겨 두고 마지막으로 상황-이론적 대상들 특히, 상황 자체에 착수한다. 이미 말한 바와 같이 상황들은 바로 이해할 수 있고 시공간적으로 제한된 그 속에서 사물들이 일어나는 (대상들이 속성들을 가지거나 갖지 않는 관계들에 있거나 있지 않는) 세계의 부분들이다. 상황소들의 중요성은 우리가 상황들에서 얻어지는 상황소들에 기초하여 상황들을 분류하고 개별화하거나 기술한다는 사실로부터 나온다. 역으로는 상황소들은 어떤 상황들이나 다른 상황들에서 얻음으로써 얻는 것으로 간주된다. 우리는 *상황 s가 상황소 c를 지지하거나(supports), 상황소 c가 상황 s에서 유지된다(holds)*고 한다. 이러한 의미에서의 지지는 상황들과 상황소들의 관계로 간주된다. 그리하여 만약 s가 상황이고 c가 상황소라면, 예컨대 $\ll$laugh, laugher : Clarie ; 1$\gg$이면 (159)는 상황소 c가 s에서 유지된다는 것을 나타낸다.[24]

---

23) 이 표시법은 상황 의미론자들에 의하여 표준적으로 사용되는 것과는 다른데 거기서는 제약들이 상황소 표현들 자체 안쪽에 있는 매개 변항 출현들에 덧붙어 있다.

24) 상황 의미론의 문헌에서는 지지하는 관계는 보통 "⊨"에 의하여 표시되는데, 우리는 모

(159) ≪support, situation : s, circumstance : c ; 1≫

만약 (159)가 사실이라면 c를 사실로 만드는 상황이 있음으로써 c도 사실이 된다. 역으로 c는 (159)가 사실인 어떠한 상황 s가 있는 경우에만 사실이다. (주의 : c가 필연적으로 사실인 경우에 예컨대 c=≪greater-than, arg1:1, arg2:2; 1≫이나 c=(forall x|≪donkey, instance : x ; 1≫) ≪mammal, instance : x ; 1≫인 경우에도 이 역이 유지되어야 하는가 하는 것에 대한 철학적 논쟁이 있다.) 주어진 상황 s에 대하여 s 안에서 유지되는 상황소들은 s의 사실들이라고 한다.

어떤 의미에서 우리는 상황소들을 이용하여 상황들을 기술하거나 분류할 수 있는가? 그 대답은 단순히 (160)과 같이 각 상황소 c에 대하여 상황들의 유형(이나 속성), 곧 c가 유지되는 상황들임의 속성이 대응된다는 것이다.

(160) [{s}≪support, situation : s, circumstance : c ; 1≫]

(160)은 상황 의미론에서 *관계 추상*(relation abstraction)이라고 하는 특수한 경우이다. 매개 변항 x, y, …를 가진 매개 변항화된 상황소 $c(x, y, …)$가 주어지면 그 역할이 변항 x, y, …에 의하여 지시된 관계 [{x, y, …} : c{x, y, …}]가 있다고 가정된다. 예컨대 (161)은 두 개체 x와 y 사이에 유지되는, x는 y를 사랑하지만 y는 x를 사랑하지 않는 관계, 곧 일방적-사랑 관계를 가리킨다.

(161) [{x, y} : (and {≪love, lover : x, loved : y ; 1≫,
          ≪love, lover : x, loved : y ; 0≫}]

형-이론적 의미론의 표준적인 용법과의 혼동을 피하기 위하여 이 표시법을 쓰지 않는다.

만약 하나의 추상화된 매개 변항이 있다면 문제의 관계는 속성이다. 예컨대 (162)는 자신이 면도하는 사람임의 속성을 가리킨다.

(162) [{x} : ≪shave, shaver : x, shaved : x ; 1≫]

(160)과 같은 상황 유형은 이러한 종류의 것이다.

곧 분명해지겠지만 우리는 상황들보다 상황소들(이나 매개 변항화된 상황소들)에 더 직접적인 관심을 가질 것이다. 이것은 상황소들과 상황소들을 지지하는 상황들의 유형 사이의 대응 관계를 이용하여 상황들에서 유지되는 상황소에 따라 기술된 상황들에 관한 정보를 나타낼 수 있기 때문이다. 그리하여 서술문에 대응되는 유형 *sign*의 자질 구조에서의 SEMANTICS|CONTENT의 값은 유형 상황소의 자질 구조가 될 것인데 상황소는 기술된 상황에 관한 정보를 직접적으로는 제공하기보다는 상황에서 유지되는 상황소를 기술함으로써 간접적으로 특징화한다.

SEMANTICS|CONTENT의 값에서 기술되는 상황-이론적 대상들은 가끔씩 매개화되는데 매개 변항들은 특별한 기호 표상(언어 사용 상황)에 대한 문맥에 의존하여 주어진다. 우리의 적용들을 위하여 그러한 매개 변항들은 보통 NP의 용법에 의하여 도입되는데 (지시적 NP에 대한) 지시물과 (대명사의) 선행사에 대응하여 주어진다. 뒤의 장들에서 보게 되는 바와 같이 많은 다른 종류의 매개 변항들이 있는데 그것들은 그것들을 도입하는 다른 종류의 NP(지시적 NP, 양화된 NP, 일상적 대명사, 재귀 대명사, 관계 대명사, 의문 대명사 따위)에 대응된다. 의미 내용들에서 나타나는 매개 변항의 수와 종류를 추적해야 하는 더 복잡한 현상(먼 거리 의존 관계와 대용사)에 착수할 때는, 특별히 그러한 목적들을 위하여 SEMANTICS 값들에 대한 부가적 집합 값 속성들을 도입할 것이다. 당분간은 매개 변

항을 다루기 위하여 단 하나의 부가적 속성을 받아들인다. 우리는 이 속성을 INDICES라고 한다. (이 이름은 변형 문법에 친숙한 "통사적 지표들"과 유연성을 나타내고자 한 것이다.) 따라서 예컨대 영어 문장 기호 *Kim left*는 (163)에 의하여 부분적으로 기술된다.

(163)

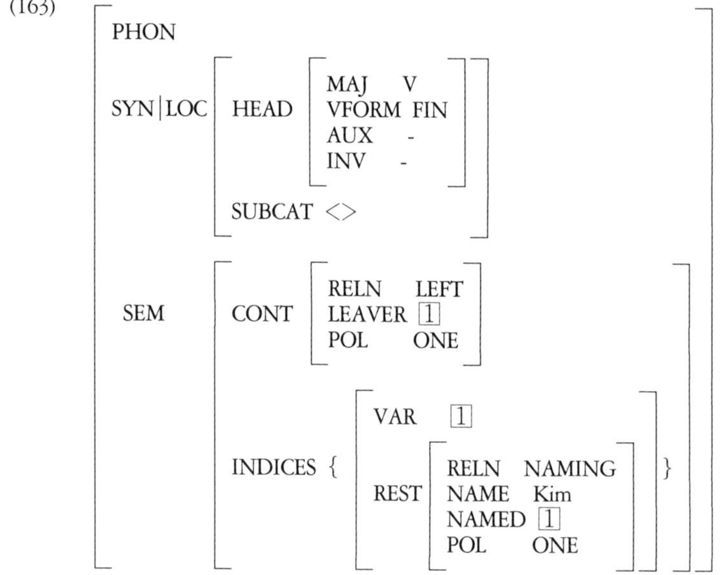

여기서 SEMANTICS|CONTENT의 값은 매개 변항화된 상황소 (164)를 기술하는 자질 구조인데 매개 변항 x에 대응되는 ①에 의하여 지시되는 빈 자질 구조를 가졌다.

(164) ≪leave, leave : x ; 1≫

곧 기술된 상황은 어떤 대상 *x*가 떠났다는 것이다. *x*가 어떤 대상인지는 (163)은 가르쳐 주지 않는다. 그것은 *Kim*의 용법으로써 말할이가 언급하는 것에 의존한다. 그러나 (163)에서 SEMANTICS│CONTENT의 값은 단순히 (165)의 매개 변항 제약을 제공하는 AVM인데 x가 "Kim"으로 불리어야 한다는 정보를 포함한다(곧 x는 음운론의 대상 /kIm/과 명명하는 관계에 있다).

(165) x│≪naming, name : "Kim", named : x ; 1≫

더 일반적으로는 매개 변항들은 상황 의미론에서 사용되는 문맥에 의존하는 언어적 의미의 어떤 양상을 다루기 위하여 사용되는데 그러한 양상들은 시제의 해석, 지시사, *I, you, here, left, right, yesterday* 따위를 포함한다. 그러나 불행히도 그러한 것에 대한 논의는 이 책의 범위에서 벗어난다.

다음 절에서는 다른 종류의 어휘 기호들이 그것들을 포함하는 문장들의 의미 내용에 어떻게 기여하는가에 대한 기본적 문제에 착수한다.

4.3. 기호의 의미적 내용

출발하기 위하여 우리는 기호들의 의미 내용에 나타나는 상황-이론적 대상들을 기술하기 위하여 자질 구조들의 어떤 새로운 유형들이 필요할 것이다. 표시법적으로 이것이 도달하는 모든 것은 결국 상황소 논리의 표현들을 속성-값의 행렬표들의 형식으로 다시 쓰는 것이다. 우리는 원자적 유형들 개체(*individual*)(예컨대 KIM, SANDY, FIDO), 관계(*relation*)(예컨대 LEAVE, COOKIE, SEE, BELIEVE)과 극성(*polarity*)(예컨대 ONE, ZERO)으로 시작한다.

상황소들은 유형 *상황소(circumstance)*의 자질 구조들에 의하여 기술되고 *circumstance*유형은 *basic-circumstance*, *compound-circumstance*와 *quantified-circumstance*의 하위 유형이 있는데 이제 그것들을 차례로 고려한다.

유형 *basic-circumstance*의 자질 구조들은 최소한 속성들 관계(RELATION)와 극성(POLARITY)을 가진다. *circumstance*의 다양한 하위 유형들은 (166)과 (167)에 예증된 것과 같은 RELATION 속성에 대한 다른 값을 요구하고 문제의 관계에 적합한 역할들에 대응되는 부가적 속성들을 가진다.[25]

(166) a. ≪donkey, instance : Chiquita ; 1≫

b.
$$\begin{bmatrix} \text{RELN} & \text{DONKEY} \\ \text{INST} & \text{CHIQUITA} \\ \text{POL} & \text{ONE} \end{bmatrix}$$

(167) a. ≪tickle, tickler : Rebecca, ticklee : Clarie ; 0≫

b.
$$\begin{bmatrix} \text{RELN} & \text{TICKLE} \\ \text{TICKLER} & \text{REBECCA} \\ \text{TICKLEE} & \text{CLARIE} \\ \text{POL} & \text{ZERO} \end{bmatrix}$$

실제로 이 책에서 사용된 모든 기본 상황소들은 (우리가 부정은 취급하기 않을 것이기 때문에) 긍정적 극성을 가질 것이다. 그러므로 표기법상의 편리함의 문제 때문에 보통 명세화 [POLARITY ONE]은 생략할 것이다.

유형 *compound-circumstance*의 자질 구조들은 두 속성을 가진다. CONNECTIVE와 그것은 값들 AND 또는 OR를 가진다. JUNCTS, 그것의 값은 경우에 따라 연접항들(conjuncts)이나 이접항들(disjunctions)의 집합

---

25) 상황소들을 기술하기 위하여 자질 구조들의 사용은 Fenstad 외(1985)에 의해 예견되었다.

이다. 이것은 AND의 경우에 대하여 (168)에서 예시된다.

(168) a. (and {≪tickle, tickler : Rebecca, ticklee : Clarie≫

　　　　　　≪laugh, laugher : Clarie≫})

양화된 상황소들과 매개 변항화된 상황소들을 고려하기 전에 묶인 (bound) 변항들과 매개 변항들을 (우리는 이것들을 묶어 *변항들(variables)* 로 언급한다) 자질 구조들로 표시함을 논의할 필요가 있다. 당분간은 제약되지 않은(unrestricted) 변항들은 단순히 유형 *변항들(variables)*의 빈 자질 구조에 의하여 나타내어지는데 변항들의 내부 구조에 대한 논의는 2권으로 미룬다. 같은 변항들이 다른 곳에 나타나면 물론 구조-공유에 의하여 가리켜진다. 묶인 변항들과 매개 변항들은 표시법적으로 구별할 필요가 없다. 그것들은 양화에 의해 묶이지 않은 경우에만 매개 변항들이다. (제약된 매개 변항들을 포함한) 제약된 변항들은 유형 index의 자질 구조로 나타내어지는데 그것은 두 속성 VARIABLE과 RESTRICTION을 가진다. (우리의 제약된 변항들과 변형 문법의 "통사적 지표들" 사이의 관련성은 아래에서 논의될 것이다.) 그리하여 (묶인 변항의 경우에) 작용 범위를 정하기 위하여 (매개 변항의 경우에) 고양이에 주어지기 위하여 제약된 변항은 (169)와 같이 기술된다.

(169)

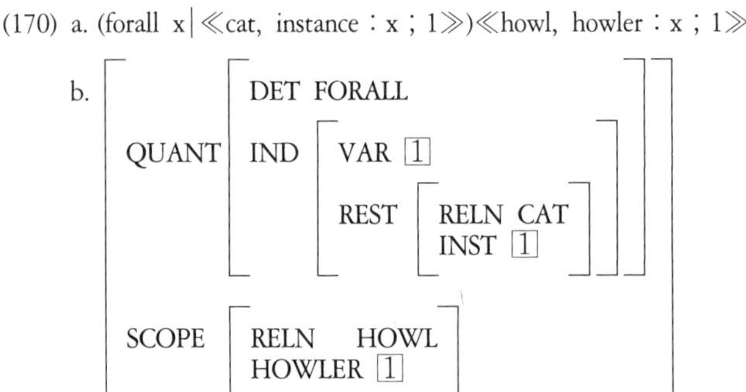

우리는 이제 양화된 상황소들을 기술할 위치에 있다. 예시의 방법으로 우리는 여기서 (170a)로 되풀이된 양화된 상황소 (151c)에 대응되는 AVM 행렬표를 (170b)에서 나타낸다.

(170) a. (forall x | ≪cat, instance : x ; 1≫)≪howl, howler : x ; 1≫

b.

유형 *quantified-circumstance*에 대한 자질 구조는 속성 QUANTFIER와 SCOPE를 갖는다. QUANTFIER의 값은 유형 *quantfier*의 자질 구조인데 그것은 차례로 속성 DETERMINER와 INDEX를 갖는다. 여기서 INDEX 의 값은 물론 (170a)에서 제약된 변항에 대응되는 유형 *index*의 자질 구조이다. SCOPE의 값은 유형 *circumstance*의 자질 구조인데 직관적으로 그것은 양화사의 작용 범위에 대응되고 양화사에 묶인 변항 1은 그 안에 나타난다.

우리는 이제 유형 *sign*의 자질 구조에서 SEMANTICS|CONTENT 값의 기술에 착수한다. 우리는 매개 변항들과 양화를 무시하고 단순하게 설명

함으로써 시작한다. 좀더 복잡한 처리는 이어지는 절에서 주어질 것이다.

첫째 고유 명사의 의미 내용은 (171)과 같은 바로 고유 명사에 의하여 불리어진 (곧 표준 논리학에서 개체 항과 유사한) 개체라고 가정하자.

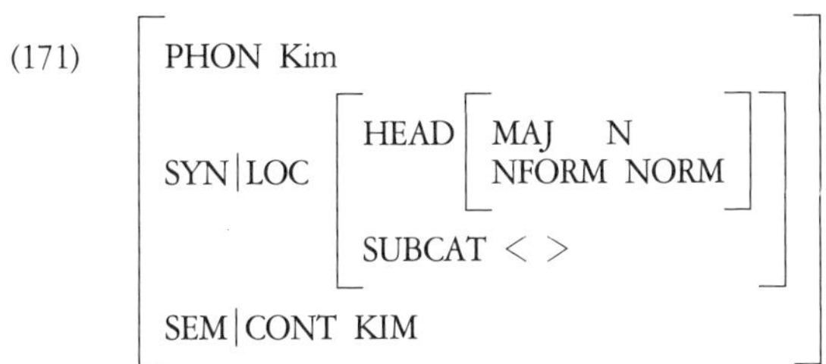

물론 이것은 위에서 언급된 불리어진 개체가 발화 문맥에 의존한다는 것은 무시한 것인데 우리는 실제로 개체 대신에 제약된 매개 변항을 원한다. 우리는 이 결점을 곧 수정할 것이지만 단순화된 판은 출발점을 제공한다.

다음으로 동사의 의미 내용이 (172)와 같은 바로 관계라고 가정하자.

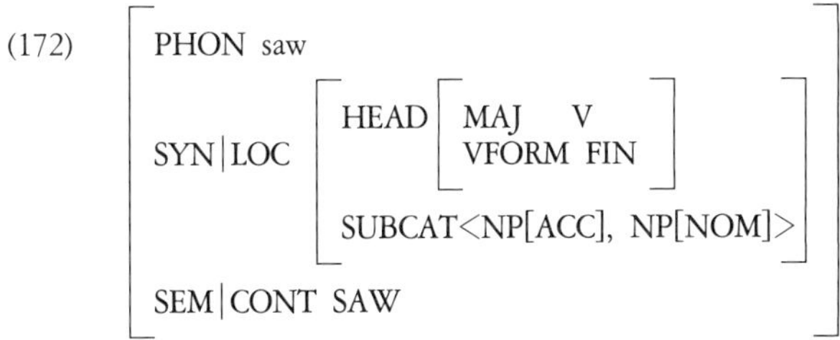

이제 Kim saw Sandy와 같은 문장의 의미 내용은 어떻게 되는가? 아직까지 고유 명사의 지시물들에 대한 문맥-의존을 무시하면 명백하게도 우리가 원하는 것은 (173a)와 같은 것이다.

(173) a.
$$\begin{bmatrix} \text{RELN} & \text{SEE} \\ \text{SEER} & \text{KIM} \\ \text{SEEN} & \text{SANDY} \end{bmatrix}$$

그러나 언어 사용자들은 동사 *saw*가 중심어인 문장에서 보는자가 주어(SUBCAT 목록의 끝 요소)에 의하여 기술되고 보이는자가 목적어(SUBCAT의 목록의 끝에서 두 번째 요소)에 의하여 기술된다는 정보는 어디서 얻는가? *Kim saw Sandy*는 왜 그 내용으로 (173a)이어야 하고 (173b)나 아마도 다른 것이 아니어야 하는가?

(173) b.
$$\begin{bmatrix} \text{RELN} & \text{SEE} \\ \text{SEEN} & \text{KIM} \\ \text{SEER} & \text{SANDY} \end{bmatrix}$$

분명하게도 제안된 어휘 기호 (192)는 어떤 중요한 정보, 곧 *saw*의 주어와 목적어가 보는자와 보이는자에 각각 연합된다는 정보를 결여하고 있다.

좀더 일반적으로는 비명사류 중심어들(동사들, 형용사들, 전치사들)의 특징은 그것들이 상황 속에서 이루어지는 사물들의 종류(속성들과 관계들)에 따라 기술된 상황의 아주 일반적인 특징을 제공한다는 것이다. 반면에 중심어에 의해 하위범주화된 보어들은 그 속성들과 관계들에 참여하는 사물들의 수와 종류에 관한 정보를 제공한다. 달리 말하자면 중심어의 의미 내용은 (아마 매개 변항화된) 기본 상황소를 부분적으로 기술하는 데 비해 중심어의 보어들은 상황소에 역할들을 채우는 대상들에 관한 정보를 그 기술 내용에 채운다. 아주 대략적으로 중심어들과 보어들에 관한 일반적인 의미적 사실을 포착하기 위하여 제안된 어휘 기호 표시

(172)는 (174a)와 같은 것으로 대체할 필요가 있다.

(174) a.

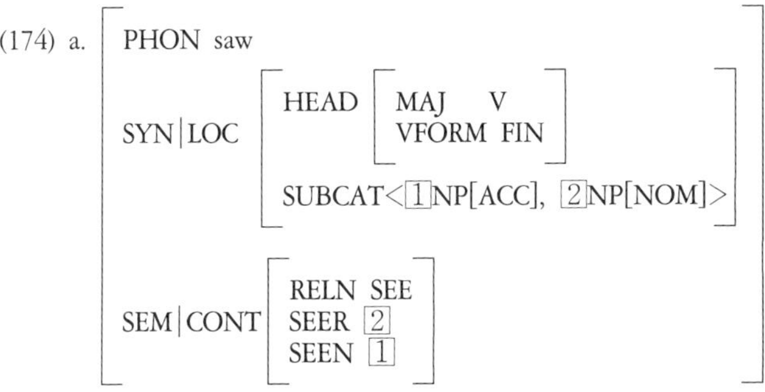

  여기서 이 생각은 하위범주화된 보어들이 상황소의 역할과 연합되어야 한다는 것인데 요구된 연합은 구조-공유 꼬리표들을 사용하여 표시되었다. 그러나 현재로 보아서는 (174a)는 무의미한데 그 까닭은 "$\boxed{1}$"과 "$\boxed{2}$"에 의해 지시된 구조들이 언어 기호들을 기술하는 자질 구조들이지, 보고 보여지는 사물의 종류들에 관한 자질 구조들이 아니기 때문이다. 이러한 결점을 고치기 위하여 우리는 (174a)를 공유된 구조들이 중심어에 의하여 하위범주화된 기호들이 아니라 그것들의 의미 내용이라는 것으로 고친다. 이 개정은 (PHONOLOGY와 바뀌지 않은 SYN|LOCAL| HEAD 값들은 무시하고) (174b)에 보인다.

(174) b.
$$\left[\begin{array}{l} \text{SYN}|\text{LOC} \;|\; \text{SUBCAT}\langle \text{SEM}|\text{CONT}\;\boxed{1}, \\ \qquad\qquad\qquad\qquad \text{SEM}|\text{CONT}\;\boxed{2}\rangle \\[2ex] \text{SEM}|\text{CONT}\left[\begin{array}{l}\text{RELN SEE}\\ \text{SEER}\;\boxed{2}\\ \text{SEEN}\;\boxed{1}\end{array}\right]\end{array}\right]$$

(174b)에 주어진 판이 아직까지 최종판은 아닌데 그 까닭은 여전히 하위범주화된 NP의 의미 내용들이 제약된 매개 변항들이나 양화사들이 아니라 KIM과 SANDY와 같은 원자 값이라는 것을 단순히 가정하고 있기 때문이다. 그러나 세 가지 일반적 논점들을 논의하기 위해서는 당장은 충분할 것이다.

첫째 어휘적 중심어의 의미 내용의 역할-대상들(role-fillers)과 하위범주화 요소들의 의미 내용들 사이의 구조 공유는 명백히 GB의 "하위범주화에서의 theta-역할 부여"와 관련되어 있다. 그 이론에서는 하위범주화된 보어들이 동사에 의해 그것들에 직접적으로 부여된 theta-역할들을 가진다고 말해진다. 주어는 하위범주화되지 않지만, (사실 간접적인 방법으로) 여전히 동사에 의해 부여된 theta-역할들을 가진다고 가정된다. GB 이론에서의 theta-역할들의 지위는 명시적으로 설명하지는 않았지만 근본적으로 본질상 통사적인 것이며 하위범주화된 논항이 부여된 theta-역할을 가지지 못한 구조는 통사적으로 잘못된 것이라는 것이 일반적으로 일치되어 있다. 대조적으로 HPSG 이론에서는 theta-역할들이 (SEER과 SEEN과 같은) 논항 역할들에 따라 생긴 것이고 어휘 기호에서의 역할들의 부여는 보어들의 의미 내용들과 중심어의 의미 내용에서의 역할-기능자(role-players) 사이의 구조-공유에 의해 주어진다. 이러한 방식으로 역할 부여의 본질적인 의미적 특성이 분명해진다. 같은 생각이 theta-역할들을 LF에서의 어떤 변항들과 연합으로써 GB 이론에 통합될 수도 있을 것인데 그 까닭은 GB의 LF에 포함된 정보가 HPSG의 SEMANTICS|CONTENT에 포함된 정보와 광범위하게 유사하기 때문이다.

둘째 HPSG의 어휘 기호의 역할 부여는 LFG에서 (175)와 같이 f-구조들의 PRED 값 안에서 문법 기능 표시들(labels)에 역할 정보를 다는 때때로의 습관과 관련되어 있다.

$$(175) \quad \begin{bmatrix} \text{PRED 'SEE} < (\uparrow\text{SUBJ})(\uparrow\text{OBJ}) > \text{'} \end{bmatrix}$$

$$\overset{\text{seer}}{} \quad \overset{\text{seen}}{}$$

사실 f-구조들에서 **PRED** 속성은 HPSG의 SEMANTICS│CONTENT 값들에 의해 제공되는 정보와 어떤 같은 정보를 제공한다. 이 점에서의 두 이론의 주요한 차이점은 **LFG**가 창시자에 의하여 보통 통사 이론으로 간주되었고 따라서 역할들이 어떻게 그림 속에 들어가는지를 설명하는 것에 대해서는 직접적으로 관심이 없다. 그러한 주석들은 근본적으로 기억을 돕는 역할을 할 뿐이다. 대조적으로 **HPSG**에서는 원리적으로 기호들에 대한 이론이며 따라서 하위범주화와 같은 통사적 현상과 기술된 상황에서의 역할들과 같은 의미적 현상 사이의 연결에 대한 직접적인 설명을 제공하는 것에 관심이 있다.[26]

셋째 구 기호의 SEMANTICS│CONTENT의 값은 중심어 딸의 값과 (구조-공유의 의미에서) 동일하다는 것은 (최소한 우리가 임시로 채택하고 있는 **NP**의 의미 내용에 관한 단순화한 가정들 아래서는) 대체로 참이다. 보어들의 의미적 기여들은 단순히 적절한 역할들에 통합된다. 우리는 이 시험적인 일반화를 (176)에 주어진 보편 원리로 표현할 수 있는데 이것은 앞으로 더 정교한 판으로 계속하여 수정할 것이다.

(176) 의미론 원리 (예비판)

$$[\text{DTRS} \quad _{headed\text{-}structure} \quad [\ ]] \Rightarrow$$

---

26) 물론 **LFG**와 같은 통사 이론을 Fenstad 외(1985)에서 보인 것과 같이 좀더 명시적인 방식으로 명확히함으로써 의미 정보를 늘리는 것은 아무런 장애가 없다. 그들 역시 의미 역할들과 통사 기능들 사이의 연관성을 세우기 위하여 (특히) 통사 정보와 의미 정보 둘다를 포함하는 자질 구조를 채택한다. 이런 점에서 그들의 접근은 기술적인 세부 사항의 정도에서만 우리들과 다르다.

$$\begin{bmatrix} \text{SEM} \mid \text{CONT} \quad \boxed{1} \\ \text{DTRS} \mid \text{HEAD-DTR} \mid \text{SEM} \mid \text{CONT} \quad \boxed{1} \end{bmatrix}$$

(176)의 결과는 (177)에 예시되는데 그것은 문장 기호 *Kim saw Sandy* 를 부분적으로 기술한다. 편의를 위하여 경로들 SYNTAX|LOCAL| SUBCAT와 SEMANTICS|CONTENT는 각각 단순히 SUBCAT와 CONTENT 로 생략되었다.

(177)

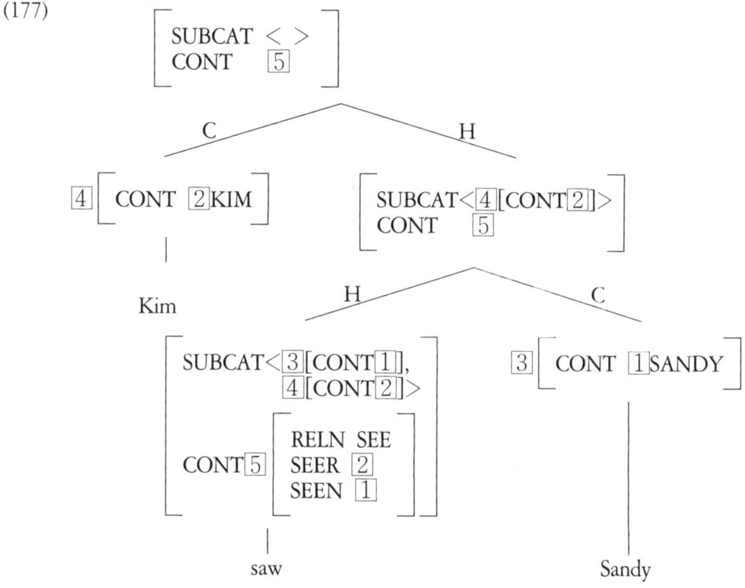

여기서 어휘적 중심어는 바로 (174b)의 생략형이다. VP *saw Kim*에서 보어 딸 *Sandy* (③)는 하위범주화 원리에 따라 중심어 딸 *saw*의 SUBCAT 요소의 목적어 (끝에서 두 번째) 요소와 통합되고 VP 자체의 SUBCAT 요소에는 더 이상 나타나지 않는다. 이 통합의 결과로서 어휘적 중심어

CONTENT의 SEEN의 값 (①)은 *Sandy*의 CONTENT 값과 통합되는데 그것의 값은 물론 SANDY이다. 이에 더하여 VP의 CONTENT는 의미론 원리 (176)에 따라 중심어 딸의 CONTENT와 공유된다. 유사하게 전체 S에서 보어 딸 *Kim* (④)은 VP 중심어 딸의 (끝의 유일한) 주어 SUBCAT 요소와 통합되고 S 자체의 SUBCAT 값은 따라서 비는데 이것은 주어의 내용 KIM과 어휘적 중심어의 내용 SEER의 값 (②)의 통합에서 나온다. 그리고 다시 의미론 원리는 전체 S의 내용이 바로 ⑤라는 것을 보증한다. 이러한 통합들을 고려하면 바라는 대로 전체 문장의 SEMANTICS|CONTENT 값은 정확하게 (173a)라는 것을 안다.

4.4. 매개 변항들, 양화사들, 지표들

하위범주화와 의미 내용 사이의 관련에 관한 기본적인 직관과 함께 이제 자연 언어 NP들이 표준적 논리학의 개체의 상항들(constants)과는 달리 전형적으로 (예컨대 고유 명사들의 경우에) 제약된 매개 변항들이나 제약된 (예컨대 양화된 NP들의 경우에) 양화사들을 그것들을 포함하는 문장들의 전체 의미 내용에 도입한다는 사실을 다루기로 하자. 이것을 고려하기 위하여 고유 명사와 보통 명사 둘다의 SEMANTICS|CONTENT 값을 개정해야 한다. 이에 따라 역할 부여와 의미론 원리의 몇 가지 세부 사항도 개정해야 한다. 개정의 주요한 자질은 명사들의 SEMANTICS| CONTENT 값이 제약된 변항을 명세화할 수 있어야 한다는 것이다. 이러한 목적을 위하여 자질 구조 유형 indexed-object을 도입하는데 그 속성의 하나는 INDEX이다. INDEX 속성의 값은 다시 유형 index의 자질 구조인데 이것은 제약된 변항(경우에 따라 매개 변항이나 묶인 변항)을 기술

한다. 우리는 또 *indexed-object*의 두 하위 유형을 채택할 것인데 곧, *referential-object*과 *quantifier*인데 각각 고유 명사들과 양화된 NP들을 다룬다. 위에서 보았듯이 유형 *quantifier*의 자질 구조들은 부가적 속성 DETERMINER를 가진다.

고유 명사들의 경우는 (178)에 예시된다.

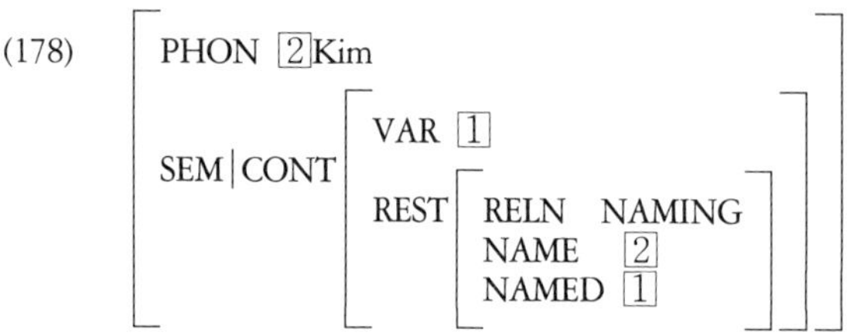

SEMANTICS|CONTENT 값은 유형 *referential-object*이다. INDEX 속성의 값은 유형 index의 자질 구조인데 제약된 매개 변항은 (179)에 되풀이된 (165)에 주어진 형식으로 되어 있다.

(179) x | ≪naming, name : "Kim", named : x ; 1≫

다음에는 그러한 의미 내용이 문제의 NP를 포함하는 전체 문장의 의미 내용에 어떻게 기여하는지를 기술한다. 이것은 SEMANTICS|CONTENT 값들이 지표화된 보어들(예컨대 NP들)의 경우에 역할들이 보어들에 부여되는 방식으로 가벼운 개정을 요구할 것이다. 기본적인 생각은 그러한 경우들에서 전체 문장의 의미 내용에 역할을 채우는 것은 지표의 변항 (이 경우에는 고유 명사의 용법에 의하여 도입된 매개 변항)이지 NP의 전체 의미 내용이 아니라는 것이다. 예시는 여기 순서대로 주어진다. 이러한 목적을 위하여 우리는 먼저 경로 SEMANTICS|CONTENT|INDEX|VARIABLE

의 값에 대한 지시를 이용하는 생략형의 약정을 도입하는데 거기서 그 경로의 값은 단순히 기호 기술의 오른쪽-아래 모서리에 첨자로 나타난다. 그리하여 예컨대 "NP$_1$"은 (180)에 주어진 기술을 생략한 것이다.

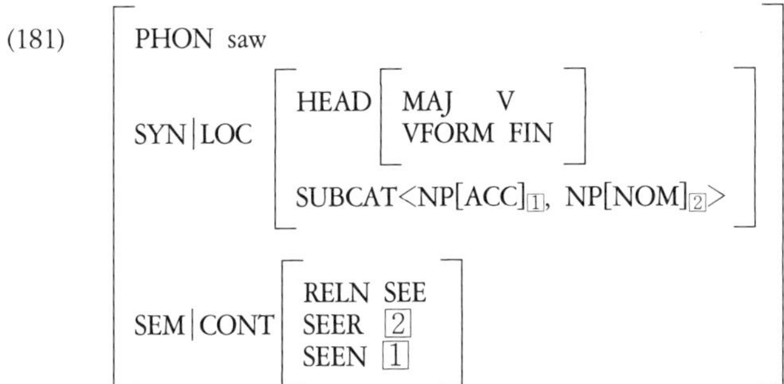

(이것은 3장에서 주어진 표준적 생략형들과 비교되어야 한다.) 우리는 이제 보어들에 역할들의 부여에 대한 요구된 개정을 예시할 수 있는데 이것은 (181)에 보인다.

이 개정의 결과는 (182)에 예시되는데 이것은 (177)의 단순화된 판을 개선한 것이다.

(182)

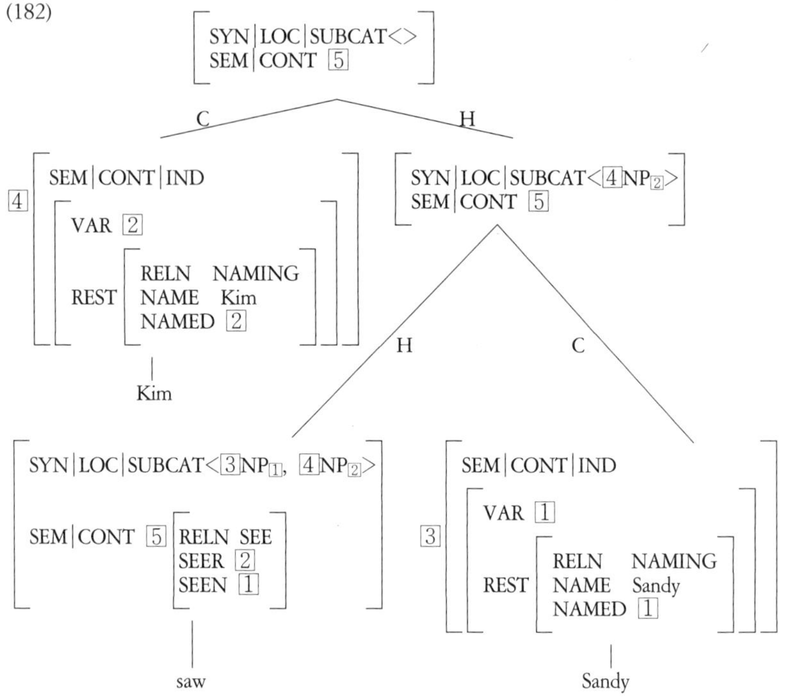

여기서 전체 문장의 SEMANTICS|CONTENT 값은 단순히 (183)인데
①과 ②는 각각 *Sandy*와 *Kim*의 용법에 의하여 도입된 매개 변항들에 대
응된다.

(183)
$$\begin{bmatrix} \text{RELN} & \text{SEE} \\ \text{SEER} & ② \\ \text{SEEN} & ① \end{bmatrix}$$

그러나 아직까지 어떤 핵심적인 정보가 빠져 있다. 매개 변항 ①은
Sandy라 불리는 개체에만 주어질 수 있고 ②는 Kim이라 불리는 개체에

만 주어질 수 있다. 이 사실들은 전체 문장의 의미 해석과 관련되지만 얼마간 이 정보가 빠져 있다. 그것들은 문장 자체의 의미 내용의 기술에서 어느 곳에도 나타나지 않는다. 필요한 것은 문장 층위에 이용되는 변항들에 관한 정보의 궤적을 추적하는 (그것들이 무엇에 주어지는가 또는 그것들이 양화사에 묶였을 때 어떤 종류의 것에 작용 범위가 미치는가 하는 제약들과 같은) 어떤 수단들이다. 더 일반적으로는 앞으로의 장들에서 보게 되는 바와 같이 NP들의 용법에 의하여 도입된 변항들에 관한 여러 다른 종류의 정보는 그 NP들을 포함하는 구에도 유지되고 이용될 수 있어야 한다. 변항들에 대한 제약들에 더하여 그러한 정보는 일치 자질들과 (예컨대 변항들을 도입하는 NP가 양화되었는가, 한정적으로-언급하는가, 비한정적으로-언급하는가, 대명사인가, 재귀사인가, 상호 대명사인가 하는) 지시 유형을 포함한다. 이 종류의 정보는 대명사 결속에 대한 국지성 조건, NP가 이어지는 문장들의 대명사들에 대한 선행사들로 기능하는 잠재력인 이른바 "분리된 지시"(disjoint reference) 제약들과 같은 대용적 관계들의 다양한 속성들을 결정하는데 중요한 역할을 하게 된다. 그러한 정보를 추적할 필요가 생겨날 때 우리는 그것을 저장하기 위한 적합한 속성들과 그것을 필요한 곳들에까지 전달하는 대응되는 기제들을 도입할 것이다.

당분간은 기호들의 SEMANTICS 값들에 대하여 (CONTENT에 더하여), 기호 안에 도입된 모든 변항들의 궤적을 추적하는 하나의 새로운 속성을 도입하는 것으로 충분하다. 이것은 앞선 정의 예 (163)에서 언급된 INDICES 속성이다. 그것의 값은 항상 index 유형의 자질 구조의 집합인데 (공집합도 가능하다), 각 지표는 그 변항에 부과되는 제약들을 함께 가진 하나의 변항으로 되어 있다. 기대되듯이 하나의 지표는 그 지표를 도입하는 명사의 INDICES에서 나온다. 고유 명사들에 대해서는 이

것은 아래의 (184)에서 예시되는데 (178)을 정교화한 것이다. 여기서 INDICES 값은 바로 유일한 원소가 NP 자체의 SEMANTICS|CONTENT 값의 INDEX 값인 원소 하나의 집합이라는 것을 유의하라.

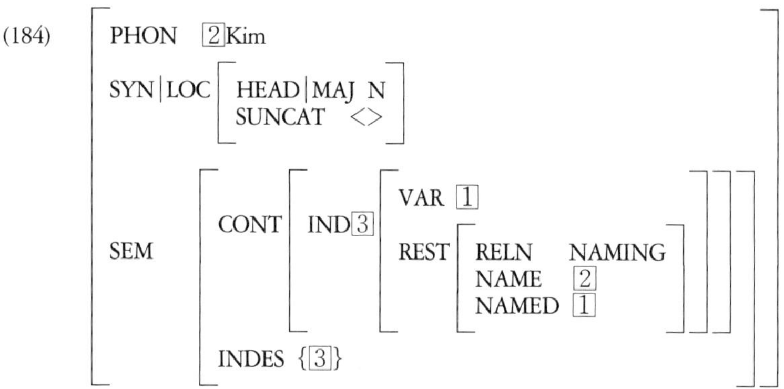

구 기호들의 경우에는 당분간은 INDICES의 값이 바로 그 딸들에 대한 INDICES의 합 집합이라고 가정한다. 이것은 의미론 원리 (175)를 (185)의 형식으로 고침으로써 보증된다.

(185) 의미론 원리 (두 번째 판)

$$[\text{DTRS } \textit{headed-structure} \; [\;]] \Rightarrow$$

$$\begin{bmatrix} \text{SEM} & \begin{bmatrix} \text{CONT} & \boxed{1} \\ \text{INDICES} & \textit{collect-indices} \; (\boxed{2}) \end{bmatrix} \\ \text{DTRS} & \boxed{2}[\text{HEAD-DTR}|\text{SEM}|\text{CONT} \; \boxed{1} \;] \end{bmatrix}$$

추가된 것은 기호의 INDICES의 값이 딸들에 대한 INDICES 값 집합들의 합을 취함으로써 얻어지는 집합이어야 한다는 것이다. 기술적으로는 이것은 함수적으로 의존적인 값으로 주어진다(2.3.을 보라). 지표들을 모아라(collect-indices)는 바로 모든 딸들에 대한 INDICES 값의 합 집합을 취하는 *성분 구조*(constuent-structure) 유형의 자질 구조에 의하여 정의되는 함수이다. 단순한 문장 *Kim saw Sandy*의 경우에는 (위 (182)를 보라) 전체 문장에 대한 결과적인 SEMANTICS 값은 (186)이다.

(186)
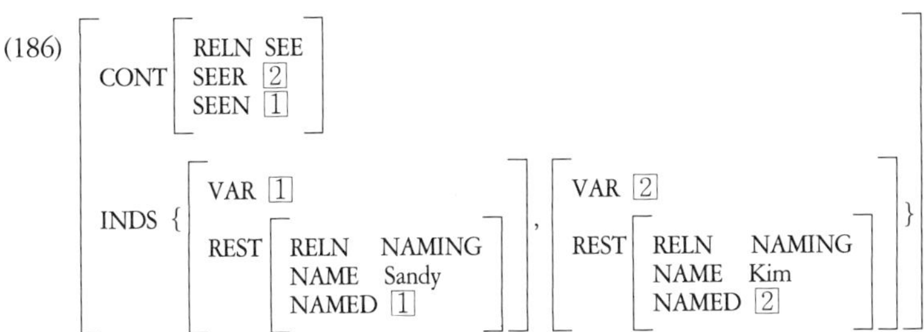

뒤에 보게 되는 바와 같이 (예컨대 하나의 NP가 gap이고 다른 것은 그것의 filler일 때 또는 하나의 NP가 대명사이고 다른 것은 그것의 선행사일 때) 하나의 구 안에 두 개의 NP가 같은 변항을 공유하는 일이 때때로 나타난다. 그러한 경우에는 INDICES 값 집합은 같은 변항을 공유하는 구별되는 지표들을 가질 것이다. 예컨대 문장 a donkey kicked herself에서 *donkey*와 *herself*는 각각 지표 (187a)와 (187b)를 가지게 된다.

(187) a.
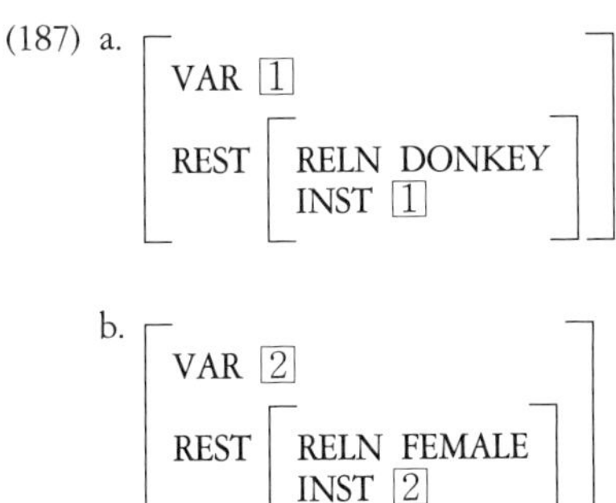

(2권에서 다루어지는) 재귀 대명사들의 결속에 대한 어떤 국지성 조건은 ①과 ②가 통합되기를 요구할 것인데 전체 문장의 INDICES 값은 (188)과 같을 것이다.

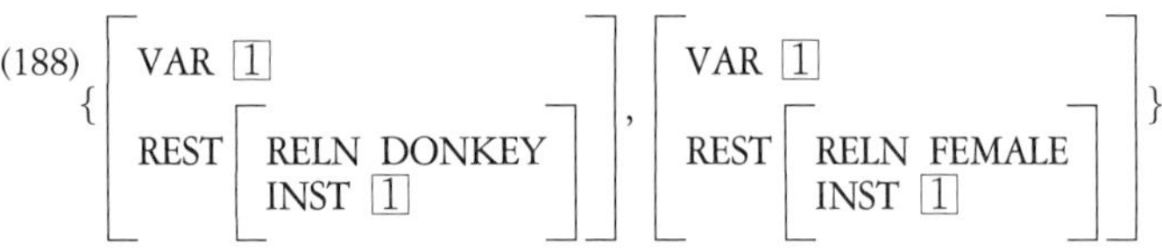

최종적인 결과는 전체 문장이 단 하나의 매개 변항을 도입하는데 그것은 주어진 발화의 문맥에서 이러 저러한 암컷의 당나귀에 주어진다.

이 점에서 HPSG의 지표들이 — 또는 더 정확히는 그것들에 나타나는 변항들이 — GB 이론에서 채택된 "통사적 지표들"과 본질적으로 같은 현상을 모형화하고 있다는 것이 분명하다. 두 이론에서 그것들은 NP 표상들과 연합된 실재들이다. 두 이론에서 두 개의 구별되는 NP 표상들은 어떤 조건들 아래서는 (예컨대 그것들이 filler-gap이나 선행사-대명사 관계에 있으면) "동지표되고(coindexed)", 어떤 다른 조건들 아래서는 "달리 지표된다(contraindexed)" (곧 비동일한 지표들을 가지게 된다). 머지 않아 (2권에서), 우리는 이러한 종류의 동지표되기나 달리 지표되기가 역할하게 되는 넓은 범위의 언어 현상을 고려할 것인데 다음과 같은 것들을 포함한다. "이해된 주어들"에 대한 통제, filler-gap 의존 관계들과 관계적 의존 관계들, 대명사 결속에 대한 문장내의 통사적 제약들, 문장 경계를 넘어선 대명사 결속에 대한 제약들, 전반적으로 보아 이것은 GB 이론에 의하여 "알파-이동"과 "결속 이론"과 같은 틀 아래 경계지운 것과 같은 영역이고 많은 경우에 우리가 공식화하는 원리들은 GB 이론에서 이미 공식화된 원리들을 고치는 것이 될 것이다. 이 두 접근들의 주요한 차이점은 GB 이론은 지표들을 불가사의한 추상적인 통사적 대상으로 다룬다는 것이다. 대조적으로 HPSG에서는 지표들은 본질적으로 의미론적이다. 그것들은 기술된 상황에 나타나는 (매개 변항화된 상황소들의) 매개 변항들과 (양화된 상황소들의) 묶인 변항들에 대응되는 (발화에 의하여 기술된 상황에 관한 언어 사용자의 정보를 모형화하는 자질 구조들의) 의미적 기술들의 부문들이다. 여기서 채택된 지표들에 대한 접근이 현대의 언어학 이론에서 도처에 발견되지만 나면서부터 거의 이해되지 않은 이러한 대상들의 불가사의를 제거하는 데 도움이 될 것이다.

다음에는 every와 같은 양화된 명사구들에 착수한다. 고유 명사들의 경우와 마찬가지로 우리는 보통 명사의 SEMANTICS|CONTENT 값을 유형 *indexed-object*의 자질 구조로 가정한다. 그러나 고유 명사와는 달리 이 값은 하위 유형 *quantifier*이고 그것은 부가적 속성 DETERMINER를 가진다. 그것은 (189)에 주어진 어휘 기호 donkey의 부분적 기술에 의하여 예시되는 바와 같다.

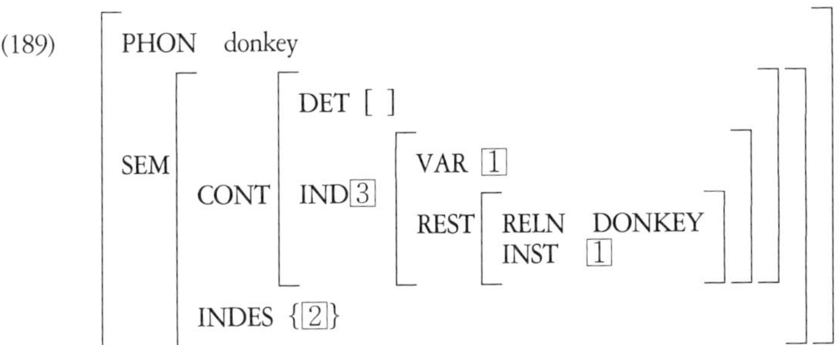

변항에 대한 정확한 제약을 제외하고는 이것은 (184)에 주어진 고유 명사 Kim에 대한 어휘 기호와 유사하다. 주요한 차이점은 보통 명사의 SEMANTICS|CONTENT 값이 DETERMINER를 가진다는 것인데 그

값은 보통 명사가 결합하는 어떤 한정사에 의존할 것이다. 이 의미적 차이는 통사적 차이와 상호 관련되어 있다. 고유 명사는 포화되었지만 (곧 그것의 SUBCAT 값이 < >이지만), 고유 명사는 한정사에 대하여 하위 범주화한다.

이제 한정사가 어떻게 의미적으로 보통 명사와 결합하는가? 그 대답은 한정사의 의미 내용이 무엇이라고 생각하는가에 달렸다. 가장 단순한 접근은 *every*의 내용이 바로 **FORALL**이라고만 가정하는 것일 것이다. 이 분석에 의하여 (189)는 (190)과 같이 더 정교화되어야 한다.

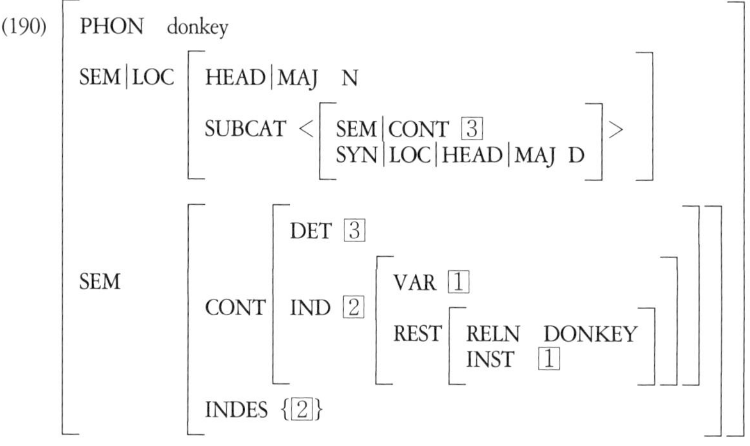

이 분석은 한정사의 의미 내용이 보통 명사(와 따라서 의미론 원리에 따라 전체 NP)의 내용의 **DETERMINER** 속성의 값일 것이라는 것을 보증한다. 그러나 우리는 한정사의 **SEMANTICS|CONTENT** 값이 유형 *quantifier* 자체라고 예컨대 어휘 기호 *every*가 (191)에 주어진 것과 같은 것으로 가정함에 따른 대안적인 설명을 채택할 것이다.

(191)

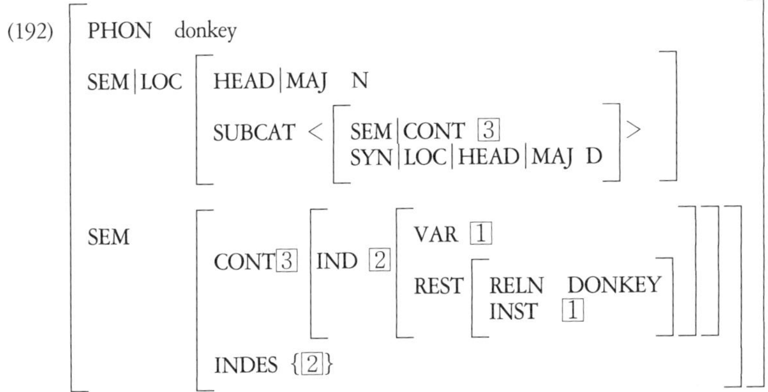

그때 보통 명사 어휘 기호는 (192)의 형식을 취한다.

이 설명에 의하면 한정사와 보통 명사의 의미론은 단순히 통합된다. 우리는 두 대안들 가운데 어느 쪽의 논의를 강요하는 논의들을 알지 못하고 어느 것이 채택되는지를 정할 아무 기준도 없는 것으로 보인다. 여기서 한 선택은 (영어를 포함한) 많은 언어들이 *some like it hot*과 같은 바로 한정사만으로 된 "중심어가 없는"(null-headed) NP를 허용한다는 사실이 동기가 되었다. 여기서 제안된 분석 아래서는 어떻게 하여 그러한 발가벗은(bare) 한정사들이 정상적으로 NP와 연합된 의미적 무게를 전달할 수 있는지에 대하여 얼마간 더 쉽게 설명할 수 있는 것으로 보인다.

(우리의 선택에 대한 두 번째 가능한 동기는 2권에서 제시될 것이다.)

이 장을 마무리하기 위하여 양화된 NP의 의미 내용이 어떻게 그것이 나타나는 문장의 내용에 나타나는가의 문제를 간단히 고려한다. 의미론의 많은 최근의 연구에서 이 문제에 관심을 가지고 해답을 찾으려고 하지만 현재로서는 문제 자체가 어떻게 짜이어야 하는지에 관하여조차도 일치되어 있지 않다. 우리는 이 영역에서 문제가 되는 몇몇 문제들에 대하여 2권에서 좀더 길게 논의할 것인데 당분간은 문제를 좀더 명확히 드러내고자 하는 것으로 만족할 것이다.

(193)과 같은 양화된 NP를 포함하는 단순한 문장을 고려하라.

(193) Every donkey sneezed.

그것의 **SEMANTICS** 값은 무엇인가? *every*와 *donkey*에 대한 어휘 기호는 위와 같이 *sneezed*에 대한 어휘 기호는 (194)와 같이 가정하고 문장의 전체 구조는 (195)와 같이 가정하면 **의미론 원리**에 의하여 제공되는 해답은 단순히 (196)이다.

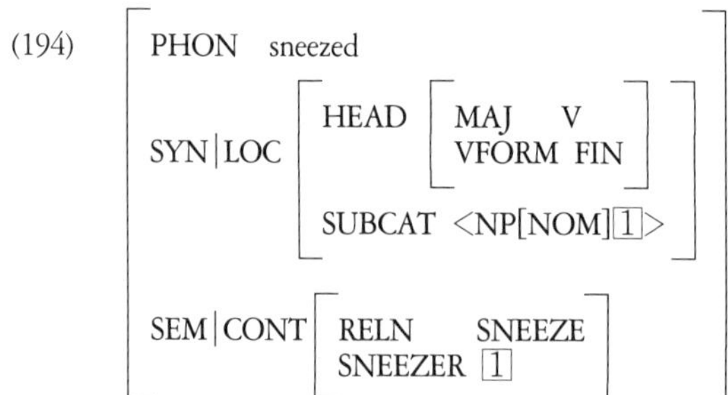

(195)

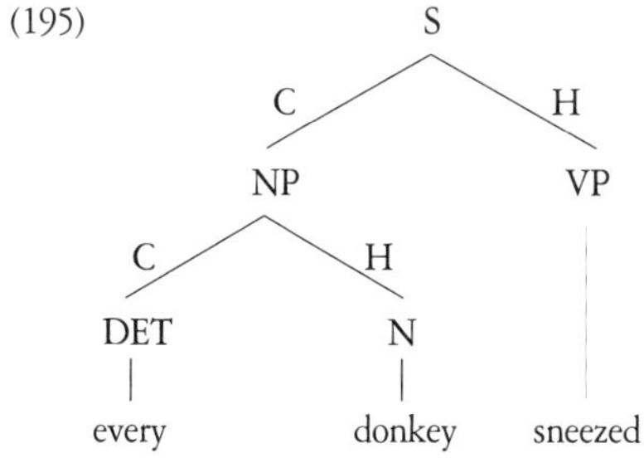

(196)

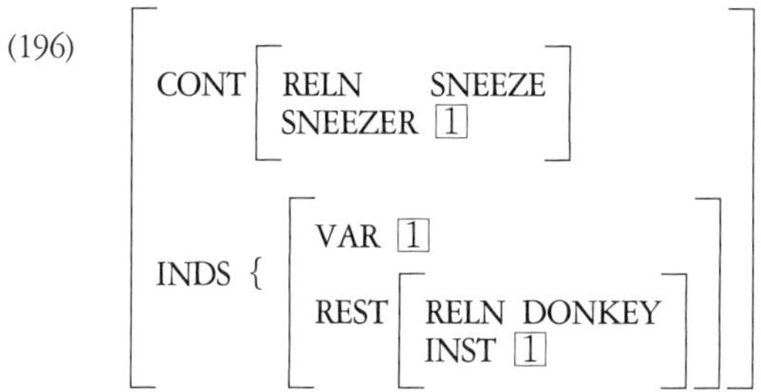

그렇지만 이것은 잘못되었다. 물론 문제는 현재 공식화된 의미론 원리
는 고유 명사들의 매개 변항에 대한 설명은 처리할 수 있을 만큼 정교하
지만 양화는 고려하지 않고 있다. (196)에서 **CONTENT** 값으로 가져야
할 것은 (197a)에 보인 *quantified-circumstance* 유형의 자질 구조이다.

(197) a.

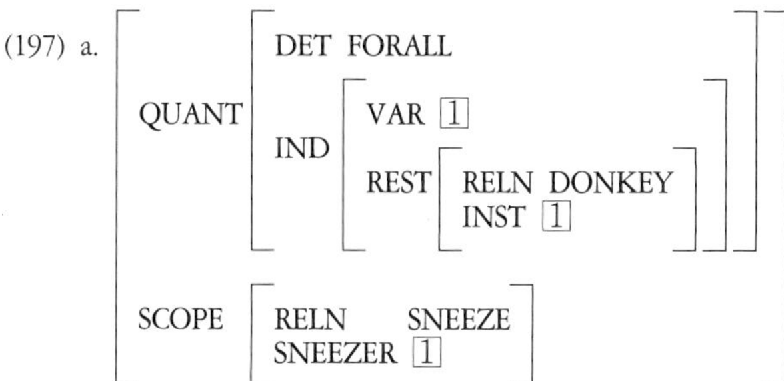

이것은 바로 양화된 상황소 (197b)의 AVM 기술이다.

(197) b. (forall x│≪donkey, instance : x≫)≪sneeze, sneezer : x≫

대략 보어의 내용이 양화사이고 중심어의 내용이 상황소인 경우에 우
리가 바라는 것은 어머니의 의미 내용이 단순히 중심어의 내용이 아니
라 양화사가 보어의 내용이고 그것의 작용 범위가 중심어의 내용인 양
화된 상황소라는 것이다. 우리는 이 효과를 의미론 원리 (185)를 (198)에
보인 것과 같이 다시 고침으로써 얻을 수 있다.

(198) 의미론 원리 (세 번째 판)

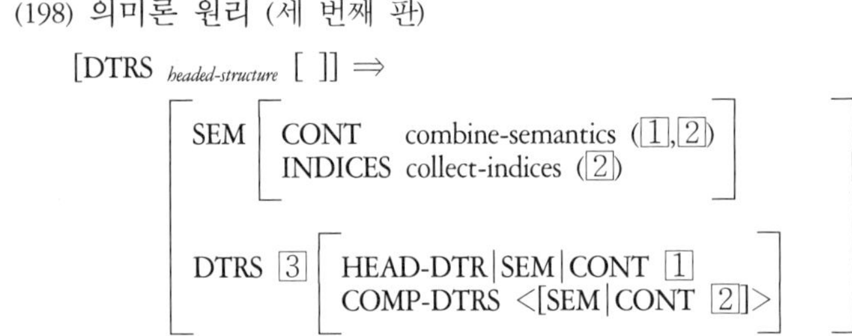

바뀐 것은 기호의 SEMANTICS│CONTENT의 값이 이제 중심어 딸과
보어 딸 둘다의 SEMANTICS│CONTENT의 값들에 함수적으로 의존한다
는 것이다.[27] 여기서 함수 combine-semantics는 (199)와 같이 정의된다.

(199) combine-semantics (A, B) =
　　　　만약 A가 유형 *circumstance*이고,
　　　　B가 유형 *quantifier*이면,

---

27) 우리는 당장은 단 하나의 보어만 있다는 단순화된 가정을 채택하고 있다. 우리는 곧
　　이 가정을 버릴 것이다.

그때는 $\begin{bmatrix} \text{QUANT} & \text{B} \\ \text{SCOPE} & \text{A} \end{bmatrix}$ 이고,

그렇지 않으면 A이다.

여기서 A와 B는 자질 구조들에 작용하는 매타변항들이다. 함수 정의
는 경우에 따라 A와 B의 자질 구조의 유형들에 의존한다. 이 개정은 우
리가 이미 고려한 경우에는 아무런 영향을 미치지 않고 (193)과 같은 단
순한 양화된 문장들에 바람직한 결과를 가져다 준다.

그러나 위에서 지적한 바와 같이 (198)은 중심어 구조가 정확히 하나
의 보어 딸을 가진 것으로 가정한다. 그러나 (200)에서와 같은 어떤 중
심어 구조들은 여러 보어 딸들을 가지고 이들의 하나 또는 더 많은 것들
이 양화된 NP일 수도 있다.

(200)

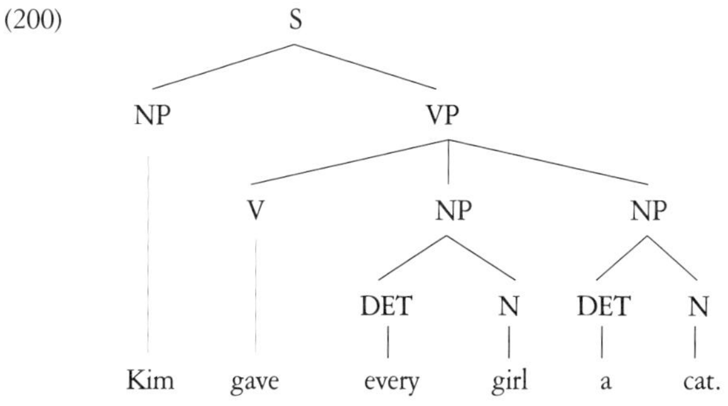

그러므로 (198)은 여전히 부적합하다. 그것은 임의적으로 많은 보어
딸들을 가지는 중심어 구조를 다루기 위하여 일반화되어야 한다. (201)
에서 우리는 이 결점을 나타내는 의미론 원리 (198)을 또다시 다듬은
것을 제시한다.

(201) 의미론 원리 (네 번째 판)

$$[\text{DTRS } \textit{headed-structure } [\;]] \Rightarrow$$

$$\begin{bmatrix} \text{SEM} & \begin{bmatrix} \text{CONT successively combine-semantics } (\boxed{1},\boxed{2}) \\ \text{INDICES collect-indices } (\boxed{2}) \end{bmatrix} \\ \\ \text{DTRS } \boxed{3} & \begin{bmatrix} \text{HEAD-DTR}\,|\,\text{SEM}\,|\,\text{CONT} & \boxed{1} \\ \text{COMP-DTRS} & \boxed{2} \end{bmatrix} \end{bmatrix}$$

여기서 새로운 것은 전체 기호의 SEMANTICS|CONTENT의 값이 중심어 딸의 SEMANTICS|CONTENT의 값뿐만 아니라 모든 보어 딸들에 함수적으로 의존한다. 새로운 함수 successively-combine-semantics는 다음과 같은 방식으로 정의된다. 중심어 딸의 SEMANTICS|CONTENT 값에서 출발하여 그것을 보어 딸들의 SEMANTICS|CONTENT 값들과 COMP-DTRS 목록에 나타나는 순서로 (곧 더 사격적인 것에서 덜 사격적인 것으로) 성공적으로 결합한다. 기술적인 세부 사항들에 관심이 있는 독자들을 위하여 successively- combine- semantics의 정의가 (202)에 주어진다.

(202) successively-combine-semantics (A,L) =

만약 길이(L) = 0이면,

그때는 A

그렇지 않으면

successively-combine-semantics

(combine-semantics (A, 첫 번째 SEM|CONT (L)), 끝의 (L))

여기서 A는 자질 구조들에 걸치고(range over), L는 자질 구조들의 목록들에 걸친다. 컴퓨터 프로그래밍에 약간의 지식을 가진 독자들은 (202)

가 *순환적 정의*(recursive definition)의 형식을 취한다는 것을 곧 정의되고 있는 바로 그 함수가 함수 정의의 주부(body)에서 "호출된다"(called)는 것을 알 것이다. 정의도 (202)에서 정의된 함수 combine-semantics를 언급한다. L이 길이 1이면 (201)에 주어진 의미론 원리의 판은 (198)의 판과 정확히 같은 효과를 가진다.

같은 중심어에 대하여 둘 이상의 보어가 그것들의 의미론 값들로서 양화사들을 가지는 경우에 (201)의 효과는 "자연적 작용 범위"(natural scope)를 부과하는 것이다(곧 덜 사격적인 양화사들이 더 사격적인 양화사들을 작용 범위에 둔다). 예컨대 (200)은 SEMANTICS 값 (203a)를 가질 것이다.

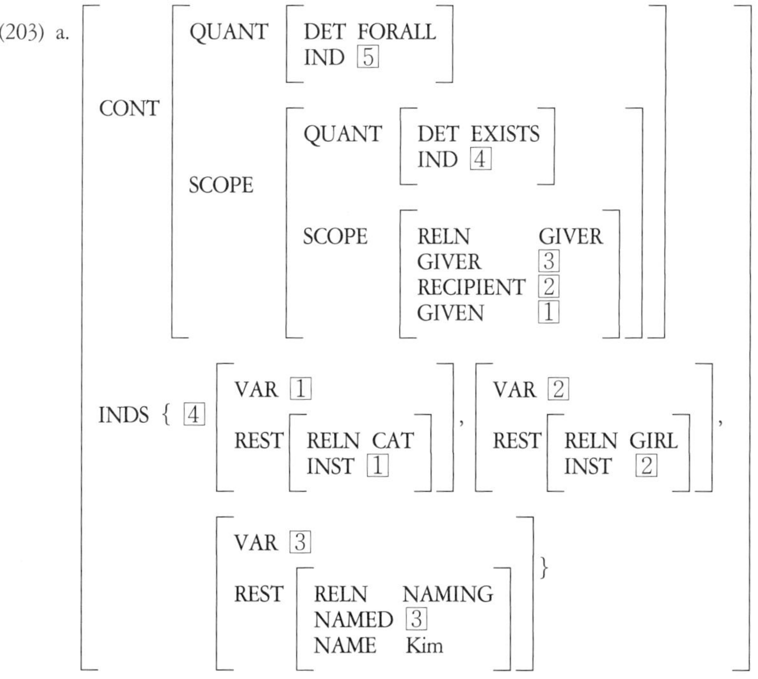

(연습으로서 독자는 (203a)가 실제로 (200)에 대하여 확정된 SEMANTICS 임을 증명하고 싶어할는지 모른다.) (203a)에서 CONTENT 값은 매개 변항화된 상황소 (203b)를 기술한다 (x는 *Kim*의 용법에 의하여 도입된 매개 변항이다.)

(203) b. (forall y | ≪girl, instance ∶ y ; 1≫)

(exist z | ≪cat, instance ∶ z ; 1≫)

z≪give, giver ∶ x, recipient ∶ y, given ∶ z ; 1≫

이것은 확실히 마음 속에 떠오르는 (200)의 첫 번째 해석이고 실제로 (201)에 의하여 추론된 양화사들의 자연적인 작용 범위 정하기는 최대한 의 경우들에서 바람직한 결과를 산출한다.

그러나 중요한 소수의 경우에 (201)에서 예측된 것과는 다른 것을 작 용 범위를 정하는 것이 적절해 보인다. 예컨대 (204)의 가장 자연스러운 해석에서 전칭으로 양화된 직접 목적어 *each city*가 특칭으로 양화된 주 어 *an elected official*에 작용 범위가 걸친다.

(204) An elected official represented each city at the conference.

좀더 일반적으로는 복합적 양화의 경우에 나타나는 작용 범위의 다른 가능성 때문에 모호성이 생기는데 그 해결은 부분적으로는 언어적 제약 들에 의존하지만 가끔은 비언어적 문맥적 요인들과 일반적 세계의 지식 에 좀더 중요하게 의존한다. 예컨대 (205a)의 가장 그럴듯한 해석에서는 양화사들이 자연적 작용 범위를 가지지만 (곧 하나의 같은 친구가 James 의 소설을 몹시 싫어한다). 그러나 구조적으로 유사한 (205b)에서는 "교 차된" 작용 범위 정하기(각 교차점의 다른 지위)만이 불연속적이고 거시적

인 물리적 대상들과 그것들의 공간적 위치들에 관한 상식적인 지식과
일치한다.

> (205) a. A friend of mine detests every book by Henry James.
>
> b. A statue of the party chief occupies every major intersection in the
> capital.

그러한 작용 범위의 애매성들에 대하여 올바로 다루는 것은 많은 최
근의 연구의 주제인데 우리는 2권에서 충분히 논의할 것이다.

4.5. 더 읽을거리

의미론에 대한 우리의 접근은 일반적인 조망에서는 상황 의미론
(Barwise와 Perry(1983))에 많이 기대고 있지만, 기술적 세부 사항에 대한
모든 문제들에서는 실제로 다르다. 단일한 통합에-기반한 형식주의 안의
통사적 대상들과 상황-이론적 의미적 대상들에 대한 기본적 생각은
Fenstad 외(1985)에 기인한다. 메타언어학적 표시("상황소들의 논리")는
Creary와 Pollard(1985)의 NFLT 형식주의에서 광범위하게 파생되었다.
여기서 발전시킨 의미적 역할에 대한 실재론적 방식은 상황 의미론 공
동체 안에서 일반적으로 받아들여지지만 그 밖의 다른 곳에서는 거의
받아들여지지 않는다. 가장 논쟁적인 이 주제에 대한 최근의 견해의 견
본에 대해서는 Carlson(ms.), ladusaw와 Dowty(ms.), Jackendoff(1987)과
Rappaport와 Levin(1986)을 보라.

상황 의미론과 상황 이론은 많은 최근의 논의와 연구의 대상들이지만

아직까지 언어학적 문제들에 적용하여 출판된 것은 거의 없다. 이 영역에서 가장 왕성하게 일하는 사람들은 Robin Cooper와 Elisabet Engdahl이었는데 그들은 (홀로 또는 공동 작업에서) 연접, 이접, 부정, 양화된 명사구와 "단수" 명사구들, 내포성, 시제, 상적 부류들, 명사구들의 "관계적" 해석, 그리고 먼 거리 의존 관계들을 포함하는 현상의 범위를 단연 탐구했다. 이 책의 많은 기술들이나 재생산들은 문헌에 대한 더 많은 지침들과 함께 Cooper(ms.)에서 발견된다. 상황 의미론은 여전히 아주 새로운데 언어적 현상의 분석들이 만일 있다 하더라도 가능한-세계들의 의미론의 공동체 안에서 양화와 내포성에 대한 Montague의 분석들에 중하는 것으로 비교할 수 있는 표준적 지위를 거의 획득하지 못했다. 이 작업의 노선에서 아직까지 전형적인 생각의 다양성의 예는 양화와 대용(특별히 대중적인 주제)의 상호 작용에 의하여 제공되는데 그것은 (특히) Barwise(1986b), Rooth(1986), 그리고 Gawron과 Peters(ms.)에 의하여 다루어졌다.

... **5**

하위범주화

*하위범주화*라는 용어는 공통적이고 총체적인 통사적 범주의 어휘적 형태들 사이의 그것들이 결합하는 요소들의 통사적 본질에 관한 차이점을 기술하기 위해 표준적으로 사용된다. 따라서 동사 범주의 다양한 구성원들은 보통 그 의존 성분들의 수와 통사적 본질에 따라 특징적인 하위범주화를 부여받고 이러한 동사들과 그 의존 성분들 사이를 묶어주는 의존성들을 *하위범주화* 제약들이라고 언급된다. 여기서 탐구하는 하위범주화의 개념은 이러한 표준적 개념을 포함하고 있으며 아울러 *격 부여,* (예컨대 특별한 전치사들의) *지배, 역할 부여,* 동사 일치 등의 문법 현상과 밀접하게 관련되어 있는 영역을 다룬다. 이 장에서는 이러한 모든 주제들의 통합된 처리 방식을 제시할 것이며 동사 일치의 문제는 2권으로 미루기로 한다.

5.1. 하위범주화와 역할 부여

3장에서 보았듯이 자질 SUBCAT는 어휘적 중심어와 그 보어들 (그것이 특징적으로 결합하는 기호들) 사이에 유지되는 다양한 의존 관계를 부호화하는 데에 사용된다. SUBCAT 값은 부분적으로 명세화된 기호들의 목록을 그 값으로 취하며 이 목록에서 각 요소의 위치는 보어 기호의 사격성에 대응되는데 가장 오른쪽의 요소는 가장 덜 사격적인 요소(주어)에 해당한다. (여기서 사용하고 있는 용어 "보어"는 NP, PP 목적어, VP와 S 보어 뿐만 아니라 주어도 포함하고 있다는 점에 주목해야 한다. 따라서 (GB, GPSG와는 달리) LFG에서처럼 주어를 하위범주화되는 것으로 처리하는데 이에 대한 이유들에 대해서는 아래에서 곧 좀 길게 논의할 것이다.) 중심어가 보어와 통사적으로 결합할 때 보어와 관련된 문법 정보는 하위범주화 원리(3장 (133))에 의해서 요구되는 바와 같이 중심어의 SUBCAT 목록에서의 적절한 위치에서 명세화된 부분 정보와 통합된다. 이러한 방식으로 문법적 정보가 중심어들과 그 보어들 사이에서 공유됨으로써 사실상 어휘적 중심어들은 그것들이 결합하는 보어들의 종류와 수에 대한 제약을 부여한다.

중요하게도 어휘 기호들의 SUBCAT 목록들에 나타나는 기호 명세화들은 SYNTAX와 SEMANTICS의 값은 포함하지만 딸에 관한 값은 포함하지 않는다. 그러므로 어휘 기호들은 통사적 제약들(예컨대 관습적인 의미에서의 하위범주화, 지배, 격 부여)과 의미적 제약들(예컨대 역할 부여와 때때로 "의미적 선택 제약"이라고 하는 종류의 부류적 적절성 조건)을 가할 수 있으나 이러한 제약들은 특성상 국지적인 것이다(우리는 이 장의 마지막 부분에서 이 문제로 되돌아온다). 하위범주화의 의미적 관점은 walk와 같은 자동사에 의해 간단하게 예시되는데 그것의 어휘적 기호는 (206)과 같다.

(206)

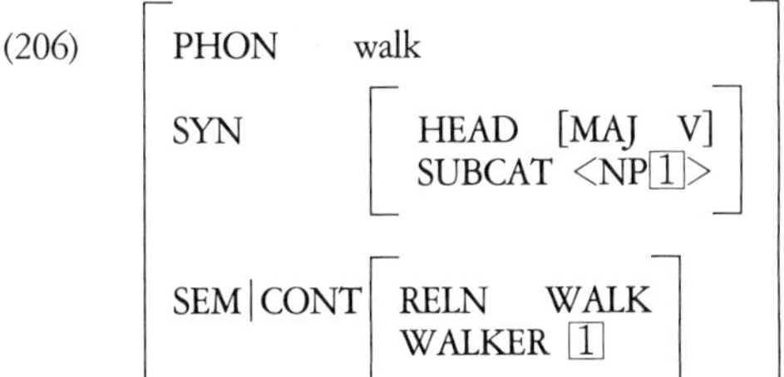

여기서 SUBCAT 요소와 관련된 (동사의 주어에 대응되는) 변항 ①은 동사 자체에 의해 기술되는 상황에서 걷는 사람의 역할에 대응되는 변항과 동일시된다 (곧 통합된다). 동사가 그 주어와 결합될 때 주어는 하위범주화 원리에 따라 동사의 SUBCAT 목록에서 부분적으로 명세화된 기호와 통합해야 한다. 특히 주어의 변항들과 하위범주화 요소가 통합되는 것이다. 이 두 가지 통합의 결과 주어 변항 ①은 동사(와 문장)의 기술된 상황에 걷는 사람의 역할을 채우는 변항과 통합된다. 따라서 중심어와 연합된 정보는 구 기호들의 의미 결정에 있어서 중심어의 보어들과 연합된 정보와 통합된다.

그러므로 하위범주화 자질의 본질적인 기능의 하나는 문법적 관계들 (주어, 목적어 등)과 기술된 상황에서의 역할들 사이의 대응 관계를 세우는 것이다. 이러한 대응 관계는 GB이론의 틀에서 논의되는 것과 같은 '하위범주화에서의 의미적 역할(θ-role) 부여'의 개념을 상기시키는데 근본적인 차이는 HPSG에서는 역할들을 통사적 실체들로서가 아니라 의미적 내용의 성분들로서 처리한다는 점이다. (HPSG의 또다른 차이는 모든 하위범주화된 보어들이 역할을 부여받는 것을 요구하지는 않는다는 점이다. 이러한 사실의 중요성은 2권에서 제시된 올리기(raising)의 처리에서 나타날 것이다.) 이러한 대응 관계의 본질을 이해하는 것이 중요한데 그 까닭은 그것으로부터 어휘 기호들의 전반적인 의사 소통의 힘이 나오기 때문이다. 역할 부여의 요점은 잘-형성된 통사적 대상들을 만드는 것이 아니고 발화의 성분들과 그 발화가 관계되는 사물들의 성분들을 연관지우는 것이다.

좀더 복잡한 예를 본다면 *give*와 같은 타동사는 (207)과 같이 모두 세 개의 하위범주화된 의존항에 의미적 역할을 부여한다.

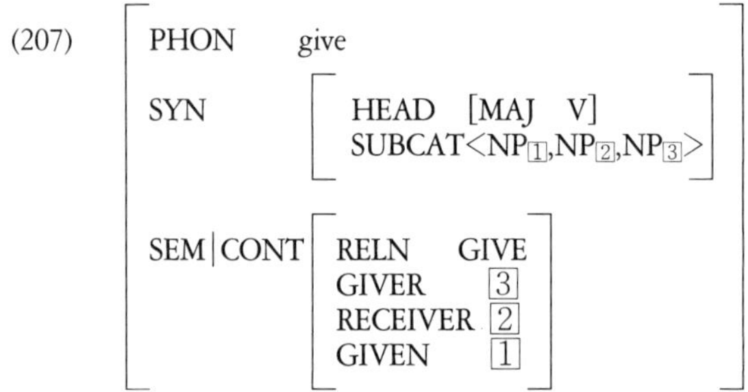

이러한 형식의 요구되는 보어들과의 통사적 결합은 동사의 주어, 직접 목적어, 제2 목적어가 동사의 SUBCAT 목록에서의 적절한 요소와 통합할 때 적절한 문장의 의미를 형성한다.

5.2. 하위범주화의 계층적 이론

여기에 제시된 하위범주화 이론은 문법 관계들의 *계층적(hierachial)* 개념을 필수적으로 사용하고 있다. 곧 동사(좀더 일반적으로는 어휘적 기호)의 *주어, 직접 목적어*와 같은 개념들은 어휘적 중심어의 SUBCAT 목록에서 대응되는 요소들의 순서에 의해 정의된다. 여기서 채택된 용법은 Dowty

(1982a ; 1982b)의 범주 문법적 접근에서 사용된 술어의 변이형인데 이것은 몬테규-식의 의미 해석에서의 논항 위치의 순서에 대한 맞추어진다. (물론 그러한 접근 방식이 4장에서 대략 개관된 관계 이론에서 보아 우리에게 유용한 것은 아닌데 그 까닭은 관계의 역할들이 순서지워져 있지 않기 때문이다.) 직관적인 통찰력으로 보면 관계 문법에서 채택된 문법 관계들의 순서지워진 개념에 가까운데 관계 문법에서는 주어, 직접 목적어, 간접 목적어가 각각 1's, 2's, 3's로 동일시된다.

좀더 정확히는 문법적 관계 용어에 따라 다음과 같은 용법을 채택한다. 우선 보어들의 두 가지 기본적인 유형을 구분함으로서 시작한다. (i) (비서술적 NP들과 PP들, 문장 보어들과 같은) 어느 것에 대해서도 하위범주화하지 않은 것, 즉 SUBCAT 값이 < >인 것, (ii) (서술적 보어들, VP 보어들과 같은) 비어 있지 않은 SUBCAT 값을 가진 것. 이 두 유형은 각각 *포화된*(saturated)과 *비포화된*(unsaturated)으로 구분된다. 비포화된 보어가 끼어들지 않는 한, 포화된 보어들은 대응되는 SUBCAT 요소가 SUBCAT 목록에서 끝, 끝에서 두 번째, 끝에서 세 번째에 나타나는 것에 따라서 *주어, 직접 목적어, 두 번째 목적어*로 간주된다. LFG에 따라서 우리는 종종 비포화된 보어를 *xcomp*라 한다. (2권에서 제시되는 통제 이론은 *xcomp*의 "빈"(missing) 주어들과 연합된 변항들의 의미론적 해석과 많이 관계가 있다.) 다른 모든 보어들은 *사격적 대상들*(oblique objects)로 함께 묶여진다.

문법의 계층적 개념의 상세한 정당화에 착수하기 전에 문법 관계들의 다른 개념들이 여기에서 고안된 일반적인 틀과 상당히 일치한다는 것을 지적해 둔다. 예를 들면 Gunji(1986)의 JPSG 체계에서 SUBCAT 값은 목록이라기보다는 (순서지워지지 않은) 집합으로 다루어지고 주어들과 목적어들은 그 값들이 SUBJ와 OBJ를 포함하는 자질로써 구분한다. 명백

하게도 여기서는 사격성에 대한 어떤 개념도 없다. (사실 문법 관계에
대해 생각할 수 있는 하나의 이론은 문법 관계들이 사격성 순서에 참여
하는지 그렇지 않은지가 범-언어적(cross-linguistic) 변이의 매개변항이라는
것을 포함할 것이다.) Borsley(1987)에 의해 지지된 또다른 HPSG의 변이
형에서는 GPSG에서처럼 SUBCAT 자질에 비-주어만 포함시키고 주어
선택은 새로운 SUBJECT 자질로 다루어진다. 그 밖에 Borsley(1986)에서
는 한정사들이 다른 의존 요소들에서 제외되고 SPEC라고 하는 다른 자
질에 의하여 다루어진다고 제안했다. 물론 이 생각을 논리적 한계로 이
끌고 가게 되면 LFG와 유사한 문법적 관계의 "핵심어"(keyword) 이론에
이르는데 거기서는 각각의 문법적 관계가 구별되는 자질로 처리된다. 그
러한 이론에서는 SUBCAT 값들은 LFG의 f-구조와 비슷할 것인데 중요
한 차이점은 (208)에서와 같이 각 "문법 관계 자질"의 값이 f-구조가 아
니라 기호라는 것이다.

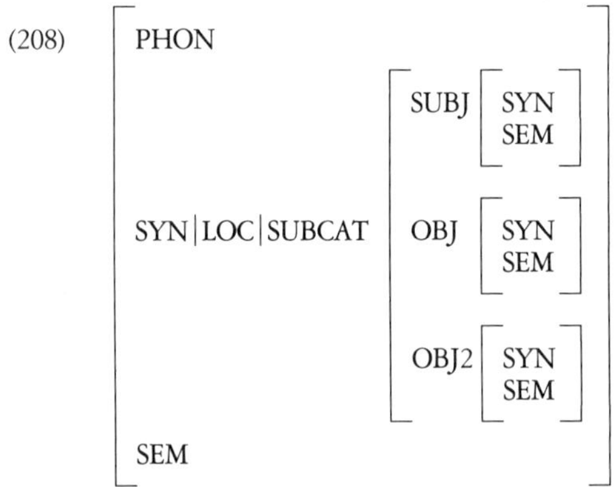

물론 어떤 변이된 이론들이라도 보편 문법에 대한 우리의 원리, 특히
하위범주화 원리를 수정할 것을 요구하는데 그것은 더 이상 목록 삭제

에 따라 공식화될 수 없다.

그러나 왜 문법 관계들이 사격성 순서에 참여한다고 가정하는가? 우리가 주장하기에 문법 관계들의 계층적 이론에 대한 동기를 제공하는 최소한 네 가지 부류의 언어적 일반화가 있다. 이것들은 *성분 순서의 일반화들, 통제 이론을 포함하는 일반화들, 대명사들과 재귀사들의 결속에 관한 일반화들, 어휘 규칙들의 작용에 관한 일반화들*이다.

세계의 많은 (결코 전부는 아닌) 언어들에서 성분들의 표층적 순서(곧 음성적 실현의 시간적 순서)와 그것들의 문법 관계들은 상호 제약들에 따라야 하는 것으로 보인다. 물론 영어도 그러한 언어인데 사격성에 대한 전통적인 개념이 왼쪽에서 오른쪽으로의 순서와 밀접히 관련된다는 것은 잘 알려져 있다. 7장에서는 영어의 성분 순서에 대한 일련의 사실들이 바로 *계층적 선조적 앞섬 제약*(hierarchical linear preceedence constraint) 곧, 어떤 보어는 대응되는 SUBCAT 요소들이 중심어의 SUBCAT에서 앞서는 자매 보어들에 선조적으로 앞서야 한다는 것을 논의할 것이다.

사실 최근의 모든 통사 이론에서 "통어"(command)의 어떤 개념은 (인칭대명사와 재귀대명사와 같은) 대용적 요소들과 문장의 다른 성분들 사이를 유지하는 (예컨대 "coindexing", "disjoint reference"와 같은) 관계들을 지배하는 언어적 제약들의 공식화에서 중요한 역할을 하는 것으로 가정된다. 이론에 따라 통어는 통사적 형상성 (GB의 c-통어), 의미적 서술어-논항 구조(Bach and Partee(1980)의 범주문법의 "논항-통어")나 기능 구조 (LFG의 "f-통어")에 따라 다양하게 구성된다. 2권에서는 재귀 대명사와 인칭 대명사의 결속에 관한 제약들을 "o-통어"라고 하는 것에 따라 공식화하는데 o-통어에서는 어떤 성분이 같은 중심어의 덜 사격적인 의존요소이면 다른 요소를 o-통어한다는 것이다. 대강 말하자면 (i) 어떤 구 X가 그 선행사가 X 안에 있지 않은 재귀 대명사를 포함한다면 재귀 대명사는 X의 o-통어자와 만약 그러한 것이 있다면 동지표되어야 한다(o-통어자와 같은 연합된 변항을 가져야 한다). (ii) 어떤 대명사도 그것의 o-통어자의 하나에 동지표되어서는 안된다. (iii) 어떤 성분 X도 X와 동지표된 비대용적 성분을 관할하는 다른 성분을 o-통어할 수 없다.[28] 이러한 대용에 대한 이론은 대안적 설명들보다 사실들에 잘 맞다.

어휘 규칙들의 적용에 관한 다양한 일반화들도 문법 관계들의 계층적 개념에 대한 동기를 제공한다. 예컨대 피동화는 영어에서 SUBCAT 목록의 끝에서 두 번째의 NP를 SUBCAT의 끝의 성분으로 상승시키기 위하여 적용된다(8장을 보라). 그러나 Dowty(1982b)에 의하여 제안된 바와 같이 어떤 언어에서의 피동은 이러한 '상승'(promotion)을 다른 더 사격적인 의존성분들로 일반화하기 위하여 공식화되어야 한다. 예컨대 간접 목적어도 많은 언어에서 피동화될 수 있는데 아마 영어의 방언들에서도 (209b)와 같은 예들도 (209a)와 마찬가지로 문법적일 것이다.

> (209) a. Sandy was given a book (by Lou).
>
> b. % A book was given Sandy (by Lou).[29]

이와 유사하게 비인칭 피동들 예컨대 독일어의 *Es wird heute getantz* 'There will be dancing today'을 가진 언어들의 분석은 SUBCAT 목록이 (표준적인 영어의 방언들에서와 같이) 두 개의 NP에서 끝날 때 뿐만 아니라 바로 하나의 NP로 끝날 때에도 적용되는 도식적인 수동화 규칙을 동기화할 것이다. 이러한 일반화는 하위범주화 정보가 SUBCAT 자질로서 계층적으로 표현되며 언어들은 SUBCAT 값의 하위목록에 적용되는

---

28) 이 제약은 각각 GB의 결속 이론 원리 A, B, C와 비슷하다.

29) 기호 ' % '는 영어의 모든 경우가 아니라 어떤 경우에 수용 가능한 예를 나타낸다.

어휘 규칙들에 대한 매개변인을 설정할 수 있다는 가정 아래서 자연스럽게 표현된다.

우리는 지나는 길에 통사적 의존 성분의 계층적 관점에 따라 자연스럽게 표현된 문헌에서 제안된 많은 범언어적 일반화들이 있다는 점에 주목한다. Keenan과 Comrie(1977)에서는 계층적 특성을 가진 세계의 언어들에서 가능한 관계절 체계에 관한 일반화가 있다는 것을 예컨대 (210a)에 예시된 종류의 목적어 관계화를 허용하는 어떤 언어는 (210b)와 같은 주어 관계화도 허용한다는 것을 주장하였다.

> (210) a. The man [who Kim likes_____].
>   b. The man [who _____ likes Kim].

그들은 사실 (211)의 계층이 (단순한 주절들에서) NP 위치들의 관계화에 대한 상대적인 접근 가능성을 표현한다는 것을 논의한다.

> (211) 접근 가능성 계층 [Keenan & Comrie(1977)]
> SUBJECT⇒DIRECT⇒INDIRECT⇒OBLIQUES⇒GENITIVES⇒OBJECTS OF
>   OBJECT   COMPARISON

곧 그들은 (211)의 어떤 위치들에 대한 관계화를 허용하는 언어는 그 위치의 왼쪽에 대한 모든 위치들에 대한 관계화도 허용할 것이라고 주장한다. (그래서 예컨대 어떤 언어도 (210b)와 같은 관계화를 허용하지 않으면 (210a)와 같은 관계화를 허용하지 않는다.) 우리가 제안하고 있는 것과 같은 하위범주화의 계층적 이론 안에서는 언어들이 SUBCAT 목록의 얼마나 아래까지 관계화가 적용할 수 있는가에 대한 매개변인을 설정한다고 주장하는 것일 것이다.[30] 유사한 접근이 동사 일치가 범언어적으로 접근 가능성의 계층성을 지킨다는 Keenan과 Comrie의 관찰을 설명하기 위하여 취해질 수 있다. (목적어 일치 현상이 있는 언어는 주어 일치도 나타난다).

　요약하면 다양한 종류의 통사적 현상들이 본질적으로 계층적인 일반화들을 지킨다는 주목할 만한 증거들이 있다는 것이다. 여기서 채택한 하위범주화에 대한 이론은 이러한 일반화를 나타내기에 적합한 계층적 관계들에 대한 간접적인 인코딩(incoding)을 제공한다. 이것이 위에서 언급한 것과 같은 하위범주화에 대한 대안적 이론들이 유용한 증거들과 모순된다고 말하는 것은 아니며 다만 사격성 개념이 없는 이론은 부적절한 것이라고 말할 뿐이다.

　주어들, 목적어들, 다른 보어들에 대한 핵심어 접근을 사용하면서도 같은 의미에서 하위범주화되지 않는 수의적인 수식어구를 포함한 통사적 요소들에 대하여 계층적인 구조를 부과하는 다른 도구들을 사용하는 혼성의 이론을 만들어 내는 것이 가능할지도 모른다. 2권에서는 그러한 접근의 하나에 대하여 간단히 논의한다.

5.3. 범주 선택

　때때로 어휘적 의존성들은 공식적인 범주 선택의 개념에 의지하지 않고도 설명될 수 있다고 제안되어 왔다. 예컨대 Stump(1981)에서 제안된 영어의 절대 구문들의 분석은 Cooper(1983)에서 비롯된 비한계의 의존 관계(filler-gap) 구성들의 하나의 비변형적 분석에서 그러한 것처럼 하위

---

30) Keenan & Comrie가 제안한 증거는 너무 불충분하기 때문에 소유격의 행동주, 비교의 대상에 대한 어떤 설명도 제공하지 못한다.

범주화가 의미 선택의 문제로 환원될 수 있다고 제안하는 것으로 보인다. LFG의 틀 안에서는 하위범주화를 완전히 (주어, 목적어, xcomp 들과 같은) 문법 기능들의 선택의 문제로 가정된다. 그러나 명백하게도 의미적 특징이나 기능적 특징으로 환원될 수 없는 통사적 범주의 차이들을 결정적으로 포함하는 하위범주화 제약들이 있다.

첫째 하위범주화는 의미 선택으로 환원될 수 없다. 자연 언어들은 의미적으로 밀접하게 관련되어 있지만 그것들의 보어들에 xcomp에서의 중심어 동사의 굴곡 형식, 목적어의 격, 전치사구 보어의 중심어인 전치사에 대한 확인(identity)과 같은 두드러진 통사 범주나 섬세한 특징들에 관하여 다른 요구를 하는 동사들이 풍부하다(특별한 경우들의 중요한 부류는 "같은" 동사에 대하여 다른 결합가를 갖는 것인데 이것들은 아래의 5.5.에서 다루어진다). 두드러진 범주적 차이를 포함하는 몇몇 예들은 다음과 같다.

(212) a. Sandy trusts Kim.
b. *Sandy trusts on Kim.

(213) a. Sandy depends/relies on Kim.
b. *Sandy trusts/relies Kim of a second helping.

(214) a. Sandy spared Kim a second helping.
b. *Sandy deprived Kim a second helping.

(215) a. Sandy deprived Kim of a second helping.
b. *Sandy spared Kim of a second helping.

우리의 관점에서 이와 같은 예들을 보면 어휘적 의존 관계들의 적절한 이론은 NP들과 PP들 사이의 통사적 특성을 파악해야 한다는 것을 알 수 있다. 3장에서 대략 제시된 통사 자질 들에 대한 이론이 주어지면 문제의 의존 관계들은 다음과 같은 가정된 어휘 기호들에 영향을 받는다.

(216)
$$\begin{bmatrix} \text{PHON} & \text{made} \\ \text{SYN}|\text{LOC} & \begin{bmatrix} \text{HEAD} & \begin{bmatrix} \text{MAJ} & \text{V} \\ \text{VFORM} & \text{FIN} \end{bmatrix} \\ \text{SUBCAT}\langle\text{VP[BSE],NP,NP}\rangle \end{bmatrix} \end{bmatrix}$$

(217)
$$\begin{bmatrix} \text{PHON} & \text{forced} \\ \text{SYN}|\text{LOC} & \begin{bmatrix} \text{HEAD} & \begin{bmatrix} \text{MAJ} & \text{V} \\ \text{VFORM} & \text{FIN} \end{bmatrix} \\ \text{SUBCAT}\langle\text{VP[INF],NP,NP}\rangle \end{bmatrix} \end{bmatrix}$$

(218)
$$\begin{bmatrix} \text{PHON} & \text{spared} \\ \text{SYN}|\text{LOC} & \begin{bmatrix} \text{HEAD} & \begin{bmatrix} \text{MAJ} & \text{V} \\ \text{VFORM} & \text{FIN} \end{bmatrix} \\ \text{SUBCAT}\langle\text{NP,NP,NP}\rangle \end{bmatrix} \end{bmatrix}$$

(219)
$$\begin{bmatrix} \text{PHON} & \text{deprived} \\ \text{SYN}|\text{LOC} & \begin{bmatrix} \text{HEAD} & \begin{bmatrix} \text{MAJ} & \text{V} \\ \text{VFORM} & \text{FIN} \end{bmatrix} \\ \text{SUBCAT}\langle\text{PP[OF],NP,NP}\rangle \end{bmatrix} \end{bmatrix}$$

각각의 경우 동사의 SUBCAT 목록에서 적절한 기호들에 대한 자질 명세화들은 동사의 보어들에 관련된 제약들을 부과한다.

앞의 예들에서 NP 목적어를 요구하는 동사가 의미적으로 특정한 PP를 요구하는 의미적으로 관련된 동사와 대조된다. 유사하게 의미적으로 가까운 동사들은 xcomp를 선택하는 두드러진 범주에 따라 변이된다. 3장(99a-b)에서 언급했듯이 영어의 계사 *be*의 형식들은 NP, AP, VP, PP 보어들을 취할 수 있으나 *become*의 뒤에는 NP, AP만 나타난다. 이러한 선택적 차이의 순수한 통사적 본질은 *become*에 대한 PP xcomp가 NP, AP로 풀어써질 수 있다고 하더라도 비문법적이라는 사실에 의해 강조된다.

(220) a. Terry is a complete madman.

      b. Terry is quite mad.

      c. Terry is out of his mind.

(221) a. Terry became a complete madman.

      b. Terry became quite mad.

      c. *Terry became out of his mind.

그러한 증거에 기초하여 우리는 어휘적 의존 관계들에 관한 적절한 기제가 AP들과 PP들 사이의 문법적 특성에 민감해야 한다고 결론을 내린다. 다시 관련된 선택들은 적절한 (여기서 첫째의) SUBCAT 요소에 대한 명세화에 의하여 강요된다. *become*의 xcomp는 [SYNTAX|LOCAL|HEAD|MAJ A∨N]로 명세화되어야 한다.

xcomp의 범주 선택에서 특이한 변이의 특히 생생한 예시는 의미에서 become과 밀접하게 연관된 영어 동사들의 동아리에 의해 나타난다.

(222) a. Kim grew poetical.

      b. *Kim grew a success.

    c. *Kim grew sent more and more leaflets.

    d. *Kim grew doing all the work.

    e. Kim grew to like anchovies.

(223) a. Kim got poetical.

    b. *Kim got a success.

    c. Kim got sent more and more leaflets.

    d. *Kim got doing all the work.

    e. Kim got to like anchovies.

(224) a. Kim turned out poetical.

    b. Kim turned out a success.

    c. *Kim turned out sent more and more leaflets.

    d. *Kim turned out doing all the work.

    e. Kim turned out to like anchovies.

(225) a. Kim ended up poetical.

    b. Kim ended up a success.

    c. *Kim ended up sent more and more leaflets.

    d. Kim ended up doing all the work.

    e. *Kim ended up to like anchovies.

(226) a. Kim waxed poetical.

    b. *Kim waxed a success.

    c. *Kim waxed sent more and more leaflets.

    d. *Kim waxed doing all the work.

    e. *Kim waxed to like anchovies.

명백하게도 어떤 의미적 특징도 범주 선택에서의 그러한 어휘적 차이들을 설명하기에는 적절하지 않을 것이다.

유사한 변이가 섬세한 통사적 선택들에 나타난다. 예를 들어 (조동사들을 포함한) 영어의 동사들은 다음과 같이 xcomp의 중심어 동사에 요구되는 굴곡 형식과 관련하여 다르다.

(227) a. Sandy made Kim throw up.
     b. *Sandy made Kim to throw up.

(228) a. Sandy forced Kim to throw up.
     b. *Sandy forced Kim throw up.

우리의 설명으로는 대응하는 어휘 기호들이 단순히 xcomp의 VFORM 자질에 대하여 다른 값들을 명세화한다.

(229)
$$\begin{bmatrix} \text{PHON} & \text{made} \\ \text{SYN|LOC} & \begin{bmatrix} \text{HEAD} & \begin{bmatrix} \text{MAJ} & \text{V} \\ \text{VFORM} & \text{FIN} \end{bmatrix} \\ \text{SUBCAT} \langle \text{VP[BSE],NP,NP} \rangle \end{bmatrix} \end{bmatrix}$$

(230)
$$\begin{bmatrix} \text{PHON} & \text{forced} \\ \text{SYN|LOC} & \begin{bmatrix} \text{HEAD} & \begin{bmatrix} \text{MAJ} & \text{V} \\ \text{VFORM} & \text{FIN} \end{bmatrix} \\ \text{SUBCAT} \langle \text{VP[INF],NP,NP} \rangle \end{bmatrix} \end{bmatrix}$$

정확하게도 같은 설명이 영어의 조동사들에 의해 나타나는 보어 선택에서의 변이를 설명한다. 서법(modal) 조동사들은 어휘적 중심어가 굴곡이 되지 않는 VP 보어들(VFORM[BSE])을 선택하고 (완료의) *have*는 과거 분사구가 중심어인 보어들(VFORM[PSP])을 취하고 *be*의 동사적 보어들은 현재 분사구들(VFORM[PRP])이나 피동구들(VFORM[PAS])인 중심어들을 가진다.31)

$$(231)\ \text{modals(may, shall, etc.)} \quad \left\langle \left[\text{SYN}|\text{LOC} \left[\begin{array}{l} \text{HEAD} \left[\begin{array}{ll} \text{MAJ} & \text{V} \\ \text{VFORM} & \text{BSE} \end{array} \right] \\[6pt] \text{SUBCAT}\langle\text{NP}\rangle \end{array} \right] \right] , \text{NP} \right\rangle$$

$$\text{(perfective) have} \quad \left\langle \left[\text{SYN}|\text{LOC} \left[\begin{array}{l} \text{HEAD} \left[\begin{array}{ll} \text{MAJ} & \text{V} \\ \text{VFORM} & \text{PSP} \end{array} \right] \\[6pt] \text{SUBCAT}\langle\text{NP}\rangle \end{array} \right] \right] , \text{NP} \right\rangle$$

$$\text{(progressive) be} \quad \left\langle \left[\text{SYN}|\text{LOC} \left[\begin{array}{l} \text{HEAD} \left[\begin{array}{ll} \text{MAJ} & \text{V} \\ \text{VFORM} & \text{PRP} \vee \text{PAS} \end{array} \right] \\[6pt] \text{SUBCAT}\langle\text{NP}\rangle \end{array} \right] \right] , \text{NP} \right\rangle$$

그리고 이런 명세화들은 서법들에 대한 비한정적 형식들이 결여되었다는 것을 함께 갖는데(3장을 보라), 다음과 같은 그러한 대조들의 설명을 제공한다.32)

(232) a. Kim should have been eating.

b. *Kim should had eaten.

c. *Kim has shoulded eat.

---

31) 어떤 VFORM의 값과 굴곡적 형태론 사이의 관계는 특정한 자질 명세화들을 가진 굴곡된 형식들을 생기게 하는 어휘 규칙들에 의해 보증된다.

32) 아직은 (i)의 비문법성을 설명하지 못한다.

ⅰ. *Kim is having eaten.

d. *Kim has eat.

e. *Kim is ate.

f. *Kim is eat.

g. Kim is eating.

h. Kim has eaten.

이 형식의 예들의 통사적 구조는 (233)에서 개관된다.

(233)

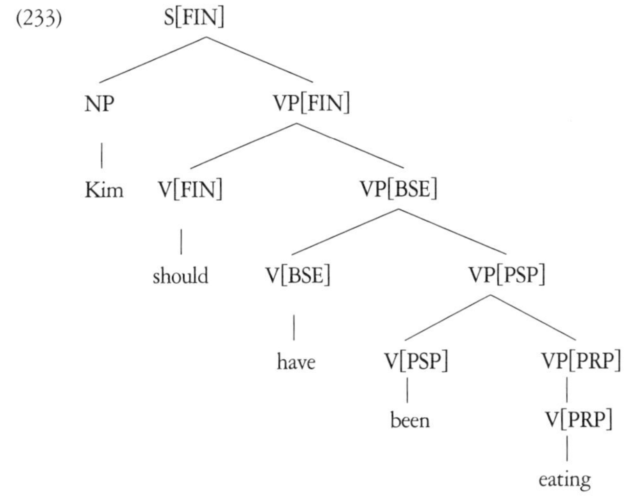

그리고 이 구조의 공식적인 표현은 (234)에서 부분적으로 제시된다.

(234)

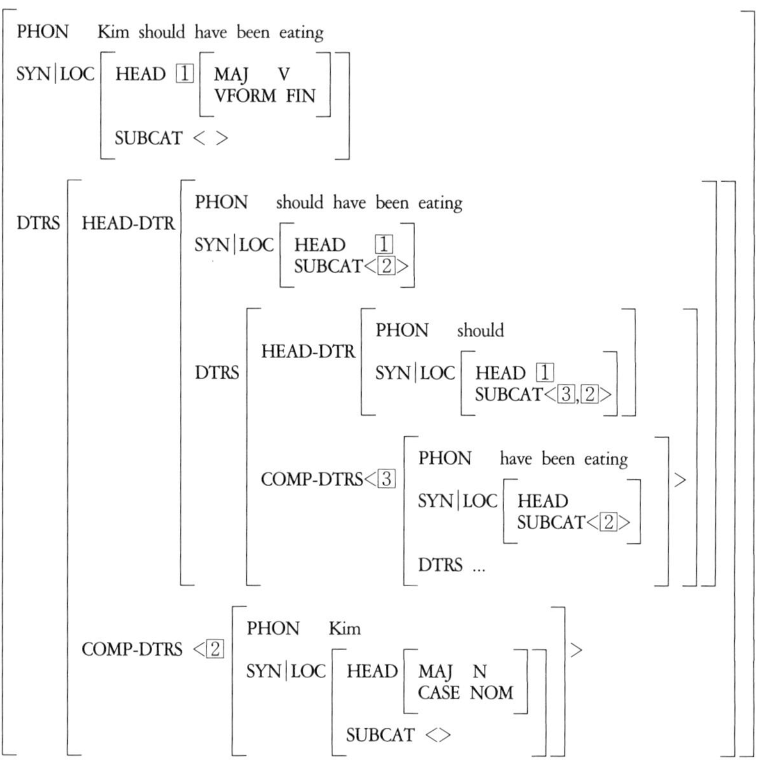

이와 유사하게 격이 굴곡하는 언어들에서 의미적으로 가까운 동사들이 다른 격을 가진 목적어를 요구할 (또는 전통적 용어로는, 지배할) 수도 있다. 이런 종류의 예는 *meet*의 의미를 지닌 독일어의 두 동사에서 볼 수 있다.

(235) a. Wem(DAT) begegnen Sie? 'Who did you meet?'
      b. Wem(ACC) trafen Sie? 'Who did you meet?'

좀더 일반적으로는 격 형식들에 관한 특이한 선택은 라틴어, 그리스어, 러시아어, 산스크리트어와 같은 굴곡어들에서 풍부한데 이 언어들에서는 개별 동사들이나 전치사들에 지배되는 특별한 격이 의미적으로 예측될 수 없다. 그러한 사실들은 너무나 익숙해서 여기서 더 이상 논의할 이유가 없다. 우리의 이론에서는 격 부여도 자질 SUBCAT로부터 영향을 받는다. CASE가 중심어 자질이기 때문에 중심어 자질 원리에 따라 어휘 형식이 [SYNTAX|LOCAL|HEAD|CASE ACC]나 [SYNTAX|LOCAL|HEAD|CASE NOM]와 같이 명세화된 구 보어를 선택할 때마다 그 보어의 어휘적 중심어도 그렇게 명세화된다.[33]

물론 영어는 격 굴곡이 없으나(대명사는 기본적으로 제외된다), 유사한 상황이 PP 보어의 중심어인 특별한 전치사의 지배와 관련하여 얻어진다. 잘 알려져 있듯이 하나의 같은 전치사가 지배하는 동사에 따라 많은 다른 의미적 역할에 대응될 수 있다.

> (236) a. Kim relies/depends on Sandy.
>
> b. The authorities blamed/pinned the arson on Sandy.
>
> c. The search committee decided/settled on Chris.

반대로 (237)에서 예시하는 바와 같이 의미적으로 연관된 동사들이 다른 PP 보어들에 밀접하게 대응되는 역할들을 부여할 수도 있다.

> (237) a. The authorities blamed Greenpeace for/*with/*of the bombing.
>
> b. The authorities accused Greenpeace *for/*with/of the bombing.
>
> c. The authorities charged Greenpeace *for/with/*of the bombing.

---

33) 동사의 굴곡에 대해서는 명백한 격의 굴곡과 CASE 자질값의 관계는 (8장에서) 어휘적 규칙에 의해 결정된다.

이러한 예들에 기초하여 특별한 전치사들의 지배는 의미적으로 예측 될 수 없다고 결론을 내린다. 그 대신에 PP 보어들을 취하는 다른 동사 들은 그 보어의 중심어 자질 PFORM에 대하여 다른 값들을 요구한다.

만일 하위범주화 제약들이 의미론으로 환원될 수 없다면 그것들은 주 어, 직접목적어, 두 번째 목적어와 같은 기능적 개념만 진술될 수 있는 가? 정확히 그러한 설명은 LFG의 틀(Bresnan, ed. 1982)에서 제안되었는데 거기서 하위범주화 제약들은 "기능적 구조"에 따라 진술되었다. 기능적 구조는 성분 구조(c-구조)와 구별되는 통사적 표시 층위인데 거기서 "문 법적 기능들"(예컨대 주어, 직접 목적어), "담화 기능들"(예컨대 주제, 초점)과 의미적 역할 부에 관한 어떤 정보가 표현된다. 그러나 하위범주화 제약 들이 순수하게 기능적 용어로는 진술될 수 없는 여러 이유들이 있다.

첫째, 위에서 고려된 종류의 두드러진 범주 선택들이 있다. 예컨대 *become*과 같은 어떤 동사들은 NP xcomp나 AP xcomp에 대하여 하위범 주화하지만, 동사 be와 함께 나타날 수 있는 PP xcomp나 VP xcomp에 대해서는 하위범주화하지 않는다. 그러한 범주적 특징들은 분명히 비기 능적이다(그것들은 LFG에서 오로지 c-구조의 특징들이다).

둘째, 다른 사람들 중 Grimshaw가 논평한 바와 같이 "동사는 그 직접 목적어의 중심어의 격-표지를 지배할 수 있다."(Grimshaw 1982, 35). 사람 들은 그러한 의존 관계들을 기능적 의존 관계로 환원할 수 없다. 예컨대 아이슬랜드어에는 여격과 소유격으로 명세화된 목적어 NP를 선택하는 동사들이 있다.

> (238) a. Ég hjalpaði honum (DAT) 'I helped him'
>   b. Ég mun sakna hans(GEN) 'I will miss him'

Zaenen, Maling, Thráinsson(1985)에 의해 상세히 제시된 바와 같이 이 예들에서 각각 *hjalpaði*('helped')와 *sakna*('miss')의 뒤에 오는 여격과 소유격의 NP들은 둘다 직접목적어로 처리되어야 한다. 이 결론은 통사적 논항들의 표준적인 성질(kind), 예컨대 동사 뒤 NP의 피동화 가능성(passivizablility)에 근거한 것이다. 그리하여 여기서 문제의 동사들은 같은 문법적 기능을 선택해야 하지만 그 기능을 수행하는 NP에는 다른 격들을 부여해야 한다. (아이슬랜드어에서 주어들에 대한 격 지배의 유사한 예들이 다음 장에서 논의된다.) 그러므로 하위범주화에 대한 어떤 순수하게 기능적인 설명도 (격이 f-구조 속성으로 간주되는 Bresnan(1982)에서와 같이) 격 특징들도 본질적으로 "기능적인" 것으로 다루어지지 않는다면 아이슬랜드어에 대해서 충분하지 않다.

우리의 의견으로는 격과 동사 형식과 같은 굴곡 형태론의 범주를 본질상 기능적인 것으로 내어 주려는 시도는 아주 의심스러운데 그 까닭은 그러한 범주들과 전통적으로 관련된 형태와 기능 사이의 구별을 흐리게 하기 때문이다.[34] 예컨대 여격 NP의 형식적 범주는 여격이 나타낼 수 있는 다양한 기능들에 표준적으로 나란히 놓이는데 그 기능들은 관심의 여격, 의도의 여격 등과 같은 전통적인 "기능-안의-형식"이라는 말들을 생기게 한다. 이 영역에서의 형식과 기능의 그러한 특징들은 우리가 포기하기를 꺼리는 언어의 특성에 대한 장기간의 통찰들을 반영한 것이다.

유사한 설명들이 특정한 전치사들의 지배에 적용되는데 이것은 LFG에서 "의미적으로 제약된" OBL$_\theta$(여기서 θ는 의미적 역할의 몇 개의 동아리에

---

34) 동사 굴곡의 특징들은 Bresnan(1982)에서 f-구조의 속성으로 다루어졌는데 여기에는 TENSE(우리의 FINITE 형태에 해당), PARTICIPIAL(PRP, PSP, PAS), INF(BSE), TO(INF)가 있다.

걸친다)에 따라 다루어진 것이다. 이러한 처리는 아주 의문스러운 것으로 생각되는데 그 까닭은 위의 (236)~(237)의 예에서의 논의에서 지적했듯이 하나의 똑같은 전치사가 많은 구별되는 의미적 역할들에 대응될 수 있기 때문이다. (그리고 역으로 의미적으로 유사한 역할들이 지배하는 동사에 따라 다른 전치사들이 중심어인 PP들에 대응될 수도 있기 때문이다).[35]

사실 만일 구별되는 전치사들 사이의 음성 형식의 차이가 (기능적인 차이에 대비되는) 형식적인 차이로 간주되지 않는다면 그것이 무엇이어야 하는지를 생각하기란 어려운 일이다. 일단 형태론적, 음운론적 형식의 차이가 주어, 목적어와 같은 전통적인 기능적 개념과 마찬가지로 모두 기능에 포함된다면 왜 모두 단순히 통사적 범주 개념을 포기하지 않으며 또 왜 다른 "기능적인" 속성의 값들에 지나지 않는 NP, VP, AP를 구별하는 것인가?

물론 그런 귀류법은 우리가 제안하고자 하는 것이 아니다. 그보다 우리는 (사격적 계층에 따라서) 기능의 제한된 개념들을 가정하는 것이 더 설명적이라고 믿는데 이것은 (품사, 동사 굴곡, 격 지배나 전치사 형식과 같은) 순전히 형식적 범주 특성들에 대한 제약들과 (역할 부여, 부류적 제약과 같은) 의미적 선택에 대한 제약들 둘 다와 구별되는 것이다. 하

---

35) LFG에서 피동들의 PP[BY]를 사격적 행위 기능(oblique agent function) "OBL$_{ag}$"로 다루는 것은 특히 부적절한 것 같다. 다음의 예들이 보여 주듯이 그런 구들은 결코 행위자의 의미적 역할에 한정되지 않는다.
  i. Kim was pleased/shocked/appalled by the report.
  ii. No even integer is exceeded/equalled by any of its factors.
  iii. Chris's cover was blown/goose was cooked by the ensuing chain of events.
  iv. Every proposition is entailed by a contradiction.
  오히려 피동의 PP[BY]에 의해 형성된 의미적 역할은 행위자이든지 아니든지 간에 이에 대응하는 능동의 주어에 의해 형성된 의미적 역할과 일치한다.

위범주화 의존 관계들에 대한 HPSG의 처리는 기능적, 형식적, 의미적 선택들이 통합된 처리를 허용하는데 그 까닭은 자질 SUBCAT 값들이 이 세 정보 기능적 정보(예컨대 SUBCAT 목록의 요소들의 순서), 형식적 정보(예컨대 속성 SYNTAX의 값들에 대한 명세화들), 의미적 정보(예컨대 속성 SEMANTICS의 값들에 대한 명세화들)를 모두 포함하고 있기 때문이다.

5.4. 주어 선택

지금까지 논의해 온 유형의 어휘적 의존 관계가 동사들과 그 주어들 사이에서 유지된다는 것은 의심의 여지가 없다. 주어-동사 일치는 예를 들면 두드러진 일치 현상이다. 주어-동사 일치에 대한 우리의 처리는 한정적 동사의 SUBCAT 목록의 끝의 요소에 특정한 인칭과 수에 대한 명세화를 포함한다. 그러므로 *like*와 같은 한정적 동사는 그 주어의 의미적 지표의 변항이 3인칭 단수이어야 한다는 것을 요구하고 주어의 격이 주격이어야 한다는 통사적 요구를 부과한다. 이것은 (239)에 예시된다.

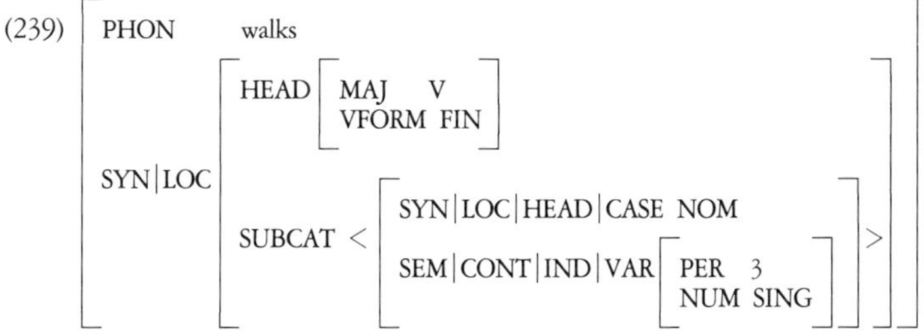

의미적 역할의 부여는 동사-주어 의존 관계가 우리가 논의해 온 다른

하위범주화 의존 관계와 닮았다는 것을 생각하면 다른 것이다. 주어들에 역할을 부여하는 체계를 비주어들에 적용되는 그것과 구별하려는 최근의 시도(예컨대 "external theta-role"이 어휘적 중심어 자체가 아닌 어떤 것에 의하여 주어에 "간접적으로" 부여된다는 GB의 개념)에도 불구하고 그러한 차이를 뒷받침하는 어떤 증거도 찾지 못했다. 일단 동사가 확인되면 주어 역할은 비주어 보어들의 역할들이 결정되는 것과 같은 정도로 결정되는 것이 분명한 것 같다. 꼭같이 분명하게도 주어 역할 부여에 대한 가능성들이 범위에서 목적어 역할 부여에 대한 가능성에 비교할 수 있다. 주어 역할들이 때때로 행위자의 약간의 개념을 포함한다고 하더라도 목적어 역할들이 반드시 patiency나 themehood의 개념을 포함하는 것이 아닌 것처럼 결코 필수적인 것은 아니다.

특별한 어휘적 형식들의 선택을 포함하는 의존 관계들은 지금까지 보이 왔듯이 진치사적 중심어들과 비주어 논항들의 다양한 굴곡 형식들을 포함할 것이다. 그러나 확실히 주어들을 포함하는 형식 선택의 경우들이 있다. 여기서 우리는 영어의 *it, there*와 많은 다른 언어들의 (때때로 음성적으로 실현되지 않는) 유사물들과 같은 허사 (또는 "가상의") 대명사를 포함할 것이다. 이것들은 어휘적 의존 관계들로 보아야 하는데 그 까닭은 어떤 언어에서 허사적 주어들을 허용하는 어휘 항목들의 부류가 (때때로 아주) 제한되기 때문이다. 이것은 2권에서 보다 깊이 있게 다루는 문제이다.

격 부여도 주어들과 동사들 사이에서 유지되는 것이지 주어들과 GB 이론에서 아주 최근의 논문(Chomsky, 1982, 501)에서 가정한 주어의 형태론적 정보(예컨대 INFL)의 추상적인 실현되지 않은 묶음들 사이에서 유지되는 것이 아닌 것으로 볼 수 있다. 영어와 같은 언어들에서는 한정적 절들의 주어들은 주격으로 나타나는데 이 점은 명백한 것은 아니지만 그러나 아이슬랜드어와 같은 밀접하게 관련된 언어들에서는 이 언어들은 Thrainsson(1979), Andrews(1982), Zaenen, Maling,Thrainsson(1985), 그 외 다수에 의해 주의 깊게 연구되어 왔는데 주어 격 부여가 균일하지 않다. Thrainsson, Andrews가 보여 준 바와 같이 아이슬랜드어에는 어떤 다양한 부류의 동사들이 있는데 그것들은 그것들의 주어 NP에 부여하는 격에 대하여 다르다. 이러한 사실은 (240)에서 예증된다. (표시된 격들은 이러한 예들에서 나타날 수 있는 유일한 것들이다.)

> (240) a. Drengurinn   kyssti stúlkuna   í   bílnum
>   the-boy(NOM) kissed the-girl(ACC) in   the-car(DAT)
>   'The boy kissed the girl in the car'
> b. Mig   langar að fara   til Íslands.
>   me(ACC) longs   to to go to   Iceland
>   'I long to go to Iceland'
> c. Honum   mæltist vel í   kirkjunni.
>   He(DAT) spoke   well in the-church
>   'He spoke well in the church'
> d. Verkjanna   gætir   ekki.
>   the-pains(GEN)   are noticeable not
>   'The pains are not noticeable'

여기에서 논의할 주어 선택의 마지막 종류는 문장 주어들을 포함한다. 우리는 우리가 이끌어내는 결론들이 예증된 몇몇 증거들과 마찬가지로 다소 논쟁의 여지가 있다는 것을 지적해야 한다. Kajita(1967)에서 그리고 Janet Foder(개인 서신)에서 독립적으로 지적되었듯이 영어에서는 어떤 동사들이 있는데 그것들이 문장 주어 논항들에 의미적으로는 양립하는 것으로 보일 수 있다는 사실에도 불구하고 문장 주어들이 아니라 NP에 대하여 하위범주화하는 동사들이 있다.

(241) a. *That we invested when we did made us rich.

b. The fact that we invested when we did made us rich.

(242) a. *That he was late resulted in his being dismissed.

b. The fact that he was late resulted in his being dismissed.

(243) a. *That he was going bald drove him to drink.

b. The fact/idea that he was going bald drove him to drink.

(244) a. *That images are waterproof is incoherent.

b. The idea/claim/proposition that images are waterproof is incoherent.

여기에는 미묘한 의미직 차이가 문제가 된다고 생각될 수도 있을 것이지만 그러나 우리가 알고 있는 한 이 사실에 대한 어떤 정확한 의미적 설명도 제공되지 못했고 따라서 이 문제를 분명하게 통사적 형식의 영역에 맡긴다. 만일 하위범주화되는 관련된 특징이 실제로 NP들과 S들 사이의 특징이라면 NP만을 허용하는 동사들은 [SUBCAT <…, NP>]로 명세화되고 둘 다를 허용하는 동사들은 (245)에서와 같이 명세화된다.

(245) $[\text{SUBCAT}<\cdots,[\text{SYN}\,|\,\text{LOC}\begin{bmatrix} \text{HEAD}\,|\,\text{MAJ} \ \ N \vee V \\ \text{SUBCAT} \ \ < \ > \end{bmatrix}]>]$

대안으로서 문장 주어들이 특별한 유형의 NP들로 볼 수 있는데 그 경우에는 문장 주어가 어떤 다른 통사적 자질, 아마도 **NFORM**에 의하여 비문장의 NP들과 구별될 것이다. 이 경우에는 동사들이 선택하는 다양한 종류의 주어 NP들을 구별하는 데에 기여하는 것은 NFORM이다. 우리는 이 문제를 해결하지 않은 채로 남겨두는데 자질 SUBCAT가 문제되는 선택에 대한 설명을 제공하는 데 효과적으로 사용될 수 있다는 것은 분명하다.

요약하면 완전한 범위의 하위범주화 의존 관계들이 관계되는 한 (동사-보어의 일치, 역할부여, 격부여, 특별한 어휘적 형태 선택, 특별한 통사적 자질), 주어들의 행태는 비주어 보어들의 행태와 그 종류에 있어서 아무런 차이가 없다.

5.5. 수의적 보어들

잘 알려진 바와 같이 하위범주화되는 논항은 (246)에서 예시되듯이 가끔 실현되지 않을 때가 있다.

    (246) a. Pat will talk (to Sandy).

           b. Lee has eaten (lunch).

           c. The French were defeated (by Germans).

           d. We bet (Lou) five dollars (that the 49ers would win).

그러나 덜 잘 알려진 것은 실현되지 않은 보어들에는 두 가지 종류가 있다는 것이다.

어떤 보어들은 존재론적으로 필수적인 의미적 역할들과 관련되어 있어서 문제의 보어가 명백하게 나타나지 않은 때조차도 기술된 상황은 어떤 대상이 문제의 역할을 담당해야 한다. 예를 들어 먹는 상황들이 이러한 유형이다. 누군가 *Kim is eating*라고 말할 때 기술된 상황은 먹히는 무엇을 포함해야 한다. 먹는 이의 역할과 먹히는 이의 역할은 둘다 먹는 관계에서 존재론적으로 필수적이다. 다른 한편 차는 관계에서는 차는 이는 필수적이지만 차이는 이는 비필수적이다. 곧 어떤 사람이 특별히 어떤 물건을 차지 않고도 차는 행위를 할 수 있다. 그런데 이러한 관찰들을 보면 각 관계가 특징적인 항(arity)을 가진다는 4장에서의 우리의 주장을 의심하게 된다. 만약 실재로 존재론적으로 비필수적인 역할들이 있다면 각 관계는 특징적인 최대의 항을 가진다고 말하는 것이 더 적절할 것 같다. 관계의 다른 항들은 하나 또는 그 이상의 비필수적인 역할들이 채워지지 않은 채로 남아 있는 경우에 나타난다. 곧 몇몇 관계들은 *변하는 항*(*variable arity*)을 가질 것이다.

보어들의 수의성은 존재론적 필수성의 문제에 분명히 직교하는 (orthogonal) 문법적인 논쟁거리이다. 이 영역에서 일어날 수 있는 몇몇 언어학적 복잡성들은 "목적어가 생략되는" 다양한 부류의 동사들에서 잘 드러난다. *eats*와 *kicks*의 경우에는 주어는 필수적이고 직접 목적어는 수의적인 반면에 *likes*의 경우에는 주어와 직접 목적어 둘다 필수적이다. 수의성에 대해서는 괄호를 사용함으로써 *eats*와 *likes* 사이의 특징을 다음과 같이 나타낼 수 있다.

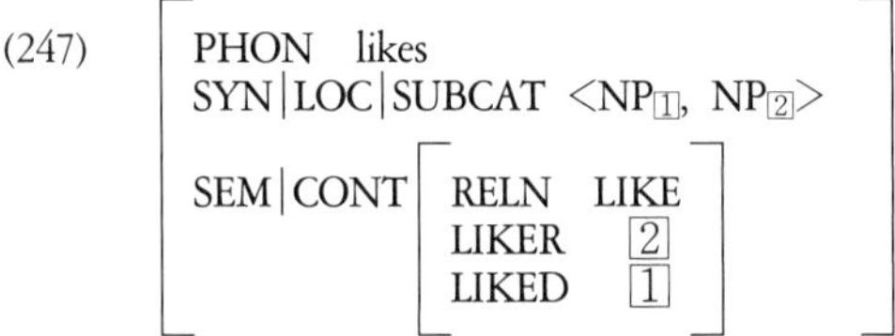

(248)
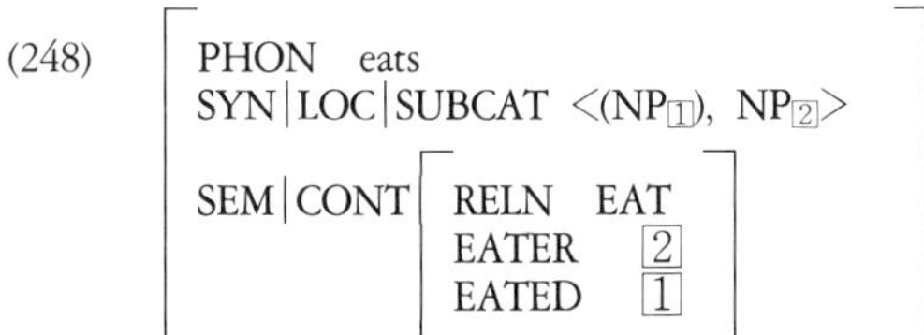

여기서 <(X),Y>는 <X,Y>∨<Y>를 줄인 것이다. 이 생각은 eats의 의미 내용에서의 EATEN의 역할에 대한 매개 변항이 수의적 보어가 실현되지 않더라도 나타날 것이라는 것이다.

kicks-유형의 수의성을 간결하게 나타내는 것은 다소 까다로운데 그 까닭은 KICKED 역할이 목적어가 실현될 때는 채워져야 하지만 그렇지 않으면 그럴 필요가 없기 때문이다. 물론 자동사 *kicks*와 타동사 *kicks*에 대하여 구별되는 어휘 항목을 둘 수도 있는데 두 항목들 사이의 잉여성을 제거하는 다른 방법은 이것이다.

(249)
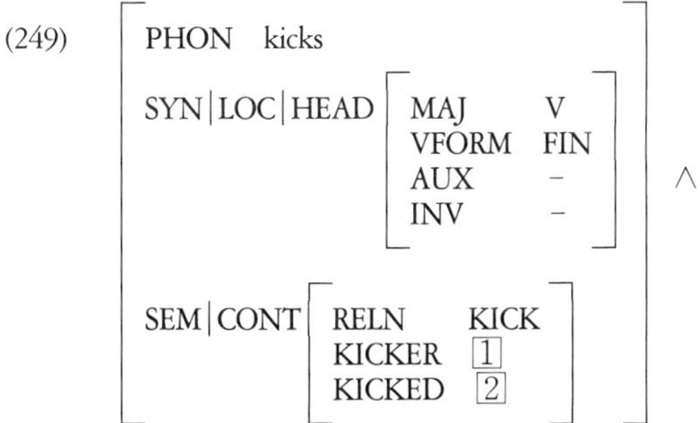

"고유의(inherent) 재귀사들"(예컨대 *shaved*)와 "빈(null) 대용사" 목적어 삭제(예컨대 *won*)와 같은 다른 부류들은 부가적인 의미적 복잡성들을 도입하는데 이에 대해서는 이 장을 통해서 우리가 해결하고자 하는 것이 아니다.

잘 알려져 있듯이 때때로 하나의 같은 종류의 상황을 언급하기 위하여 사용되는 둘 또는 그 이상의 동음적인 어휘 형식들은 그것들이 어떤 (수의적이고 필수적인) 보어들에 대하여 하위범주화하는지 그리고 그 보어들에 어떤 의미 역할들을 부여하는지에 따라 다를 것이다. 그러한 경우에 우리는 *다중 결합가*(*polyvalency*)라고 한다. (주의(N.B.) 다중 결합가는 문법적 개념이고 변하는 항의 존재론적 개념과 분명히 구별된다.) 때때로 다중 결합가의 패턴이 어휘 형식들의 전체 부류에 걸쳐 적용되는데 예컨대 이른바 "여격 이동" 변형(*Kim gave the book to Sandy* 대 *Kim gave Sandy the book.*), 사역 변형(*The vase broke* 대 *Kim broke the vase*) 등이 그것이다. 여기서 어휘 규칙들(8장)이 선택의 분석적 도구로 제시된다. 그러나 *rent*와 같은 어떤 어휘 형식들에 대해서는 변형들의 패턴이 (250)에서 예시되듯이 특이하다.

(250) a. *Kim rented. (Kim the landlord)

   b. Kim rented. (Kim the tenant)

   c. Kim rented Apt. 3B. (Kim the landlord)

   d. Kim rented Apt. 3B. (Kim the tenant)

   e. Kim rented to Sandy.

   f. Kim rented from Sandy.

   g. *Kim rented from Chris to Sandy.

   h. Kim rented to Sandy Apt. 3B.

   i. *Kim rented Sandy.(Sandy the tenant)

j. Kim rented Apt. 3B to Sandy.

k. Kim rented Apt. 3B from Sandy.

이런 경우에는 구별되는 어휘 기호들을 가정하는 것밖에는 다른 길이 없다. (rent에 대해서는 어휘 기호가 세 개가 되어야 위의 사실을 설명하는 데 충분하다. 그 확인은 독자들의 연습문제로 남겨둔다.)

5.6. 보어들 대 부가어들

모든 수의적 요소들이 하위범주화되는 것은 아니라는 것을 아는 것이 중요하다. 수의적 보어들은 *부가어들* 또는 *수식어들*로 알려진 다른 수의적 성분과 구별해야 하며 이들의 중심어에 대한 관계는 수의적 보어와는 다른 통사적·의미적 특성을 갖는다. (251)에서 주어진 목록은 완전히 나열된 것은 아니지만 보통으로 나타나는 많은 수의적 요소들을 예시한다.

(251) a. subordinate clauses :

Kim left *because/although/whenever Sandy came.*

b. predicative (small) clauses :

With Kim directing the project/off the scene/dead drunk, it was impossible to make any headway.

c. controlled adjuncts ("xadj's") :

Dead drunk, Kim ate the fish raw.

d. adjuncts of purpose :

She bought it *to play with.*

e. adjuncts of rationale :

Kim runs *to*/*in order to keep fit*.

f. maner adverbials :

Kim sang *blandly*/*with a lisp*/*with aplomb*/*without spilling his martini*.

g. frequentatives :

Sandy hang glides *three times a week*.

h. duratives :

Butch held forth *for two hours*.

i. full relatives :

the professor *who Kim wanted to impress*.

j. complementizerless relatives :

the professor *Kim wanted to impress*.

k. "reduced relatives" (postnominal predicative aduncts) :

the unicorn *in the garden*/*asleep in the garden*/*insulted by the centaur*.

l. infinitival relatives :

a friend *to talk to*.

m. prenominal adjectives

ardent/*former*/*alleged* communist.

부가어들과 보어들 사이의 차이가 이론적 용어로 어떻게 특징지워질
수 있는지에 대해서는 일반적으로 일치되지는 않았지만 구별하는데 보
통 쓰이는 대강 준비된 많은 통사적·의미적 진단법이 있다.

내용의 순서 의존성. 의미 내용에 대한 부가어들의 기여는 수의적인
보어들에는 적용되지 않는 방법으로 그것들의 상대적 순서에 의존할 수
있다. 이것은 (252)에 예시되는데 그것은 빈도와 기간을 포함한다.

(252) a. Kim jogged for 20 minutes twice a day.

b. Kim jogged twice a day for twenty years.

(252a)에서 20분의 지속은 빈도가 기술되는 상황의 속성인 반면에 (252b)에서 하루에 두 번은 지속이 기술되는 상황의 속성이라는 것을 유의하라. 여기서 (일들이나 시공간에 걸치는) 양화사의 영역이 문제가 되고 있다고 가정될 수도 있을 것이다. 그러나 일반적으로 그러한 설명은 잘 맞지 않을 것인데 그 까닭은 (253)에서 유사한 의미의 차이가 나타나는데 거기서 기간은 분명히 어떤 양화적 힘을 결여한 부사에 의해 대체되어 있다.

> (253) a. Kim jogs reluctantly twice a day.
>
> b. Kim jogs twice a day reluctantly.

(253b)에 대해서는 하루에 두 번이라는 것은 Kim이 마지못해 하는 것의 부분으로 해석하는 것이 유용하지만 (253a)에 대해서는 그렇지 않다. 이와 유사하게 어떠한 양화적 설명도 (254)의 의미적 차이를 설명하지 못한다.

> (254) a. a self-proclaimed alleged communist.
>
> b. an alleged self-proclaimed communist.

대조적으로 (255)의 쌍은 두 개의 수의적 보어를 포함하는데 그러한 효과가 드러나지 않는다. (255a)와 (255b)는 똑같은 의미적 내용을 가지고 있다.

> (255) a. Kim complained about the neighbors to the landlord.
>
> b. Kim complained to the landlord about the neighbors.

의미적 기여의 불변성. 일반적으로 어떤 주어진 부가어는 비교적 넓은 범위의 중심어와 공기하고 그 범위에 걸친 의미 내용에 다소 획일적으로 기여하는 것으로 보인다. 그 반면에 어떤 주어진 수의적 보어는 대개 그 분포가 제한되어 적은 (그리고 때때로 의미적으로 제약된) 부류의 중심어들(가능한 하나의 항목)과 공기한다. 게다가 보어의 의미적 기여는 중심어에 특이하게 의존한다. (256a)에서 예를 들면 PP[ON]은 위치의 부가어이다. 그것은 위치라는 개념이 관련된 어떤 상황을 기술하는 어떤 중심어에 적합하며 그것의 위치적 의미적인 기여는 중심어와 독립된 것으로 보인다.

> (256) a. Kim camps/jogs/meditates on the hill.
>
> b. Kim depends/relies on Sandy.
>
> c. The authorities blamed/pinned the arson on Sandy.
>
> d. The search committee decided/settled on Chris.

(256b~d)에서는 대조적으로 PP[ON]가 (필수적으로 또는 수의적으로) 하위범주화되고 의미적으로 불변하는 유일한 PP[ON]에 대한 자질은 그것이 중심어 동사에 의해 기술되는 관계에 적합한 역할들 중 하나의 참여자를 항상 기술한다는 것이다. 그러나 정확히 어떤 역할이 포함되는지는 이런 저런 동사(또는 동사 부류)에 따라 다양하게 나타난다.

되풀이 가능성. 일반적으로 같은 유형의 둘 또는 더 많은 예들이 동일한 중심어와 결합할 수 있으나 (257a~e) 이것은 보어들에는 불가능하다(257f-i).

> (257) a. Kim and Sandy met in Baltimore in the lobby of the Hyatt in July.

    b. Dana went to Chicago without going to the conference without feeling guilty.

    c. Mary climbed Beacon Hill without oxygen to impress Bill, to show how impressionable he was.

    d. Kim sold life insurance for Mutual of the Ozarks, for her poor old mother.

    e. Heather opened the rusty lock with a key, with a pair of pliers.

    f. *The authorities blamed the arson on the vegetarians on the Luddities.

    g. *Yes, we have no bananas, pineapples.

    h. *Chris rented the gazebo to yuppies, to libertarians.

    i. *josh longed for a gas-guzzler, for a Buick.

상대적 순서. 영어에서는 적어도 몇몇 부가어들은 보어들 뒤에 놓이는 경향이 있는데 (258)의 예들과 (259)의 예들에 의하여 대조적으로 지적된다.

(258) a. The authorities blamed the arson on the skydivers without checking the facts.

    b. Myra promised to intimidate the Trilateral Commission, in order to impress Orton.

    c. Butch announced that coelocanths were decidable to his computational ichthyology seminar.

(259) a. *The authorities blamed the arson without checking the facts on the skydivers.

    b. *Myra promised in order to impress Orton to intimidate the Trilateral Commission.

    c. *Butch apologized because coelocanths were undecidable to his computational ichthyology seminar.

내적 빈자리의 가능성. 적어도 몇몇 부가어들은 (260)에서와 같이 (2권에서 기술되는 것과 같이 다른 동지표된 흔적에 의해 "허가되지" 않으면) 보통 결속되지 않은 내적 흔적들을 허용하지 않는다.

(260) a. *Which hypothesis did Sandy leave for Maui [before Sandy had proved ____ logically independent]?

b. *Which famous professor did Kim clime K-2 without oxigen [in order to impress ______]?

c. *Which endangered species did Sandy meet someone [fond of ___]?

보어들은 대조적으로 (261)에서와 같이 보통 내적 빈 자리들을 허용한다.

(261) a. Which hypothesis did Kim deny [that Sandy had proved ____ logically independent]?

b. Which famous professor did Kim attempt [to impress _____] by climbing K-2 without oxigen?

c. Which endangered species did Kim impress you as being most [fond of ____]?

의미론, 특히 범주 문법의 틀 안의 많은 저서들에서 부가어/보어의 구별은 문제의 성분이 의미론적으로 함수자(functor)인지 논항(argument)인지의 문제, 곧 어떤 성분이 그것이 덧붙는 중심어를 논항으로 취하는가, 아니면 역인가의 문제로 환원되는 것으로 가정한다. 이러한 특징의 절반인 보어들은 우리의 이론 틀 속으로 직접적으로 옮겨지고 거기서 보어들은 일반적으로 그 중심어들의 의미적 논항들인데 그것들의 의미적 내용들이 중심어에 의해 기술된 관계 안에서 역할들을 채운다는 점에서 그러하다(올리기 지배자들은 2권에서 기술되는 예외들의 중요한 부류를 형성한다). 이것은 왜 보어들이 위에서 언급한 처음 세 가지 진단법에 따라 행동하는지에 대한 설명의 출발점을 제공한다. 그러므로 의미적 내용에 대한 보어들의 기여들은 (최소한 양화사들의 영역에 달린) 표면적 어순에 대해 독립적인데 그 까닭은 그것들은 그 보어들에 부여된 역할들에 의해 결정이 되기 때문이다. 예컨대 *talks*에 의한 PP[TO]와 PP[ABOUT] 보어의 역할 부여는 그것들의 음성적 실현의 상대적인 표면적인 어순과 관계 없이 고정된다. (PP[ON]과 같은) 주어진 통사적 범주를 가진 보어의 기여는 그것을 하위범주화하는 일련의 중심어들에 따라 바뀌는데 그 까닭은 (depend, blame, decide와 같은) 다른 중심어들이 그것에 다른 속성들을 가진 다른 역할들을 부여하기 때문이다. 보어의 되풀이 불가능성에 대해서는 어떠한 의미론적 설명도 필요하지 않는데 이것은 이미 하위범주화 원리의 결과이기 때문이다.

그러나 (표준적 범주 문법과는 달리) 의미적 내용들을 결합하는 가능한 양식들이 함수적 적용(이나 함수적 적용의 어떤 유사물)에 제한되지 않는 우리와 같은 이론 틀에서는 함수자 개념에 대한 어떤 분명한 유사물도 없다. 의미적 결합 양식들에 대한 더 정교한 분류가 다른 부가어 유형들의 다른 의미적 속성들을 고려하기 위해서 필요하다. 예컨대 위의 (252)~(254)에서 볼 수 있듯이 다중적 부가어들의 의미적인 기여들은 종종 순서에 민감하다. 그러나 예외들도 있다. 예컨대 (262)에서 예시되는 바와 같이 (시간과 공간의) 위치의 부가어들은 아무런 의미적 변화 없이 자유로이 교체될 수 있는 것 같다.

(262) a. The conference was held on June 19, at Conundrum Pass, 13,000

　　　　feet above sea lebel.

　　b. The conference was held on June 19, 13,000 feet above sea lebel,
　　　　at Conundrum Pass.

　　c. The conference was held at Conundrum Pass, on June 19, 13,000
　　　　feet above sea lebel.

상황 의미론에서 지금은 이미 관습적인 위치가 넓은 범위의 관계들에 적합한 역할이라는 가정을 채택한다면 나아가 위치의 부가어의 의미적 효과가 위치 역할의 채울말(filler)에 대한 정보를 확장하는 것이라고 가정한다면 이러한 교체 가능성이 설명될 수 있다. 많은 기술적 해결책들이 그러한 접근과 일치한다. 예컨대 Frenstad 외(1985)에 따라 위치의 부가어들을 의미론적으로 위치 매개변인에 대한 제약들로서 처리할 수도 있을 것이다. 대안으로는 위치 부가어들이 위치들(시공적 영역들)을 기술하고 다중직 위치 부가어들은 일련의 위치들의 (아마 하나의 위치 자체로 가정될 수 있는) 교집합에 대응되는 것으로 가정할 수도 있을 것이다.

부가어들 끼리를 구별해야 하는 섬세한 통사적 특성들도 있다. 가장 분명한 특징은 물론 다른 종류의 부가어들이 다른 종류의 중심어들에 붙는다는 것인데 예컨대 관계절들과 (비서술적) 형용사들은 명사들에 붙고 종속절들과 부사들과 이유의 부가어들은 동사들(이나 그것의 투사)에 붙는다. 그러나 이러한 사실들이 이론에서 어떻게 포착될 수 있는가? 언뜻 생각하면 부가어들에 대한 하위범주화 원리에 대한 유사물이 있을 수 없다는 것을 알 수 있다. 중심어가 통사적으로 어떤 부가어 유형들을 선택한다고 (예컨대 보통 명사들은 관계절들을 선택한다고) 믿는다고 하더라도 이것은 되풀이를 허용하는 방식으로 수행되어야 한다.

부가어들은 위에서 언급한 대략적인 진단법들 중 마지막 두 개 곧, 보어에 관한 상대적 순서와 내적 빈자리의 가능성이 얼마나 잘 맞아 떨어지는지에 대해서도 다르다. 그러므로 위의 (258)~(259)에서 예시된 것과 같은 어떤 부가어 유형들이 표면적 순서에서 보어들을 뒤따라야 한다고 하더라도 다른 부가어 유형들은 (263)의 예들에서 보는 것처럼 이 제약을 따르지 않는 것도 있다.

(263) a. Orton depended for most of his life on his aunt Myra.

   b. Sandy speculated boldly that Axiom of Infinity was inconsistent.

   c. Kim decided after much consideration to withdraw from the Cognitive Herpetology seminar.

유사하게 몇몇 부가어 유형들이 위의 (263)에서 예시하는 것과 같은 내적 빈 자리를 허용하지 않는 것으로 보인다 하더라도 다른 것들은 더 허용적이다.

(264) a. This is the blanket that Rebecca refuses to sleep [without ____].

   b. This is the bridge that Sedgewick committed *Syntactic Structures* to memory [under ____].

   c. Which symphony did Schubert die [without finishing ____]?

부가어들에 대한 그런 문제들은 대체로 미지의 영역이며 여기서 그것들을 이해하고자 하는 것은 아니다. 더 이상의 연구를 위한 가능한 길들이 6장~8장에서 제시될 것인데 거기서는 어떤 언어의 규칙들과 어휘부가 어떻게 조직되는지를 고려한다.

5.7. 명사구의 하위범주화

3장에서 살펴본 것처럼 우리는 명사들이 다른 어휘 기호들과 마찬가지로 SUBCAT에 대하여 명세화된다고 가정한다. 일반적으로 보통 명사에 의하여 하위범주화되는 마지막 논항은 한정사이거나 소유격의 구(NP+'s)이며 이것들은 보통 명사가 포화된 명사 기호들(NP들)을 형성하기 위해 결합하는 두 종류의 통사적 성분이라는 사실을 반영한다.

각 보통 명사가 하나는 [SYNTAX|LOCAL|SUBCAT <DET>]로 명세화되고 다른 하나는 [SYNTAX|LOCAL|SUBCAT <POSP>](POSP는 passessive phrases로 채택되는 형식적 분석을 줄인 것이다)로 명세화되는 두 개의 어휘 기호를 가져야 하는가, 아니면 두 가지 가능성의 이접을 명세화하는 각 명사에 대하여 하나의 어휘 기호가 주어질 수 있는가 하는 것에 대한 문제점이 있다. 명사의 음운적 형식들이 한정사가 실현되든지 소유격이 실현되든지 간에 변하지 않는 영어와 같은 언어들에서는 이 문제가 경험적 문제인 것 같지는 않다. 자질 구조들의 논리와 관계되는 한 두 분석은 동치이다(좀더 정확히는 전자가 후자에 대한 이접적이고 표준적인 형식이다).

언뜻 보아 첫 번째 대안은 상당히 잉여적으로 보이는데 그러나 8장에서 보는 바와 같이 두 개의 어휘적 기호는 어휘 규칙에 관계될 수 있다. 사실 그러한 분석은 보통 명사의 형식이 그것이 결합하는 성분들의 통사적 본질에 따라 달라지는 헝가리어와 같은 언어의 경우에 요구되는 것 같다.

    (265) a. a könyv 'the book'
             b. a könyvek 'the books'

    c. az író 'the writer'

    d. az írók 'the writers'

(266) a. az író könyve 'the writer's book'

    b. az író könyvei 'the writer's books'

    c. az írók könyve 'the writers' book'

    d. az írók könyvei 'the writers' books'

(265)의 명사들은 [SYNTAX|LOCAL|SUBCAT <DET>]로 명세화되며 (266)의 명사들은 [SYNTAX|LOCAL|SUBCAT <NP[NOM]>]로 명세화된다. 소유격의 구가 사실상 NP들이라고 가정하면 'book'의 형식들에 대해 적절한 명사적 기호들은 (267)~(269)와 같이 개관된다.

(267)
$$\begin{bmatrix} \text{PHON} & \text{könyve} \\ \text{SYN}|\text{LOC}|\text{SUBCAT} & <\text{NP[NOM]}> \\ \text{SEM}|\text{CONT}|\text{IND}|\text{VAR}|\text{NUM SING} \end{bmatrix}$$

(268)
$$\begin{bmatrix} \text{PHON} & \text{könyvei} \\ \text{SYN}|\text{LOC}|\text{SUBCAT} & <\text{NP[NOM]}> \\ \text{SEM}|\text{CONT}|\text{IND}|\text{VAR}|\text{NUM PLU} \end{bmatrix}$$

(269)
$$\begin{bmatrix} \text{PHON} & \text{könyve} \\ \text{SYN}|\text{LOC}|\text{SUBCAT} & <\text{DET}> \\ \text{SEM}|\text{CONT}|\text{IND}|\text{VAR}|\text{NUM SING} \end{bmatrix}$$

(270)
$$\begin{bmatrix} \text{PHON} & \text{könyvei} \\ \text{SYN}|\text{LOC}|\text{SUBCAT} & <\text{DET}> \\ \text{SEM}|\text{CONT}|\text{IND}|\text{VAR}|\text{NUM PLU} \end{bmatrix}$$

이러한 분석에서는 한정사들과 결합하는 보통 명사의 형식들과 소유자들과 결합하는 보통 명사의 형식들 사이에 음성적인 차이가 없다는 사실은 근본적으로 영어의 형태론적인 문제이다.

영어에서 복수 보통 명사들과 군집 명사들은 물론 명시적인 한정사와 결합하지 않는다. 이에 대해서는 몇 가지 다른 분석들이 다소 자연스럽게 제시된다. 하나의 가능성은 특별한 문법 규칙을 제시하는 것인데 그 규칙의 유일한 목적은 이러한 명사들이 어떤 한정사나 소유자와도 결합하지 않고 명사구를 형성하는 것을 허용하는 것이다. 그러나 특별한 목적을 가진 규칙들을 가정하는 것은 다음 장에서 세울 일반적 접근과 실제로 오늘날의 대부분의 통사적 이론화의 정신을 거스리는 것이다. HPSG 안에서는 더 심한 기술적인 장애가 나타난다. 하위범주화 원리를 고려하면 명사의 SUBCAT의 요구가 어떻게 충족되는지에 대하여 아무런 실명도 하지 않고 남겨진다. 이러한 어려움들을 제거하는 두 번째 가능성은 이러한 형식들과만 결합하는 음성적으로 실현되지 않은 한정사를 도입하는 것인데 그러나 이런 제안에 대한 독립된 어떤 통사적 동기가 결여되어 있다. 세 번째 가능성은 가장 유망한 것으로 생각되는 것인데 한정사/소유자 보어가 이러한 명사들에 의하여 수의적으로 하위범주화되는 것이라고 설명하는 것이다. 그러나 이 제안에 대한 기술적인 세부 사항들이 해결되어야 하는데 여기서는 해결하지 않은 문제로 남겨둔다.

마지막으로 우리가 지적할 것은 일반적으로 보통 명사들은 한정사나 소유자 외의 다른 성분들에 대해서는 하위범주화하지 않지만 그러나 대신에 부가어로서의 다양한 종류의 수식어들과 결합하는데 그 부가어들은 자질 SUBCAT에 의해 처리되는 것이 아니라 하위범주화 원리와 구별되는 어떤 원리에 지배된다. *부가어 원리*(*Adjuncts Principle*)는 6장에서 좀더 상세히 논의될 것이다. 그러나 영어에서 몇몇 부류의 보통 명사들은 수의적이긴 하지만 부가어적 보어들에 대하여 하위범주화한다. 이른바 "picture nouns"가 이 유형에 해당한다.36) 그러한 설명에서는 어휘 기호 *picture*는 (271)에 개관된 형식을 취한다.

$$(271) \quad \begin{bmatrix} \text{PHON} & \text{picture} \\ \text{SYN|LOC} & \begin{bmatrix} \text{HEAD|MAJ} & \text{N} \\ \text{SUBCAT} & \langle(\text{PP[OF]}),\text{DET}\rangle \end{bmatrix} \end{bmatrix}$$

이 형식은 동사들이 그들의 직접 목적어들과 결합하는 것과 같은 규칙에 따라 그것의 PP 보어와 결합하고 결과로 나온 구 기호들은 한정사와 결합하여 NP를 형성하는 점에서 여느 보통 명사구로서 기능한다.

부가적 보어들에 대하여 하위범주화하는 영어 명사들의 또다른 부류는 이른바 "탈동사화"(deverbative) 명사들이나 "명사화된 것들"(nominalizations)인데 명사의 형식들이 어원적으로는 동사들과 관련되어 있으면서도 동사의 동명사와는 구별되는 것이다(3장을 보라). 광범위하게 그러한 명사들의 수의적 보어들은 그것들의 의미적 역할의 부여와 마찬가지로 대응하는 동사의 "출처"(sources)에 기초하여 예견될 수 있다. 예를 들면 일반적으로 동사 출처에 의해 주어에 부여된 역할은 명사화에 의해 POSP(소유격의 구), 수의적 PP[OF] 또는 수의적 PP[BY]에 부여될 수 있다.

---

36) 대안으로서 *picture of Kim*의 PP[OF]를 *picture hanging on the wall*에서와 같은 후치된 서술적 부가어로 분석할 수도 있을 것이다. 그러나 그때는 (i)과 (ii)의 대조를 설명하기 어렵다.

  i . *There was a picture of Kim, of Sandy.

  ii . There was a picture hanging in the lobby, hanging upside down.

(272) a. John abdicated.

b. John's abdication

c. the abdication of/by John

　만일 동사가 직접 목적어 NP에 대하여 하위범주화하면 직접 목적어 역할도 전형적으로 명사화의 POSP에 부여될 수 있으며 종종 (항상은 아니고!) 명사화의 PP[OF]에도 부여될 수 있다. 만약 POSP와 PP[OF]가 모두 나타나면 그 역할들은 각각 주어와 목적어에 대응되어야 한다(역은 성립하지 않는다). 그러나 여기에는 다음의 예들에서 볼 수 있듯이 특이한 어휘적 변이가 있다.

(273) a. The barbarians destroyed the city.

b. the city's destruction (by/*of the barbarians)

c. the barbarians' destruction (of the city)

d. the destruction of the city (by the barbarians)

e. the destruction by/of the barbarians (barbarians = destroyers)

(274) a. Mineola State University rejected Orton.

b. Orton's rejection (by/*of Mineola State University) (Orton = rejectee)

c. Mineola State University's rejection (of Orton)

d. the rejection of Orton (by Mineola State University)

e. the rejection by/*of Mineola State University (MSU = rejecter)

　다른 한편 동사에 의해 PP 보어에 부여된 역할은 보통 대응되는 명사화에 의하여 POSP나 PP[OF]에 부여될 수 없다.[37] 그 대신에 문제의 PP

---

37) 예외들의 명백한 하위 부류는 그 자체가 PP[OF]에 대하여 하위범주화되는 동사들로 구성된다.

　　i . *Ira disapproved the project.

에 대한 역할 부여는 명사화에 의해 상속된다.

(275) a.   Myra depended on heroin.

b. *Heroin's dependence (by/of Myra)   (Myra = addict)

c.   Myra's dependence (*of/on heroin)

d.   the dependence (of/by Myra) *of/on heroin

e.   the dependence (by/of Myra)   (Myra = addict)

(276) a.   Orton donated the manuscript to Mineola State University.

b.   Orton's donation (of the manuscript) (to/*of Mineola State University)

c.   the manuscript's donation (to Mineola State University)   (Orton = donor)

d. *the donation of Orton (to Mineola State University) (Orton = donor)

e.   the donation of the manuscript (to Mineola State University) (by Orton)

f. *the donation of Mineola State University (by Orton)   (MSU = recipient)

그러나 탈동사화 명사들의 다양한 하위 부류들 사이에 구별되는 많은 미묘한 의미적인 특징들이 있고 그러한 명사들에 의하여 그것들의 논항들에 의미적 역할들을 부여함에 있어서 하위 규칙성들과 특이한 변이들도 있는데 이것은 더 깊은 연구가 필요한 영역이다. 하나 또는 그 이상의 "명사화" 어휘 규칙들(8장)이 이러한 현상의 분석에 적절할 것이다.

---

ii.   Ira disapproved of the project.

iii.   Ira's disapproval of the project.

iv.   the disapproval of the project by Ira.

v.   the project's disapproval *of/by Ira. (Ira = disapprover)

5.8. 마무리

자질 SUBCAT는 HPSG에서 어휘적 의존 관계들, 하위범주화된 보어들과 그것들의 연합된 문법 관계들, 범주 선택, 격, 일치, 의미적 역할 부여와 아마도 어떤 의미적 선택 제한을 다루는 기초를 제공한다. 왜 우리는 이러한 다양하게 보이는 현상들을 분석하기 위하여 하나의 체계를 제공하고자 하는가? 이 문제에 대한 간단한 대답이 있다. 방금 열거된 모든 현상들은 *국지성(locality)* 특성을 공유하고 있다. 우리가 알고 있는 어떤 언어에서 자동사가 아니라 타동사가 중심어인 동사구를 가진 문장 보어를 선택하는 어떤 동사들도 없고 어떤 언어에서 그것들이 선택하는 보어 안의 보어에 역할을 부여하는 어떤 동사들도 없다. 이와 비슷하게 그것들의 보어들 가운데 하나의 보어 안에 고유하게 포함된 어떤 NP에 격을 부여하거나 그것들의 보어들 가운데 하나의 보어 안에 고유하게 포함된 어떤 NP와 일치하는 어떤 동사들도 없다. 이것은 왜 그러해야 하는가? 우리의 대답은 이 모든 국지성 제약들이 다음과 같은 가정, 곧 *어휘 기호들의* SUBCAT *요소들은* SYNTAX*와* SEMANTICS*에 대한 값들은 명세화하지만 속성* DAUGHTERS*은 엄격하게 명세화하지 않는다고 하는* 가정으로부터 당연히 나오는 것이다. 우리가 제안하는 이 *국지성 원리(Locality Principle)*는 어휘 기호들에 부과하는 보편적 제약이다.[38]

(277)의 보기에 기초하여 Kajita(1967, 103)에서는 동사 *serve*가 직접 목적어 NP를 포함하는 VP 보어에 대하여 하위범주화해야 한다고 주장했다(이 주장은 그것을 국지성 원리에 대한 반례를 제공하는 것으로 보인다).

---

38) 여기서 중요한 것은 어떤 어휘적 기호도 본래부터 그 보어들의 DAUGHTERS 속성에 대한 특별한 값을 *선택하지 않는다*는 것인데 물론 어휘 기호의 어떤 표상에서는 구성분과 통합되는 SUBCAT 요소가 DAUGHTERS에 대한 값을 *가진다.*

(277) a.　The ice melted.

　　　 b.　*The ice served to melt.

　　　 c.　The ice chilled the beer.

　　　 d.　The ice served to chill the beer.

그러나 이 주장은 다음과 같이 언급한 Higgins(1973, 173 n5)에 의하여 논평된 바와 같이 의심스럽다.

> 사람들에게는 다만 동사 *serve*를 비한정적 보어 문장에 대하여 엄격하게 하위범주화하는 것이 필요할 뿐이다. 사람들은 게다가 보어 동사의 주어가 도구로 해석될 수 있어야 한다고 말해야 한다. (이것은 대강의 특징일 뿐이며 더 자세한 논의가 필요하다.) 그 주어가 필수적인 도구로 이해될 수 있는 영어의 어떤 동사는 목적어를 가지기 때문에 보어 문장의 동사는 목적어가 가져야 한다. 분명하게도 보어 문장의 주어의 의미적 본질은 엄격한 하위범주화 제약들에 제약된 문제가 아니고 이 경우에 선택 제약들이 더 적절한 기제일 것이라는 … Chomsky의 추측이 증명된다.

우리의 이론적 틀에서 동사가 포화되지 않은 보어(xcomp)의 주어에 대해 (역할 부여에 대한 제약들을 포함하는) 제약들을 부과하는 것이 가능한데 그 까닭은 그러한 제약들이 동사의 SUBCAT 값에 내부적인 것이기 때문이다. 국지성은 어겨지지 않는데 그 까닭은 보어 주어에 대응되는 음성적으로 실현되지 않은 아무런 하위 성분("빈 범주")이 없기 때문이다. 하위범주화 제약은 보어의 DAUGHTERS값에 대하여 불법적으로 접근하지 않아도 부과될 수 있다.[39]

---

39) 비슷한 생각들이 xcomp들의 주어의 **통제**에서도 적용될 수 있는데 거기서는 표준적 가정 아래에서 어떤 동사는 표현되지 않은 주어가 모문의 동사의 주어나 직접 목적어와 "동지표되는" 보어를 선택한다. (2권에서 개관된) 통제에 대한 우리의 분석에서 통제된 보어는 [SYNTAX|LOCAL|　SUBCAT ⟨NP$_{i}$⟩]로 명세화되는데 이 때 변항 i는

Stuart Shieber(개인적 소통)은 독자적으로 *serve*에 대한 제약의 본질에 관하여 근본적으로는 Higgins와 같은 결론에 도달하였는데 의미적 분석이 (278)과 같은 예들의 비문법성에 의하여 증명되는데 (278)은 만일 비한정적 보어의 타동성이 관련된 제약하는 요인들이라면 문법적이어야 한다고 지적했다.

(278) *Kim served to break the window with the hammer.

이 예의 어긋남은 Higgins와 Shieber에 의해 제안된 의미적 접근과 완전히 일치한다. 다른 한편 (279)와 같은 예를 보면 (Higgins에게는 미안하지만) 도구 주어를 가진 동사들이 타동사일 필요는 없다는 것을 알 수 있다.

(279) a. A pair of nines can open in this game.

b. You can open with a pair of nines in this game.

여기서 (279a)는 (279b)에 의해 대강 풀어써진다. 우리의 분석이 예견하는 대로 (280)은 동사가 자동사일지라도 꽤 수용가능한 것 같다.

(280) A pair of nines will serve to open in this game.

국지성 원리는 어휘 기호들이 선택하는 요소의 종류를 엄격히 제약한다. 비국지적 선택은 기호들이 SUBCAT 목록들에 관하여 HEAR-DTR이나 COMPLEMENT-DTR에 관한 속성들에 대한 값들을 명세화할 것을

통제하는 보어에 대응되는 변항과 통합된다. 그러므로 통제가 어휘 선택(2권에서 반론하는 위치)이라 하더라도 관련된 변항은 국지적으로 이용할 수 있을 것이다.

요구할 것이다.

$$(281)\ \mathrm{SUBCAT} < \cdots \begin{bmatrix} \cdots\ \mathrm{DTRS} \begin{bmatrix} \mathrm{HEAD\text{-}DTRS}\quad \mathrm{X} \\ \mathrm{COMP\text{-}DTRS}\ <\cdots,\mathrm{Y},\cdots> \end{bmatrix}, \end{bmatrix} \cdots >$$

이것은 정확하게 국지성 원리가 배제하는 것과 같은 명세화들이다. 이러한 방법으로 우리가 개관해 온 하위범주화에 대한 이론이 완전한 범위의 어휘적 의존 현상에 관한 강한 경험적인 주장들을 한다.

5.9. 더 읽을거리

여기서 제시된 하위범주화에 대한 이론의 순수하게 통사적인 양상들과 특히 목록으로-값이 주어진 SUBCAT 자질은 Pollard(1984)에서 비롯된다. 의미적 역할 부여를 하위범주화의 통합된 부분으로 다루는 것은 초기의 공식화에서 Pollard(ms.)에서 나타나는데 거기서 명사구의 지표는 특징적인 INDEX 속성에 따라 다루어진다. 여기서 채택된 접근은 지표가 의미 내용의 부분으로 다루어지는데 Stuart Shieber가 우리에게 제안한 것이다. 보어들과 하위범주화 요구물들 사이의 양립가능성을 보증하는 통합을 사용하는 것도 Pollard(1984)에서 비롯되는데 본질적으로 LFG (Kaplan과 Bresnan(1982))에서 하위범주화를 다루는 것과 본질적으로는 유사하지만 다음과 같은 점에서는 다르다. (1) LFG에서는 각 하위범주화된 요소가 구별되는 속성에 의하여 다루어지고 (2) LFG에서는 f-구조가 아니라 c-구조에 속하는 것으로 간주되는 (품사와 같은) 통사적 정보는 하위범주화되지 않는다. 우리의 접근은 Zeevat 외(1987)의 통합 범주 문법에 더 가까이 닮았는데 그것도 통사적 정보와 의미적 정보 둘다를 포함하는 "찾아진"(sought) 의존 요소들을 인코드하는 목록을 채택한다. 여기에 주어진 하위범주화 이론에 대한 하나의 변이형은 Gunji(1986)에 의하여 제안된 것인데 SUBCAT 자질을 목록으로-값이 주어진 것이 아니라 집합으로-값이 주어진 것으로 다룬다. 다른 것에서는 Borsley(출판 중)에서 비롯되는데 주어 선택이 특징적인 SUBJECT 속성에 의하여 다루어진다.

···· **6**

문법 규칙

앞선 장들에서 우리는 보편 문법의 몇 가지 원리들을 제안했는데 중심어 *자질 원리, 하위범주화 원리, 의미론 원리*를 포함한다. 다른 원리들은 뒤에 오는 장들에서 제안될 것이다. 보편 문법(UG)에 대한 우리의 이론은 (282)에서 진술된 것과 같은 그러한 모든 원리들의 통합이다.

(282) $\text{UG} = P_1 \wedge \ldots \wedge P_n$

여기서 $P_1, \ldots, P_n$은 보편 문법에 대한 망라된 목록이다.

게다가 우리는 각 자연 언어가 그 자체에 대한 언어에-특수한 부가적인 제약들을 부과한다고 가정한다. 그리하여 영어의 모든 기호들에 의하여 충족되어야 하는 원리들 $P_{n+1}, \ldots, P_{n+m}$이 있다. 그러한 원리의 하나인 *성분 순서 원리*(*Constituent Ordering Principle*)는 7장에서 논의될 것이다.

이에 더하여 각 언어에는 유한한 집합의 어휘 기호들과 유한한 집합의 *문법 규칙들*(grammar rules)이 있다. 문법 규칙은 문제의 언어에서 작은 기호들로부터 큰 기호들을 만드는데 제공되는 선택 사항들의 하나를 구성하는 바로 매우 부분적으로 명세화된 구 기호이다. 그러나 어휘 기호들과 문법 규칙들이 어떻게 특수한 언어에 대한 우리의 이론에 맞추어지는가? 이것에 대답하기 위하여 우리는 $L_1, \ldots, L_n$은 영어 어휘 기호들의 망라된 목록이고, $R_1, \ldots, R_n$은 영어 문법 규칙들의 망라된 목록이라고 가정하자. 그러면 영어에 대한 우리의 이론은 (283)이다.

$$(283) \ \text{영어} \ = \ P_1 \ \wedge \ \ldots \ \wedge \ P_{n+m} \ \wedge \ (L_1 \ \vee \ \ldots \ \vee \ L_p \ \vee \ R1 \ \vee \ \ldots \ \vee \ R_q)$$

달리 말하자면 어떤 대상은 다음과 같은 경우에 영어 기호의 표상이다. (i) 모든 보편 원리들과 영어에-특수한 원리들을 충족시키고, (ii) 영어 어휘 기호들 가운데 하나를 예시하거나 영어 문법 규칙들 가운데 하나를 예시한다.

3장에서 본 바와 같이 구 기호들은 딸들(내적 성분 구조)을 가진다는 점에서 어휘 기호들과 다르다. 성분 구조는 유형 *phrase-sign*의 자질 구조들에서 속성 **DAUGHTERS**에 의하여 명세화되는데 그 값은 유형 *constituent-structure*의 자질 구조이다. 이에 더하여 우리는 *constituent-structure*의 작은 수의 하위 유형들이 있는데 *headed-structure*와 *coordinate-structure*와 아마도 다소의 다른 것들을 포함한다. 이 책에서는 거의 오로지 *headed-structure*에만 관심을 가지는데 그것은 중심어 딸을 가지는 모든 구들을 포섭한다. 참고를 위하여 여태까지 제안된 보편 원리들, 곧 형식 [DTRS *headed-structure* [　]] $\Rightarrow$ X를 취하는 모든 원리들은 (284)에 진술된다.

(284) 보편 문법의 세 원리

중심어 자질 원리

[DTRS *headed-structure* [   ]] ⟹

$$\left[\begin{array}{l} \text{SYN|LOC|HEAD } \boxed{1} \\ \text{DTRS|HEAD-DTR|SYN|LOC|HEAD } \boxed{1} \end{array}\right]$$

하위범주화 원리

[DTRS *headed-structure* [   ]] ⟹

$$\left[\begin{array}{l} \text{SYN|LOC|SUBCAT } \boxed{2} \\[1em] \text{DTRS } \left[\begin{array}{l} \text{HEAD-DTR|SYN|LOC|SUBCAT append(}\boxed{1}\text{,}\boxed{2}\text{)} \\ \text{COMP-DTRS } \boxed{1} \end{array}\right] \end{array}\right]$$

의미론 원리

[DTRS *headed-structure* [ ]] ⟹

$$\left[\begin{array}{l} \text{SEM}\left[\begin{array}{l} \text{CONT successively-combine-semantics (}\boxed{1}\text{,}\boxed{2}\text{)} \\ \text{INDICES collect-indices (}\boxed{3}\text{)} \end{array}\right] \\[1.5em] \text{DTRS } \boxed{3}\left[\begin{array}{l} \text{HEAD-DTR|SEM|CONT } \boxed{1} \\ \text{COMP-DTRS } \boxed{2} \end{array}\right] \end{array}\right]$$

Heyting 대수학에서 타당한 동일성 (A⟹B)∧(A⟹C) = A⟹(B∧C)를 사용하여 위의 세 원리는 좀더 간결한 형식 (284')로 통합된다.

(284') [DTRS *headed-structure* [   ]] ⟹

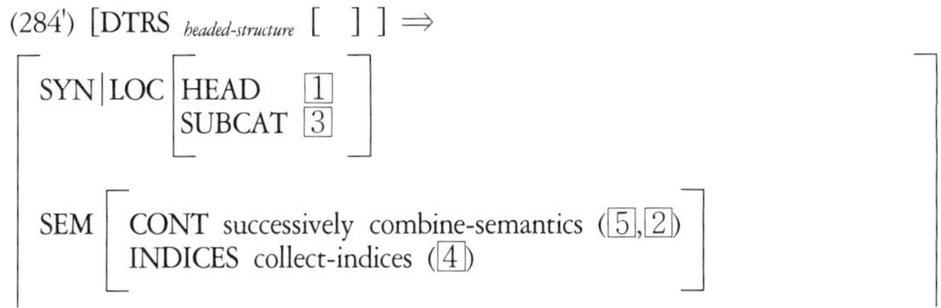

$$\left[\begin{array}{l} \text{SYN|LOC}\left[\begin{array}{l} \text{HEAD } \boxed{1} \\ \text{SUBCAT } \boxed{3} \end{array}\right] \\[1.5em] \text{SEM}\left[\begin{array}{l} \text{CONT successively combine-semantics (}\boxed{5}\text{,}\boxed{2}\text{)} \\ \text{INDICES collect-indices (}\boxed{4}\text{)} \end{array}\right] \end{array}\right]$$

$$\begin{bmatrix} \text{DTRS} & \boxed{4} \begin{bmatrix} \text{HEAD-DTR} \begin{bmatrix} \text{SYN}|\text{LOC} \begin{bmatrix} \text{HEAD} & \boxed{1} \\ \text{SUBCAT} & \text{append}(\boxed{2},\boxed{3}) \end{bmatrix} \\ \text{SEM}|\text{CONT} & \boxed{5} \end{bmatrix} \\ \text{COMP-DTRS} & \boxed{2} \end{bmatrix} \end{bmatrix}$$

중심어 구조들은 그것들이 포함하는 비중심어 딸들의 (예컨대 보어들, filler들, 부가어들 등등의) 종류에 따라 더 분류된다. 그리하여 속성 HEAD-DTR과 COMP-DTRS를 가진 하위 유형 *head-complement-structure* 가 있고 다른 하위 유형인 *head-filler-structure*는 부가적 속성 FILLER-DTR을 가진다. 영어의 중심어-보어 구조들은 이 장의 주요한 주제이고 중심어-filler 구조들은 2권에서 상세히 다루어질 것이다.

유형 *head-complement-structure* 자질 구조에서 HEAD-DTR의 값은 항상 유형 *sign*인 반면에 COMP-DTRS의 값은 유형 *sign*의 자질 구조들의 목록이다. 이것은 하나의 구는 최대한 하나의 중심어를 가지지만 여러 보어들을 가지기 때문이다. COMP-DTRS 값의 요소들의 순서는 (SUBCAT 값들에서와 같이) (더 사격적인 요소들이 더 왼쪽에 오는) 사격성 계층에서의 순서에 대응되고 (보통 "표층적 순서"라고 하는) 음운론적 실현들의 시간적 순서에 대응되지 않는다는 것을 염두에 두는 것이 중요하다. 두 종류의 순서 사이의 대응 관계는 언어에-특수한 성분-순서 원리들에 의하여 결정된다(7장을 보라).[40]

다음의 두 절에서는 영어의 중심어-보어 구조들을 설명하는 세 문법

---

[40] 문법 규칙들로부터 순서 원리들을 뽑아내는 것은 Gazdar와 Pullum(1981)에서 유래하는 GPSG에서의 작업의 전통을 따른다. 그러나 Sag(1987)에서 논의된 바와 같이 *선조적 순서*(LP) 규칙들에 대한 GPSG의 이론에 대한 많은 문제점들은 HPSG의 문맥에서는 해결될 수 있다.

규칙들을 제시한다.

6.1. 두 규칙

문법 규칙 1은 아래의 (285a)에 주어지는데 "S → NP VP", "NP →
DET NOM"과 "NP → NP[GEN] NOM"의 형식들에서 표준적으로 표
현된 규칙들에 대응된다. 그것은 (서술적 구들이나 비한정적 동사구들이
중심어인 문장과-같은 기호들인) 작은 절에서도 적용된다.

(285) a. 규칙 1

$$
\begin{bmatrix}
\text{SYN|LOC|SUBCAT } \langle\rangle \\
\text{DTRS } \begin{bmatrix} \text{HEAD-DTR|SYN|LOC|LEX } - \\ \text{COMP-DTRS } \langle[\ ]\rangle \end{bmatrix}
\end{bmatrix}
$$

이 규칙의 필수적 내용은 영어의 구 기호들에 대한 가능한 하나의 기
호가 포화된 (곧 [SUBCAT <>] 기호인데, 성분들로서 하나의 보어 딸
(곧 SUBCAT <[ ]>)과 하나의 중심어 딸을 가졌으며 중심어 딸은 어휘 기
호가 아니라 구 기호로 제약되어 있다는 것이다. 우리가 VP들을 문장의
중심어로 다룬다는 것을 상기하라. 그러므로 이 규칙은 VP가 주어 보어
들과 결합하여 문장을 만들고 비포화된 명사 성분들이 DET나 소유자
구 보어들과 결합하여 NP들을 형성하는 것을 보증한다.

친숙함을 위하여 우리는 때때로 (285a)와 같은 규칙을 (285b)와 같은
다소 더 표준적인 "다시쓰기" 표시법으로 나타낼 것이다.

(285) b. [SUBCAT<>] → H[lex −], C

그러나 우리가 이러한 방식으로 규칙들을 쓸 때마다 이것은 바로 (285a)의 공식적인 표시법에 대한 단축형으로 이해되어야 한다. 문법 규칙들은 항상 부분적으로 명세화된 구 기호들로 간주되어야 한다.

물론 (285)의 규칙은 그것이 포섭하는 구들에 관하여 아는 것이 있다는 것에 관한 모든 것을 말해 주지는 않는다. 그것은 ((284')와 같은) 보편 원리들이나 (7장의 성분 순서 원리와 같은) 영어에-특수한 원리들로부터 예측되는 어떤 정보도 포함하지 않는다. 예컨대 (285)에 포섭된 어떤 구 기호는 사실 (286)에 주어진 규칙 1의 좀더 명세화된 판에 포섭되어야 하는데 그것은 (285a)를 **HFP**와 하위범주화 원리와 통합함으로써 얻어진다 (설명상의 단순화를 위하여 이 장의 나머지에서는 의미론 원리와 SEMANTICS 속성은 무시한다).

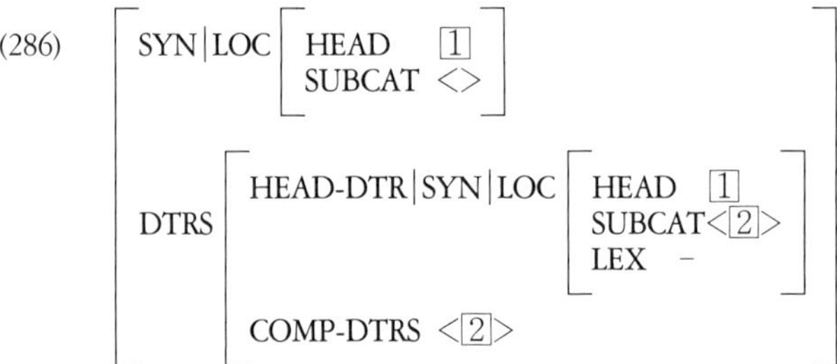

비슷하게 (285)에 포섭되는 (또는 동등하게 (286)에 포섭되는) 어떤 구 기호는 또 (287)에 주어진 규칙 1의 아직까지 좀더 명세화된 판에 포섭되어야 하는데 그것은 (286)을 영어의 성분 순서 원리와 통합함으로써 얻어진다.

(287)

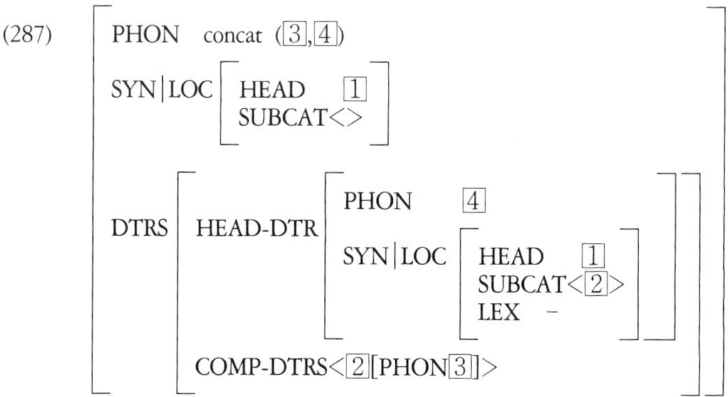

이론의 얼개는 단순히 보편 원리들이나 언어에-특수한 원리들로부터 나오는 구들의 속성들이 개별 문법 규칙들에는 명세화될 필요가 없다는 것이다. (287)은 표층적 순서에서 보어 딸이 중심어 딸에 앞선다는 정보를 포함하고 있다는 점에서 (286)과 다르다.

규칙 2는 VP들과 같은 비포화된 구들을 포섭하는 규칙이다. 그것은 단순히 영어에 대한 선택 사항들 가운데 다른 하나가 다음과 같은 구 기호, 곧 하나의 의존항이 포화되어 있지 않고 (곧 SUBCAT 값이 길이 1의 목록이고), 중심어 딸이 도치되지 않은 ([INV −]인) 어휘 기호인 구 기호라는 것을 말해 준다. 이것은 (288)에서 보인다.

(288) 규칙 2

$$\begin{bmatrix} \text{SYN|LOC|SUBCAT} \ \langle [\ ] \rangle \\ \text{DTRS|HEAD-DTR|SYN|LOC} \begin{bmatrix} \text{HEAD|INV} \ - \\ \text{LEX} \ + \end{bmatrix} \end{bmatrix}$$

이 규칙에서 명세화 [INV −]는 [INV +]로 표지된 동사, 예컨대 1인칭 단수 aren't가 동사구의 중심어가 되는 것으로부터 막는다(그리하여 *I aren't going to the store와 같은 예들의 비문법성을 설명한다). 친숙한 다시쓰기 표시법에서는 규칙 2는 형식 (289)를 취한다.

(289) [SUBCAT $<$[ ]$>$] $\to$ H[INV $-$, LEX $+$], C*

다시 이 문법 규칙은 거의 아주 적은 것을 말하는데 그 까닭은 그것이 포섭하는 구들의 구조들의 많은 것은 보편 문법의 원리들과 영어의 성분 순서 원리로부터 얻어지기 때문이다. **HFP**는 다시 구의 중심어 자질 값들이 중심어 딸(이 경우에는 어휘적 중심어)의 값들과 동일할 것을 강요하고 하위범주화 원리는 어휘적 중심어가 길이가 보어 딸들의 수보다 꼭 하나 이상인 SUBCAT 목록을 가진다는 것을 보증한다. 이에 더하여 **성분 순서 원리**는 대응하는 발화 표상들에서 어휘적 중심어의 실현이 보어들의 실현보다 앞서고 직접 목적어가 (만약 간접 목적어가 있다면) 간접 목적어를 앞선다는 등등을 보증한다. 그리하여 예컨대 타동사는 정확히 하나의 보어(직접 목적어)와 결합하여 포화되기 위하여 여전히 하나의 부가적인 보어(주어)를 요구하는 동사구, 곧 [**MAJ V**] 구 기호를 형성한다.

많은 관습적인 구 구조 규칙들이 규칙 1과 규칙 2에 의하여 도식화되기 때문에 그 둘은 함께 영어의 아주 실질적인 하위 유형("단편"), 도치되지 않은 중심어-보어 구조들을 설명한다. 그러한 구조는 (290)에 부분적으로 예시되어 있다.

(290)

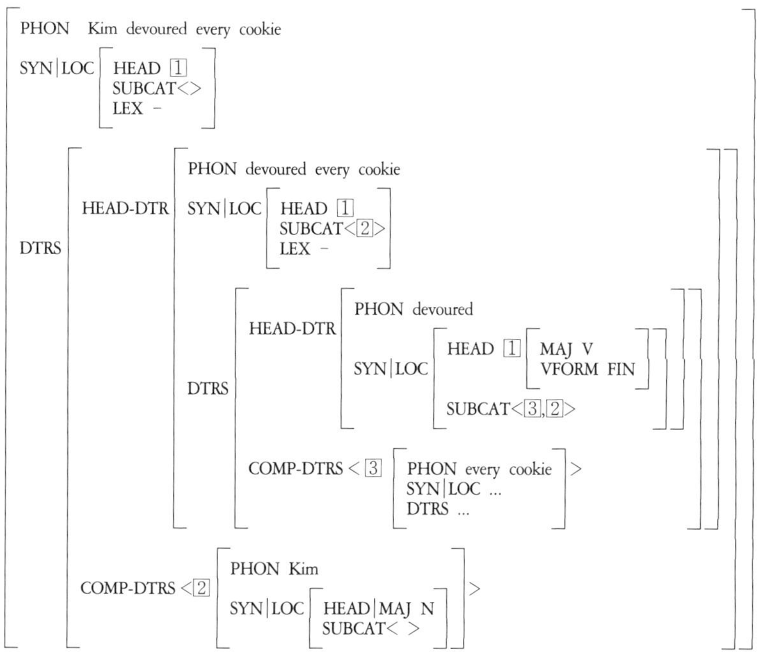

HPSG 이론에 따른 복합 기호의 구조와 관습적인 성분 구조 나무들 사이의 관련성은 그림 (291)을 고려함으로써 한 번에 보여지는데 거기서 DTRS 속성들은 (각각 HEAD-DTR과 COMP-DTRS에 대하여) 'H'와 'C' 로 표시된 활표에 의하여 표시되어 있다.

(291)

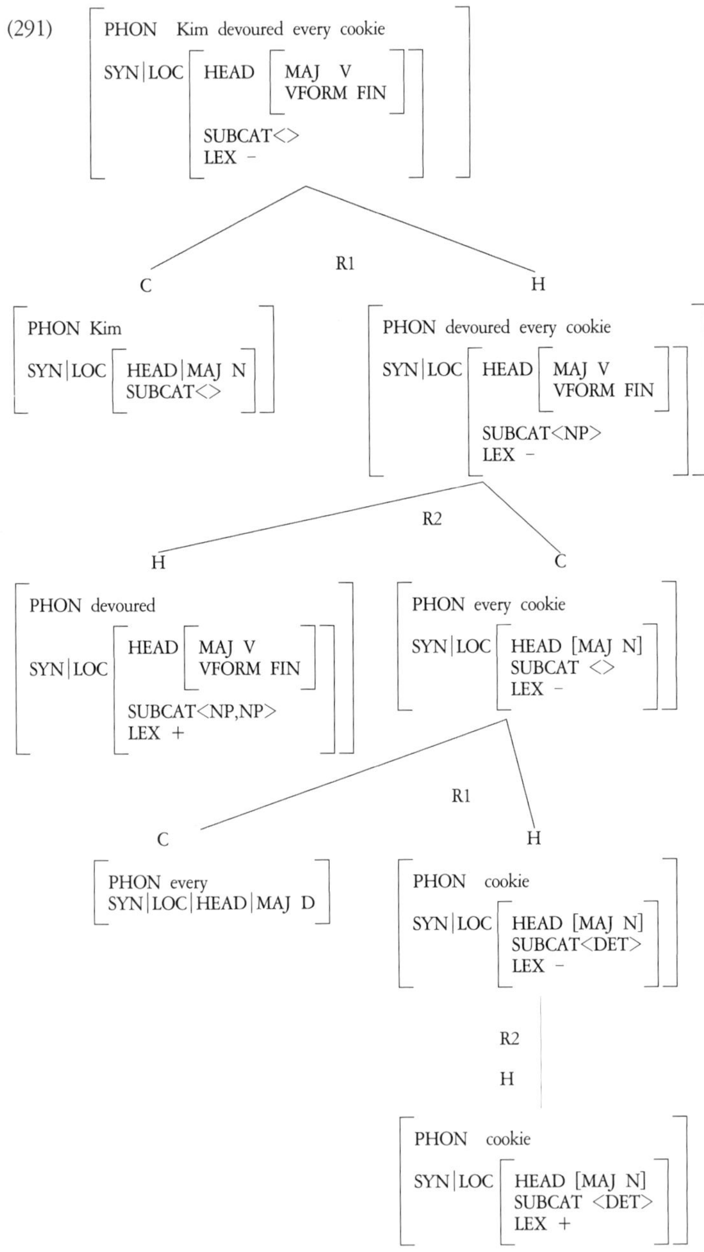

쉽게 언급하기 위하여 나무의 각 분지점은 그것을 포섭하는 규칙들의 숫자에 의하여 표시되어 있다. 읽기 쉽게 하기 위하여 몇몇 중심어 자질들에 대한 명세화는 생략되었다. 같은 이유로 **HFP**와 하위범주화 원리에 의하여 요구되는 구조-공유가 (곧 구들과 그것들의 중심어 딸들의 HEAD의 동일성과 보어 딸들과 그것들이 충족시키는 하위범주화 명세화들 사이의 동일성이) 명백히 지시되어 있지 않다. 명사구 *cookie*의 파생에서 어휘 기호 *cookie*는 규칙 2에 따라 결합되지만 어떤 보어들도 갖지 않는다는 것을 유의하라. 자동사들은 유사한 방식으로 동사구로 된다.

이 같은 나무가 다시 (292)에서 드러나는데 이번에는 관련된 구조-공유가 명세적으로 지시되었다.

(292)

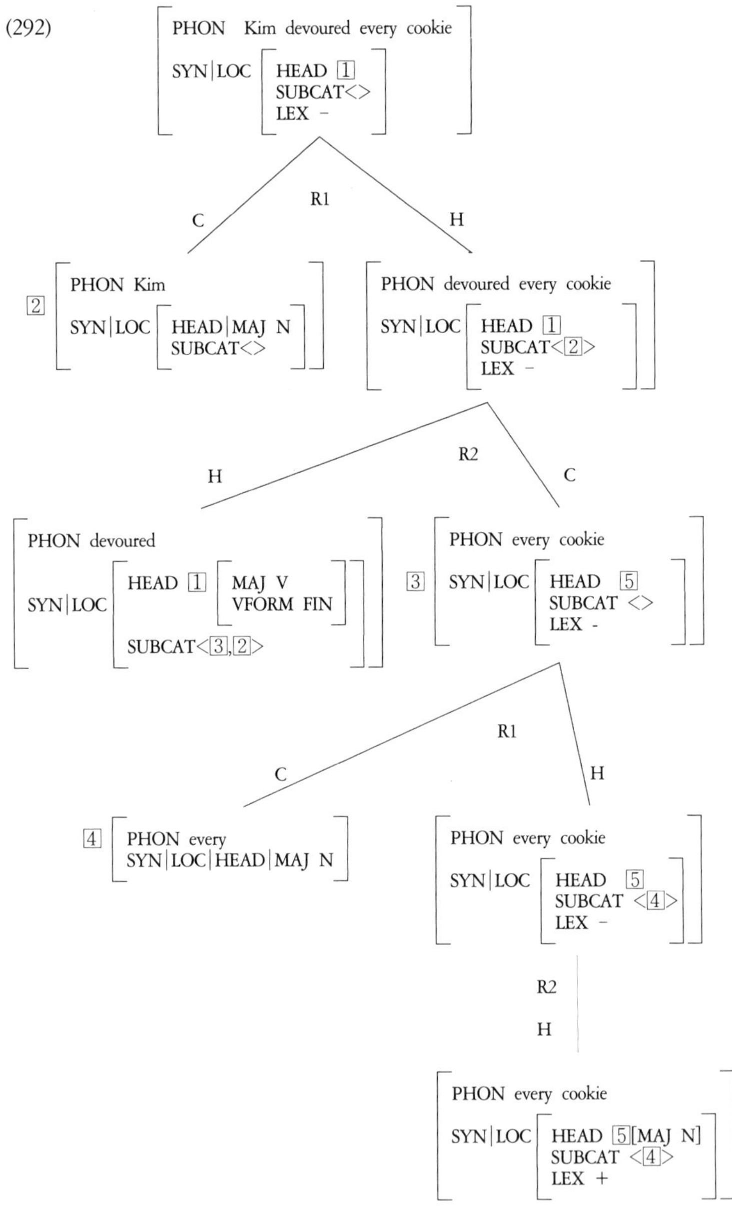

유사한 방식으로 규칙 1과 규칙 2는 상호 작용하여 소유자 구성들(보통 명사들도 [SUBCAT<PSOP>]로 여기서 PSOP는 어떤 분석이 채택되든지 간에 소유격의 NP들을 생략한 것이다. 명세화된다는 것을 상기하라)과 "작은 절들"(중심어들이 한정적 동사들이 아닌 문장과 같은 구들)에 대한 설명을 제공한다. 이것은 (293)과 (294)의 부분적 기술에 예시되어 있다.

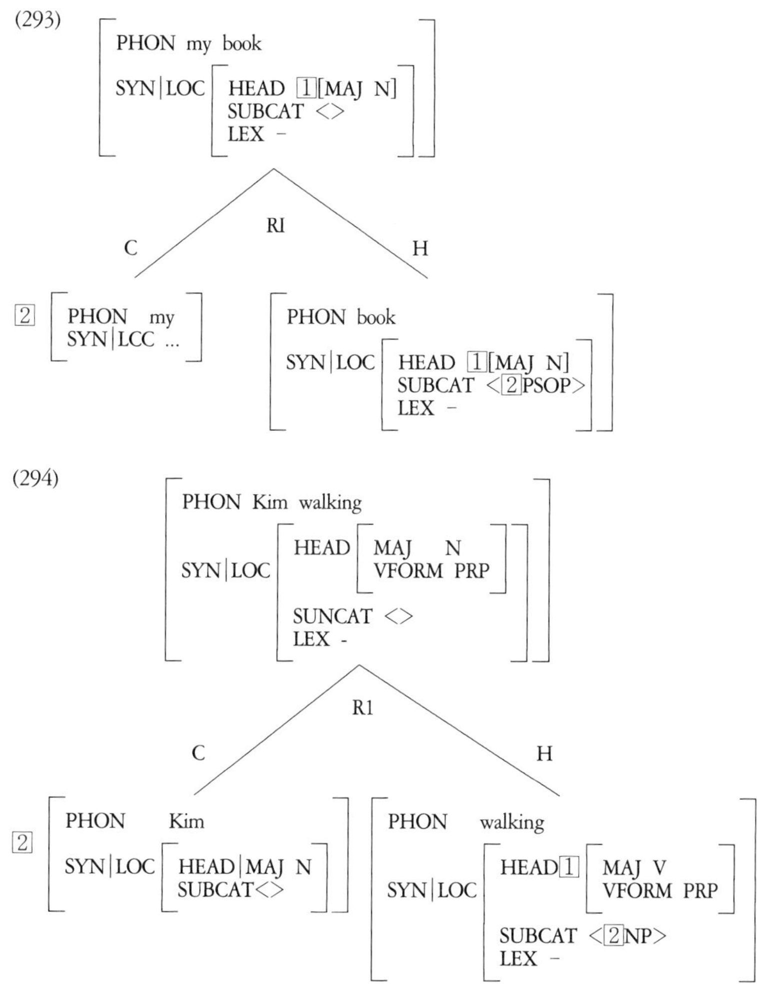

(294)에서와 같은 작은 절들은 (295)와 같은 (with로 표지되던지 not으로 표지되는) 서술적 부가어 절들로 나타난다.

(295) With Kim walking, we can throw away the crutches.

6.2. 도치된 구조

영어의 표준적인 방언들에서 도치된 절들은 많은 다른 주 (또는 "뿌리") 절 구성 유형들에 나타나는데 그 몇몇은 (296)에 예시된다.[41]

(296) a. Is Dana walking to the store?　　(극성의 ("예-아니오") 의문문)
　　　b. Whose brother will Lou visit __?　(성분 ("WH") 의문문)
　　　c. Never have I seen a taller tree.　("부정 부사 전치")
　　　d. Did she ever ace the test!　　　(감탄문)

그러한 절들을 도입하는 동사들은 3장에서 언급된 바와 같이 모두 명세화 [INV +]와 양립할 수 있다. 사실 영어의 모든 도치될 수 있는 동사들도 (다른 게르만 언어들과는 반대로) [INV +]로 명세화된다.

이 절 유형을 허용하기 위하여 우리는 (297)의 공식적인 형식과 (298)의 비공식적인 다시쓰기 표시법으로 주어진 문법 규칙을 가정한다.

---

41) 영어의 비표준적 방언들에서는 도치된 절들이 내포된 극성 의문문들로 나타나는데 예컨대 *I asked did he go*가 *I asked if he went*나 *I asked whether he went*의 변이형으로서 나타난다.

(297) 규칙 3

$$\begin{bmatrix} \text{SYN}|\text{LOC}|\text{SUBCAT}<> \\ \text{DTRS}|\text{HEAD-DTR}|\text{SYN}|\text{LOC}\begin{bmatrix} \text{HEAD}|\text{INV} + \\ \text{LEX} + \end{bmatrix} \end{bmatrix}$$

(298) [SUBCAT < >] → H[INV +, LEX +], C*

HFP, 하위범주화 원리, 영어의 성분 순서 원리, [INV +]로 명세화
된 모든 어휘 기호는 한정적 조동사이고 조동사들은 항상 길이 2의
SUBCAT 목록을 가진다는 사실에 따라 도치된 구 기호들은 당연히
(299)에 보이는 규칙 3의 좀더 명세화된 판에 포섭된다.

(299)
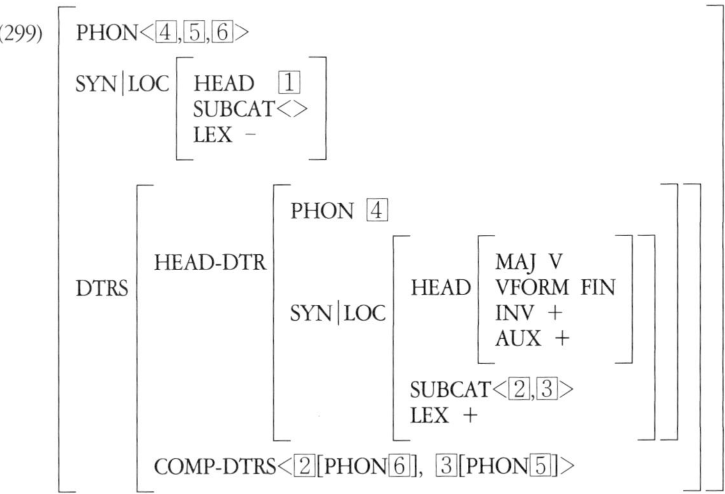

그리하여 규칙 3은 보편 원리들과 독립적으로 동기화된 성분 순서에
대한 영어에-특수한 제약들과 함께 (300)에 개관된 종류의 도치된 절들

을 허용한다.

(300)

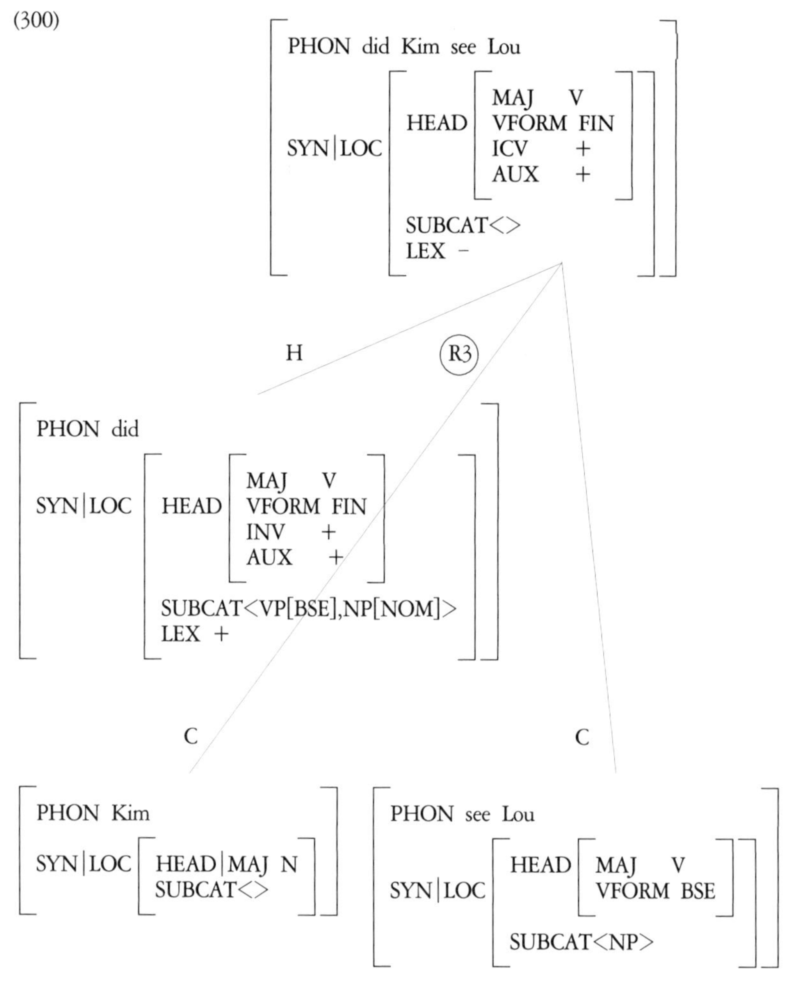

INV가 중심어 자질이기 때문에 명세화 [INV +]는 [INV +] 어휘적 중심어들로부터 투사된 절들에 의하여 상속된다. 만약 우리가 문장적 보어들을 취하는 동사들이 S[INV −]에 대하여 하위범주화한다고 가정하

면 우리는 표준적 영어에서 도치된 절들은 항상 뿌리 절들이라는 사실을 설명할 수 있다.

6.3. 부가어의 통사론

여태까지 제시된 세 규칙들은 영어의 중요한 단편들, 곧 영어의 모든 성분들이 중심어이거나 보어인 구조들을 설명한다. 그러나 모든 성분들이 중심어들이거나 보어들인 것은 아니고 두 중요한 부류들이 있다. 하나는 (2권에서 다루어지는) 성분 의문문들과 관계절들의 "주제화된" 구들과 "외치된" wh-구들과 같은 *head-filler-structures*의 filler 딸들이고, 다른 하나는 (역시 2권에서 다루어지는) 접속항 딸들이다. 나머지는 대부분의 *부가어들(adjuncts)*인데 관계절, 형용사절, 명사 앞의 서술적인 (이른바 "줄여진 관계절") 명사에 대한 수식어, 그리고 동사(나 동사구)와 문장들에 대한 다양한 종류의 부가어들이 그것이다.

HPSG 이론에서는 넓은 언어 이론에서와 같이 부가어들의 분석은 아주 초보적인 국면에 있다. 실제로 부가어 개념의 자연적 특징을 찾아내기가 어려운데 잘 정의된 어떤 딸 유형들(중심어, 보어, filler, 접속항)에도 잘 맞지 않는 모든 성분들을 포섭하는 것이라는 순전히 부정적인 개념으로밖에는 달리 말하기 어렵다. 대략 가깝게 말하자면 구의 부가어 딸은 다음과 같은 점에서 중심어에 *느슨하게* 의존하고 있는 것이다. (ⅰ) 부가어와 중심어의 통사 범주들은 상호 제약하고 있다(예컨대 관계절은 동사구를 수식하지 않고 부사는 명사를 수식하지 않는다). (ⅱ) 부가어가 전체 구의 의미 내용에 기여하는 것은 중심어가 기여하는 관계에서 어떤 역할을 채우는 것과는 다르다. 이것은 보어와 그것에 대하여 하위범주화하는 중심어 사이에 유지되는 더 긴밀한 종류의 의존 관계와 대조되는 것으로 보인다. 이 차이들에 대한 부분적이고 비형식적인 목록에 대해서는 5.6을 보라.

부가어들에 대한 통사적 분석과 관련하여 일어나는 기본적 의문들은 다음과 같다. 어떻게 부가어 선택을 특성화해야 하는가? 중심어들이 부가어들을 선택하는가 아니면 부가어들이 중심어들을 선택하는가? 부가어들의 도입이 문법 규칙들에 의하여 어떻게 다루어져야 하는가? "외치된" 수식어들은 어떻게 분석되어야 하는가? 우리는 여기서 이 문제들의 어떤 것도 해결하고자 하지 않는다. 그 대신에 우리는 다만 몇몇 문제들을 재정의하고 앞으로의 연구에 어떤 방향들을 제시하고자 할 뿐이다.

부가어 선택은 최소한 두 가지 점에서 보어 선택과 통사적으로 다르다. 첫째, (예컨대 관계절, 형용사적 수식어, 태도의 부사어류 등등의) 부가어들에 대한 주어진 범주가 수식할 수 있는 기호들의 부류가 보어들에 대한 주어진 범주를 선택하는 기호들의 부류보다 넓다. 그리하여 일반적으로 말하자면 관계절은 어떤 보통 명사도 수식할 수 있고 위치적 부가어는 어떤 동사도 수식할 수 있다.42) 그러나 어떤 명사들(예컨대 reliance)만 PP[ON]에 대하여 하위범주화하고 어떤 동사들(예컨대 서법 동사들)만 VP[BSE] xcomp에 대하여 하위범주화한다. 둘째, 보어 딸은 그것이 어울리는 하위범주화 요구에서 방출되거나(discharge) 제거되는(cancel) 반면에, 부가어는 그렇지 않다. 주어진 하나의 중심어에 대하여 최대한 하나의 PP[ON] 보어나 최대한 하나의 VP[BSE] xcomp만 있을 수 있지만 임의적으로 많은 관계절들이나 위치적 부가어들이 있을 수 있다. 우리의 이론 안에서 그러한 차이들이 어떻게 포착되어야 하는가?

---

42) 물론 결과는 의미론적으로 비정상적일 수 있다. 예컨대 *the eggplant that ate Chicago, two equals three in Tuscon.*

하나의 가능한 접근은 부가어 유형과 중심어 유형의 의존 관계가 중심어나 부가어 자체의 명세화에 따라 결정되는 것이 아니라 문법 규칙에 따라 결정된다고 가정하는 것이다. 그러한 접근에 따르면 보통 명사가 관계절 수식어와 양립하는 정보를 포함하지도 않고 관계절이 그것이 수식하는 명사에 관한 정보도 포함하지 않는다. 그 대신에 문법이 어떤 방법으로 명사들과 관계절들을 결합시키는 규칙들을 포함한다고 가정한다. 그러한 규칙을 공식화하기 위하여 먼저 성분-구조 유형 *headed-structure*가 속성들 HEAD-DAUGHTER과 COMPLEMENT- DAUGHTERS과 ADJUNCT-DAUGHTER을 가지는 하위 유형 *headed- adjunct-structure*을 가진다고 가정하자. 또 이 하위 유형이 속성 COMPLEMENT-DAUGHTERS에 대하여 값 < >(빈 목록)을 가진다고 가정하자.43) 그러면 관계절들에 대한 우리의 규칙은 대강 형식 (301)을 취할 것이다.

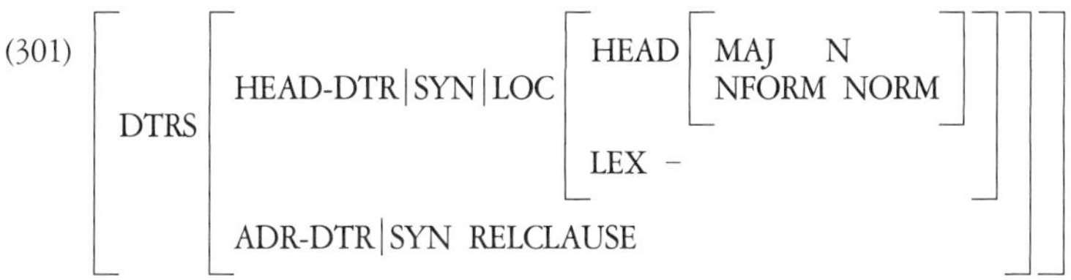

---

43) 그리하여 우리는 (i) 부가어들은 보어들의 자매가 아니며 (ii) 같은 중심어에 최대한 하나의 부가어가 자매일 수 있다고 가정하고 있다. 이것은 단지 단순화를 위한 것인데 우리는 이러한 특별한 가정들을 지지하지 않는다. 사실 우리는 이러한 가정들 둘 다 아래에서 문제가 있다고 간주할 것이다. 두 번째 가정을 거부하는 대신에 단순히 유형 *headed-adjunct-structure*가 속성 (ADJUNCT-DAUGHTER가 아니라) ADJUNCT-DAUGHTERS을 포함하고 그 값이 비지 않은 기호들의 집합으로 가정한다. 좀더 일반화를 얻기 위하여 우리는 headed-adjunct 구조들이 (그것들이 단순히 속성 COMPLEMENT-DAUGHTERS을 결여하는 것으로 가정하는 대신에) 실제로 값 < >을 가진 COMPLEMENT-DAUGHTERS을 가정한다. 이러한 방법으로 하위범주화 원리는 개정 없이 headed-adjunct 구조들에까지 미치고 단순히 중심어의 SUBCAT 값들을 지나서 어머니에게로 올라간다.

(301)에서 RELCLAUSE는 관계절들의 범주에 대하여 우리가 채택하는 어떤 공식적인 분석을 생략한 것이다(2권을 보라).44) 진술된 바와 같이 이 규칙은 NP들이나 보통 명사 구들(N'들)에 관계절들이 덧붙는 것을 허용한다. [NFORM NORM]은 중심어 명사가 허사 대명사(*it*이나 *there*)인 것을 막는다. 이 규칙은 (302)와 같은 구조들을 허용한다.

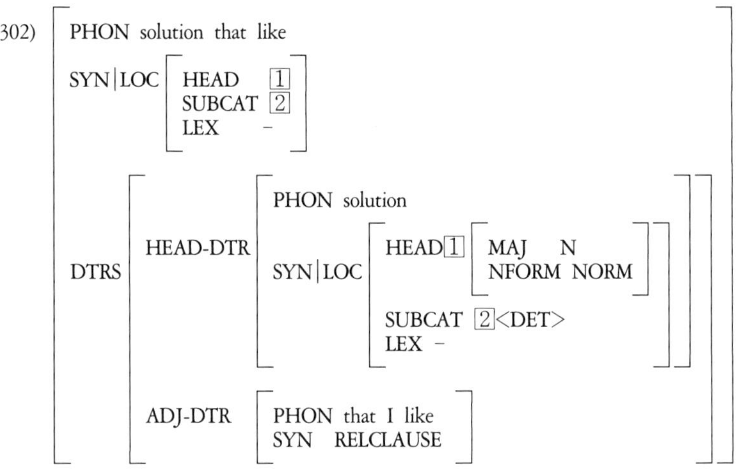

이러한 종류의 규칙들을 가정하는데 정확히 잘못된 것은 없다. 그러나 만약 완전한 범위의 허용할 수 있는 중심어-부가어 짝들이 고려된다면 아주 많은 수의 구조적으로 유사한 부가적 규칙들이 필요할 것이다. 단일한 고도로 도식화된 중심어-부가어 규칙을 도입하고 그 규칙 안에 진

---

44) 이 규칙은 부가어들이 어휘적 중심어가 아니라 구적 중심어에 덧붙는다는 관습적 가정을 통합한다. 우리는 아래에서 우리가 같은 (가능한 어휘적) 중심어의 자매들인 부가어들과 보어들의 가능성을 고려할 때 이 가정을 의심할 것이다. 관계절들의 의미론의 논의는 2권에 미루어지는데 대략 관계절은 명사의 의미 내용의 RESTRICTION 속성에 부가적인 기여를 한다. 딸들의 표층적 순서에 관해서는 아무 것도 말할 것이 없는데 다른 규칙들과 함께 우리는 순서가 언어에-특수한 성분 순서 원리들 예컨대 LP 제약들에 의하여 고려되는 것으로 가정한다.

술된 어떤 통합에 대하여 딸들 가운데 하나가 다른 딸에 대한 어떤 선택
적 요구와 일치하기를 요구하는 양립가능성의 문제를 남기는 것이 우리
의 정신에 더 맞을 것이다. 그러나 무엇이 무엇을 선택하는가? 관계절들
이 그것이 수식하는 명사들을 명세화하는가? 아니면 명사들이 관계절에
의하여 수식될 수 있다는 것을 명세화하는가?

얼핏 보면 전자의 접근이 관심을 끄는 것으로 보이는데 그 까닭은 그
것이 중심어-부가어 구조들에서는 (중심어-보어 구조들과는 달리) 중심
어가 "논항"이지 "함수자"가 아니라는 관습적 지혜와 일치하기 때문이
다. 불행하게도 HPSG 안에서는 (또는 어떤 다른 형식적 통사-의미 이론
에서는 그 문제에 관하여) 이러한 직관을 형식화하기 어렵다. 대략 우리
는 거기에 다음과 같은 통사 자질이 ─ 그것을 MODIFIED-HEAD라고
하자 ─ 있다고 하고 싶다. 부가어로 기능하는 어떤 기호에 대하여 그 기
호에 대한 속성의 값이 문제의 기호가 수식하는 중심어의 종류에 대한
명세화일 것인데 예컨대 어떤 관계절은 명세화 (303)을 포함할 것이다.

$$(303) \quad \left[\text{SYN}\,|\,\text{LOC}\,|\,\text{MOD-HEAD}\,|\,\text{SYN}\,|\,\text{LOC} \begin{bmatrix} \text{MAJ} & \text{N} \\ \text{NFORM} & \text{NORM} \end{bmatrix} \right]$$

그러나 이것이 어떻게 작동되는지 분명하지 않고 많은 수의 임의적인
언어에-특수한 (304)와 같은 제약들이 필요하게 된다.

$$(304) \; [\text{SYN RELCLAUSE}] \Rightarrow$$
$$\left[\text{SYN}\,|\,\text{LOC}\,|\,\text{MOD-HEAD}\,|\,\text{SYN}\,|\,\text{LOC} \begin{bmatrix} \text{MAJ} & \text{N} \\ \text{NFORM} & \text{NORM} \end{bmatrix} \right]$$

　　대안적 접근은 수식되는 중심어들이 그것들의 부가어들을 선택하도록 하는 것인데 좀더 바람직한 것으로 보인다. 이에 대한 이유는 어떤 주어진 부가어에 의해 수식될 수 있는 기호의 부류들이 전형적으로 어떤 어휘 기호 범주의 구적 투사의 부류로서 특징지워질 수 있다는 것이다. 예컨대 관계절들은 범주 [MAJ N, NFORM NORM, LEX +]의 투사들을 수식하고 태도 부사들은 범주 [MAJ V, LEX +]의 투사들을 수식하고, … 결과적으로 만약 범주들의-집합이-값인 자질 ADJUNCTS를 가정하면 그것의 값은 주어진 어휘적 중심어의 투사들을 수식할 수 있는 부가어들의 범주들을 명세화하고 ADJUNCTS가 중심어 자질이라고 가정하는 한 그 값은 구적 투사들에 넘겨지게 될 것이다.

　　이러한 노선에 따라 좀더 명세화된 공식화를 시도하자. 첫째 각 어휘 기호가 중심어 자질 ADJUNCTS에 대한 값(몇몇 통사 범주들의 한정적 집합)을 명세화한다고 가정한다. 예컨대 모든 어휘적 보통 명사들은 명세화 [SYNTAX|LOCAL|HEAD|ADJUNCTS| {RELCLAUSE, …}]를 포함한다고 가정한다.[45] 다음으로 고도로 도식적인 중심어-부가어 규칙 (305)를 가정한다.

(305) 규칙 4

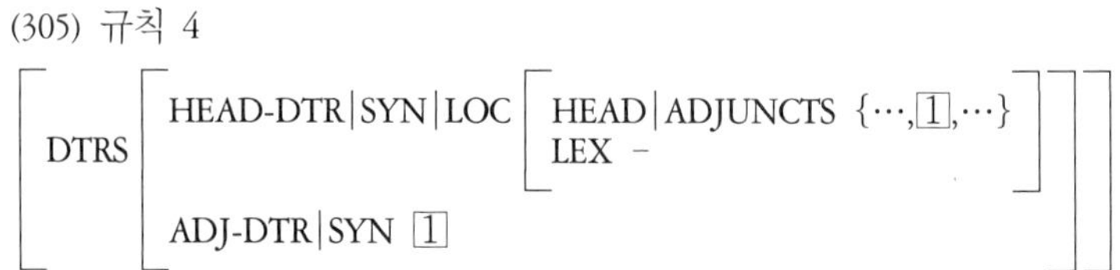

---

45) 이 이동은 예컨대 모든 단일한 어휘적 보통 명사가 각각 SYNTAX|LOCAL|HEAD| ADJUNCTS| {RELCLAUSE, …}로 명세화되어야 할 것이기 때문에 문법에 거대한 잉여성을 도입하는 것으로 보인다. 그러나 8장에서 보면 어휘부를 유형들의 상속 계층으로 나타냄으로써 그러한 약정들은 문법에서 (어휘 계층의 적절한 분지점에서) 단 한 번만 요구된다. 그때 그것들은 문제의 약정을 포함하는 유형을 예시하는 모든 어휘 규칙들에 의하여 상속된다.

여기서 기본적인 생각은 다음과 같다. 중심어-부가어 구조의 부가어 딸은 그것의 SYNTAX가 중심어 딸에 있는 부가어 값-집합의 요소들의 하나와 통합되면 인가되고 또 HFT에 의하여 중심어-딸의 어휘적 중심어로부터 상속된다. 그리하여 (위 (301)과 같은) 특수한-목적의 중심어-부가어 규칙들의 번식은 제거되는 반면에 중심어들과 부가어들 사이의 양립가능성이 유지되는데 예 (302)는 아래의 구조 (306)으로 생산된다.

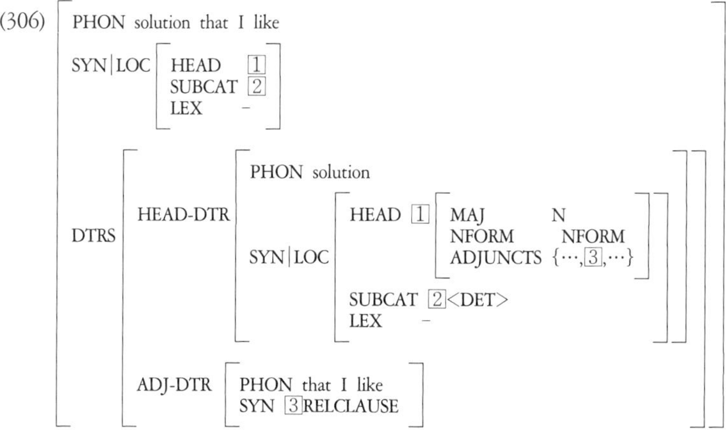

그리고 동사들이 그것들의 ADJUNCTS 값-집합에서 부사구들에 대한 명세화를 포함한다고 가정하면 같은 문법 규칙이 (307)에 보이는 것과 같은 (부가어가) 포개진 VP 구조들을 생기게 한다.

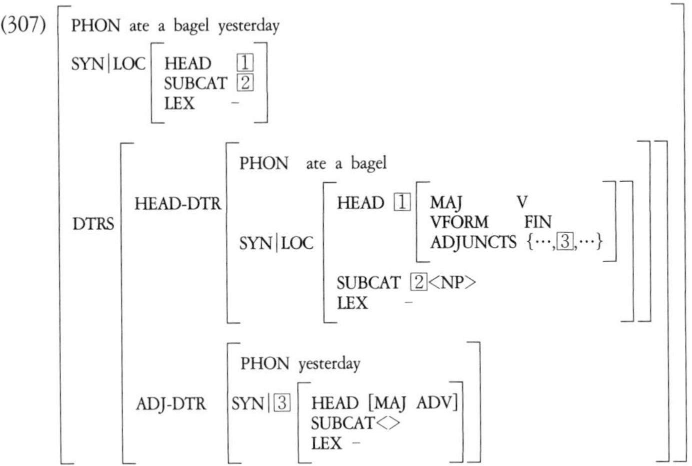

(중심어 딸의 SUBCAT 값-목록의 요소들과 기호들의 자격으로서 통합하는) 보어 딸들을 가진 상황과는 달리 부가어 딸의 SYNTAX만 중심어 딸의 ADJUNCTS 값-집합에 있는 범주와 통합한다. 이것은 보어 딸들과는 달리 같은 종류의 부가어들이 되풀이될 수 있는데 예컨대 아래의 (308)에서와 같이 둘 이상의 관계절들이 같은 중심어를 수식할 수 있다 (나무 가지에서 표시 A는 ADJUNCT-DAUGHTERS를 기억하기 위한 것이다).

그러한 경우에 두 구별되는 성분들이 중심어 ADJUNCTS 값-집합에 있는 같은 범주와 통합되는 SYNTAX 값을 가진다. 만일 우리가 전체 기호의 명세화와 통합되는 것으로 주장하면 그러한 경우에 일반적으로 통합이 실패할 것인데 그 까닭은 구별되는 부가어 성분들은 음운론, 의미론과 성분 구조에서 다를 것이기 때문이다.

(308)

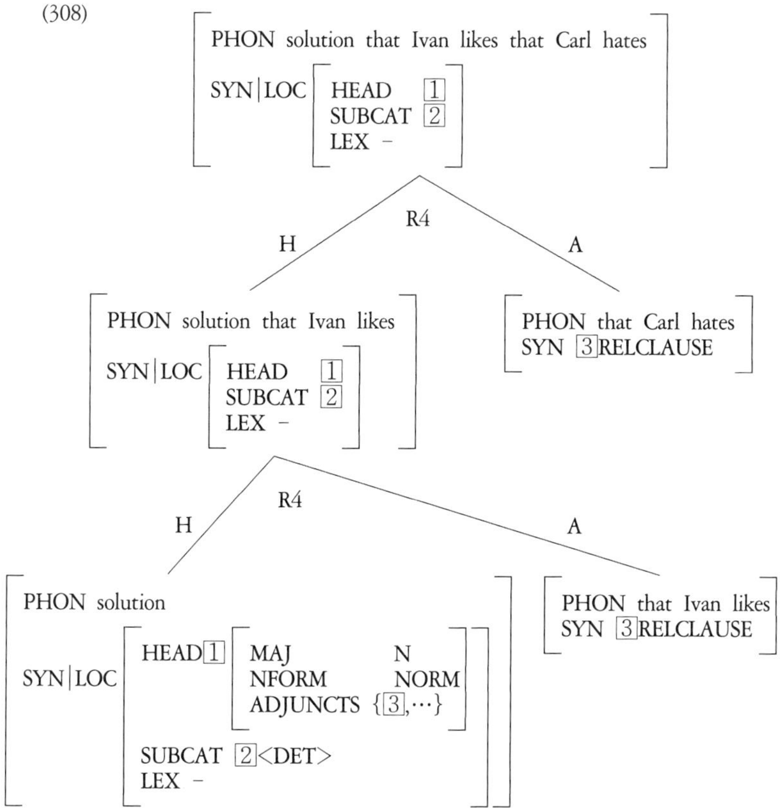

주요한 기술적인 문제가 해결되어야 (305)와 같은 규칙의 공식화가
HPSG 안에서 공식화될 수 있다. 이것은 표시법 {⋯, ①, ⋯}과 관계가
있다. 직관적으로 표시법의 의도는 분명하다. 경로 DTRS|ADJUNCT-
DTR의 값이 DTRS|HEAD-DTR|SYN|LOC|HEAD|ADJUNCTS의 값
의 값-집합의 요소들의 하나와 통합해야 한다. 불행히도 이러한 종류의
제약들은 몇몇 관계적 의존 관계가 (현재의 경우에는 집합 구성원이) 하
나의 자질 구조에서 둘 이상의 경로의 값들 사이에서 유지되기를 요구
하는데 HPSG의 형식적 장치에 표현 능력을 벗어난다. 그리하여 수학적

전산적 결과들이 거의 이해되지 않은 형식주의에 대한 주요한 확장이 요구될 것이다.[46]

위에서 언급한 바와 같이 앞선 분석은 단지 하나의 딸이 주어진 중심어의 자매이고 부가어들이 구들만 수식하며 부가어들이 보어 딸들을 갖지 않는다는 가정들을 포함한다. 그러나 이러한 가정들은 전혀 보편적으로 수용되지 않으며 대안적 분석이 이론 안에 제시될 수 있다. 예컨대 규칙 4를 재공식화하여 같은 중심어에 하나 이상의 부가어 자매들을 허용할 수 있을 것이다. 이것을 하기 위하여 먼저 중심어-부가어 구조에서 ADJUNCT-DAUTHER을 비어 있지 않은-집합-값으로 된 속성 ADJUNCT-DAUTHERS로 대체해야 하고 이에 더하여 (부가어 딸의 범주가 중심어의 ADJUNCTS의 값-집합에 있는 범주들과 어울리기를 요구하는) 규칙 4의 관계적 의존 관계가 ADJUNCT-DAUGHTERS의 값-집합과 중심어의 ADJUNCTS의 값-집합 사이의 (전자의 각 구성원의 범주가 후자의 하나의 구성원과 통합되기를 요구하는) 더 복합적인 관계적 의존 관계로 대체해야 한다. 다시 그러한 의존 관계의 공식화는 우리의 형식주의의 표현 능력을 벗어나는데 당분간은 우리는 단순히 그것을 비공식적인 "측면의(side) 조건"으로 진술한다. 개정된 규칙은 (309)에 주어진다.

(309) 규칙 4'

$$\left[\text{DTRS} \left[\begin{array}{l} \text{HEAD-DTR}\,|\,\text{SYN}\,|\,\text{LOC}\,|\,\text{HEAD}\,|\,\text{ADJUNCTS}\ \boxed{1} \\ \text{ADJUNCT-DTRS}\ \boxed{2} \end{array} \right] \right]$$

CONDITION : $\forall X \in \boxed{2}\ \exists Y \in \boxed{1}$ such that SYNTAX(X)=Y

---

46) 2장에서 공식화된 바와 같이 우리의 형식적 장치는 함수적 의존 관계들만을 허용하고 어떤 경로의 값은 어떤 다른 경로들의 값들의 함수인 (보통 한정된 목록들이나 집합에 관한 몇몇 단순한 연산) 것으로 제약된다. 요구되는 확장은 특성상 hasida(1985)에 의하여 제안된 *조건지워진 통합(conditioned unification)*과 유사한 것으로 보이는데 거기서는 통합되는 구조들이 측면의 조건들에 따르는 변항들을 포함한다.

이 개정된 규칙으로 말미암아 (310)과 같은 많은 가지가 있는 중심어-부가어 구조들이 생기게 된다.

(310)

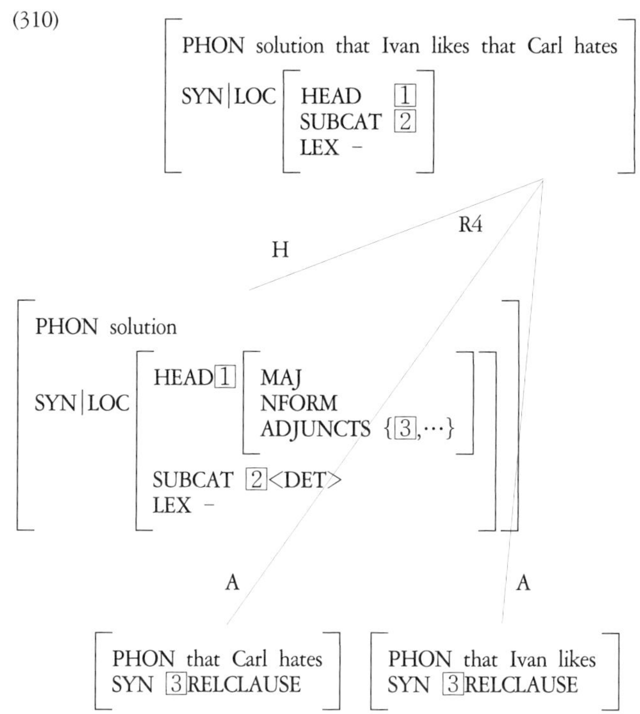

사실 규칙 4'가 양분적-가지치기 분석 (308)과 삼분적-가지치기 (310)을 산출한다는 것은 분명하다. 따라서 두 공식화 가운데 선택함에 있어서 (어떤 분명한 의미적 동기가 결여된 것으로 보이는) 그러한 순수히 구조적 애매성들이 이론적으로 바람직한가 그렇지 않은가 하는 것에 대한 문제를 고려해야 한다. 우리는 이 문제에 대한 판단을 유보한다.

이러한 제안들의 어느 것도 다루지 않은 부가어들에 관한 부가적인 사실들이 있다. 특히 부가어들은 예 (311)에서와 같이 때때로 보어들 사이에 산재한다.

> (311) Sandy proved to her class yesterday that the Axiom of Infinity is
> inconsistent.

이와 같은 예들에 대한 가장 자연스러운 접근은 부가어 딸들이 규칙
2에서 (또는 더 일반적으로는 중심어-보어 규칙에서) 보어들에 대한 자
매로 도입되도록 허용하는 것이다 이것은 유형 head-complement-structure
의 대상들이 부가적 속성 ADJUNCT-DAUGHTERS를 포함한다고 말하
는 정도에까지 이르게 된다. 하나 이상의 부가어들이 그러한 구조들에
나타날 수 있기 때문에 ADJUNCT-DAUGHTERS은 기호들의 (빈 것이
가능한) 집합을 취한다. 규칙 2에 의해 인가된 구조들은 (312)의 일반적
형을 가질 것이다.

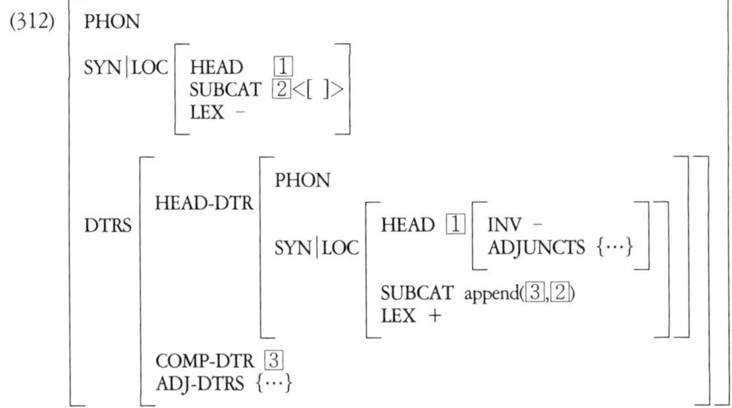

보어들에 대한 부가어들의 표층적 순서는 7장에서 아주 상세히 제시
되는 LP 규칙에 의하여 다루어진다. 규칙 4와 같은 규칙을 가정하는 것

과 함께 중심어-보어 구조들 안에 부가어들을 허용하게 되면 물론 *Kim ate a bagel yesterday*와 같은 애매하지 않은 문장들에 대한 복합적인 분석들에 귀착될 것이다. 이 사실의 결과들은 부가어들에 대한 대부분의 다른 이론들에도 함의되는데 불분명한 것으로 남는다. 아마도 규칙 4는 제거되어야 하거나 적용가능성의 범위를 실질적으로 줄여야 할 것이다.

이러한 노선들에 따른 어떤 분석은 물론 중심어-보어 구조에 도입된 부가어들이 적합한 종류의 것이라는 것을 보증하는 어떤 기제를 제공한다. 위 (309)에서 주어진 규칙에서 바람직한 결과는 어떤 규칙에-특수한 관계적 의존 관계를 통하여 얻어진다. 명백하게도 정확히 같은 관계적 의존 관계가 어떤 규칙이 그 구조를 포섭한다 하더라도 부가어 딸이 도입되는 어떤 구조에서 얻어져야 한다. 이것을 보면 관계적 의존 관계가 (규칙 4를 포함하는) 개별 규칙들에서 분리되어야 하며 독립적인 보편적 부가어 원리로 진술되어야 한다. 따라서 "측면의" 조건을 제거함으로써 우리는 규칙 4를 (313)의 형식으로 단순화한다.

(313) 규칙 4 (최종판)

$$[\text{DTRS}_{\;head\text{-}adjunct\text{-}structure}[\quad]]$$

이것이 단순히 말하는 것은 어떤 기호에 대한 하나의 선택 사항은 그 성분 구조가 중심어-부가어 구조라는 것이다. 우리는 그때 (314)를 우리의 보편 원리들의 목록에 추가한다.

(314) 부가어 원리 (예비적 공식화)

$$constituent\text{-}structure[\quad] \Rightarrow \begin{bmatrix} \text{HEAD-DTR}\,|\,\text{SYN}\,|\,\text{LOC}\,|\,\text{HEAD}\,|\,\text{ADJUNCTS} & \boxed{1} \\ \text{ADJ-DTRS} & \boxed{2} \end{bmatrix}$$

CONDITION : $\forall X \in \boxed{2}$ $\exists Y \in \boxed{1}$ such that SYNTAX (X) = Y

(314)의 효과는 어떤 부가어 딸의 범주가 중심어 딸의 SYNTAX|
LOCAL|HEAD|ADJUNCTS의 값-집합의 어떤 구성원과 통합되어야 한
다는 것을 보증하는 것이다. 달리 말하자면 각 부가어는 중심어 딸에 의
하여 선택된 부가들의 종류들의 하나이어야 한다.

우리가 진술할 부가어들에 관련된 마지막 문제점은 (315)에 예시된 종
류의 외치된 부가어들의 분석인데 그것들은 직관적으로 보아 그것들이
수식하는 것으로 보이는 구들에 인접해 있지 않다.

(315) a. I met a Swede yesterday that I really liked.

b. A book arrived yesterday that I was expecting.

그러한 구조들을 조정하기 위해서는 부가어 원리를 개정하여 부가어
들이 중심어이거나 NP 보어에 의하여 '인가되도록' 허용해야 한다.

(316) 부가어 원리 (마지막 공식화)

$constituent\text{-}structure\begin{bmatrix} \ \ \end{bmatrix} \Rightarrow$

$$\begin{bmatrix} \text{HEAD-DTR|SYN|LOC|HEAD|ADJUNCTS} \ \boxed{1} \\ \text{COMP-DTRS} \ \boxed{3} \\ \text{ADJ-DTRS} \ \boxed{2} \end{bmatrix}$$

CONDITION : $\forall X \in \boxed{2}$ $\exists Y \in \boxed{1}$ such that

SYNTAX (X) = Y 또는

$\exists Z \in \boxed{3}$ $\exists Y \in$ SYN|LOC|HEAD|ADJUNCTS (Z) such that

SYNTAX (X) = Y 그리고 SYN|LOC|HEAD|MAJ (Z) = N

원리 (316)은 (315)와 같은 VP 기호들을 허용할 것인데 거기서 각 부
가어는 동사적 중심어나 NP 보어들에 의하여 인가된다.

(317)

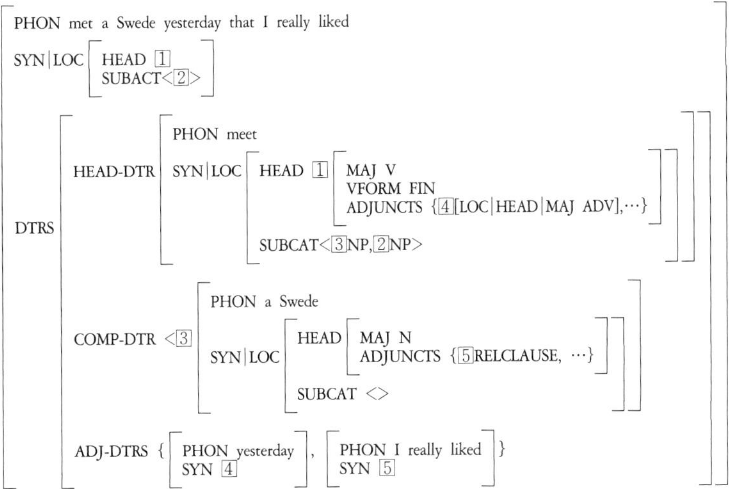

다시 자매 성분들의 선조적 순서는 7장에서 기술되는 LP 규칙들에 의하여 정해진다. 그리고 (315b)의 외치된 관계절도 문법적인데 그 까닭은 (318)에서 보이는 바와 같이 그것이 NP 주어 보어에 의하여 인가되었기 때문이다.

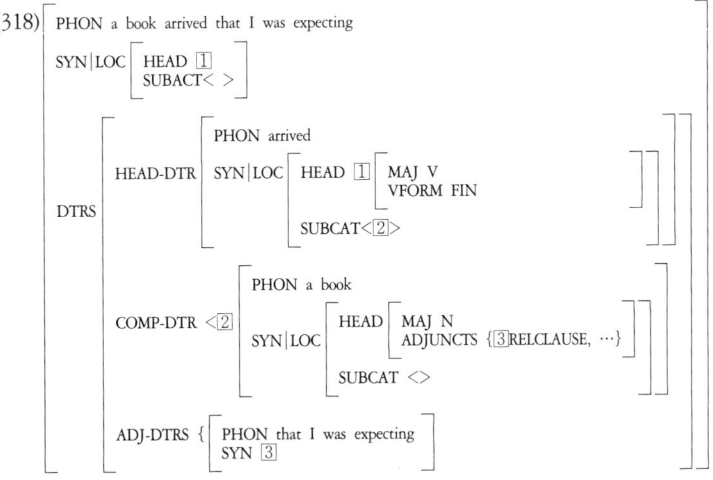

외치된 부가어 구들에 대한 이 분석에 대하여 두 중요한 결과들이 있다. 첫째 목적어 보어와 연합된 외치된 구는 필수적으로 VP 안에 포함되는 반면에 그러한 구가 주어에 관련되면 그것은 VP의 '밖에' 있어야 한다. 곧 S의 딸이어야 한다. 이것이 그러한 것은 ADJUNCTS가 중심어 자질이기 때문인데 (HFP에 의하여) 인가하는 단어 투사들이 상위의 구가 아니라 최대의 구에 명세화되어야 한다. 그리하여 부가어 원리는 NP 보어는 그것이 부가의 자매일 경우에만 부가어를 인가한다는 것을 보증한다. Baltin(1978)은 이것은 외치된 구들의 성분 구조에 대한 정확히 바른 예측이라고 논의한다.

두 번째 결과는 첫째와 관련되는데 인가하는 NP가 내포된 절 안에 위치되어서는 안된다는 것이다. 그리하여 (319)와 같은 예들은 잘못-형성되었다.

    (319) *[That a book arrived] was exciting that I was expecting.

이러한 예들은 외치에 대한 변형적 이론들에 상당히 놀라움을 야기하는데 그것은 (예컨대 Ross(1967)과 Grosu(1972)에서 탐구된 "오른쪽 꼭대기 제약"(Right Roof Constraint들과 같은) 외치 규칙들에 대한 임의적인 제약들을 가정하도록 강요되는 것들이었다. 그러나 (319)와 같은 예들의 잘못-형성됨은 우리가 제안한 인가하는 NP 보어가 외치된 구의 자매가 아니라는 모든 다른 것들과 마찬가지로 부가어 원리로부터 직접적으로 알 수 있게 된다.

6.4. 마무리

이 장에서는 우리는 영어의 중심어 구조들의 기본적인 통사론을 개관했다. 세 (또는 네) 문법 규칙들은 우리가 논의해 온 보편 문법의 원리들과 (다음 장에서 논의되는) 영어의 성분 순서 원리들과 상호 작용하여 (아마도 외치된) 부가어들을 포함하는 넓은 범위의 통사적 현상들을 특징지웠다. 우리가 여기서 제시한 분석들의 놀라운 특성은 문법 규칙들 자체의 단순함이다. 이러한 단순함은 전체 이론의 본질적인 모듈성에 의하여 얻어지는데 거기서 일반적 원리들로 말미암아 그것들의 어휘적 중심어들로부터 예측될 수 있는 기호들에 관한 정보가 규칙들 자체로부터 분리될 수 있다.

6.5. 더 읽을거리

규칙 1~3은 Pollard(1985)에서 (성분 순서 정보가 분리된) 현재의 형식으로 맨 먼저 제안되었고 Pollard(1984)에서의 고도로 도식화된 구 구조 규칙들은 연쇄(concatenation)와 성분 순서를 결정하는 중심어-포장(head-wraping)을 직접 언급하는 것을 제외하고는 유사하다. 중심어 자질 원리는 Gazdar, Pullum과 Sag(1981)에 의하여 처음으로 진술된 중심어 자질 약정을 통합에 따라 재공식화한 것이다. 하위범주화 원리는 Pollard (1985)에서 (과정적 용어로) 처음으로 진술되었는데 Pollard(1984)의 하위범주화 통제 이론의 일반화이다. 부가어 원리는 Sag(1987)에 의하여 처음으로 제안되었다.

성분 순서의 원리

HPSG의 문법 규칙들은 우리가 보아 온 바와 같이 구 기호들의 딸들 (직접 성분들)의 통사적 본질을 명세화한다. 그러나 우리가 앞선 장에서 유의한 바와 같이 그것들은 성분들의 음운론적인 실현들이 발화들에서 나타나는 시간적 순서는 제약하지 않는다. 예컨대 규칙 1은 영어 문장들의 발화에서 주어 NP의 음운론적인 실현이 VP의 음운론적 실현보다 항상 앞선다는 사실은 언급하지 않는다. 성분 순서가 개별 문법 규칙들의 특이한 속성이 아니라는 것은 오랫동안 알려져 왔다. 모든 인간 언어에는 언어의 모든 기호들에 적용되는 딸 성분들의 선조적 순서에 관한 언어에 특수한 제약이 있기 때문에 그것은 문법 규칙에서 분리되어야 한다(are to be factored out). 이 장에서는 우리는 영어에 유용한 성분 순서에 관한 제약들에 대한 몇몇 시험적인 공식들을 개발한다.

여기서 제안된 분석의 전체적 구조는 다음과 같다. 각 언어에 대하여 우리는 그 언어에 특수한 성분 순서 원리(Constituent Ordering Principle, COP)가 있다고 가정한다. 정확히는 COP 일반을 언급하는 것이 아니라 COP_{French}, $COP_{Japanese}$, 따위를 언급한다. 그러나 여기서의 우리의 논의는 일차적으로 영어에 제한될 것이며 영어의 성분 순서 원리를 단순히 COP라고 한다. COP의 본질적 내용은 단순히 구 기호의 음운론이 딸들에 함수적으로 의존되어 있다는 것이다. 곧 구 기호의 PHONOLOGY의 값은 *성분들을-순서지우기*(order-constituents)라는 DAUGHTERS의 값에 대한 함수로 명세화되는데 (320)과 같이 지시된다.

(320) 성분 순서 원리

$$
\textit{phrasal-sign} \;\; [] \;\Rightarrow\; \begin{bmatrix} \text{PHON} & \text{order-constituents} \; (\boxed{1}) \\ \text{DTRS} & \boxed{1} \end{bmatrix}
$$

물론 함수 성분들을-순서지우기에 대한 함수의 정확한 동일성은 언어에 따라 다르다. (게다가 아래에서 보게 되는 바와 같이 다양한 형식의 "뒤섞기"를 허용하는 언어에서는 COP는 성분들의 음운론적 실현들을 순서지우기보다 *끼우기*(interleave) 함수에 따라 정의되어야 할 것이다.) 그러나 일반적으로 성분들을-순서지우기는 그 값으로 항상 기호의 DAUGHTERS의 음운론의 치환(이거나 치환의 이접)을 제공한다. 여기서 지나친 단순화가 포함되어 있는데 그 까닭은 우리가 순서지우기를 바르게 하는데 초점을 맞추고 있기 때문이다. 많은 언어들에서는 복합적인 형태음운론적 효과들도 (예컨대 산스크리트어의 외적 연성(sandhi)과 중국어의 성조 변화 따위도) 설명되어야 한다. 여기서 중요한 점은 일반적으로 구 기호의 PHONOLOGY 값이 딸들의 PHONOLOGY 값뿐만 아니라 그것들의 통사 범주, 그것들의 딸 유형, 그리고 (보어 딸들의 경우에) SUBCAT 목록들의 순서에 의하여 주어진 사격성 계층에서의 그것들의 위치를 포함하는 다른 것들에도 의존한다는 것이다.

원칙적으로 COP의 정확한 진술은 함수 성분들을-순서지우기의 명시적인 정의를 요구한다. 여기서 제안된 영어의 성분 순서에 대한 분석은 아직까지 꽤 시험적이기 때문에 그 진로가 열려 있지 않다. 그 대신에 문헌에서 *선조적 앞섬*(*linear precedence*, LP) 제약들로 알려진 특수한 종류의 많은 제약들을 분리하려고 시도하겠다. 비형식적으로 LP 제약은 단순히 다음과 같은 진술이다. 언어 L의 어떤 구에 대하여 특성 X를 가진 어떤 딸은 특성 Y를 가진 어떤 딸을 반드시 앞서야 하는데 "X < Y"로 쓴다. 아래의 (326)에서 진술된 예는 어휘적 중심어가 어떤 자매들을 선조적으로 앞선다는 LP 제약이다. 그때 우리는 성분들을-순서지우기를 그 값이 모든 LP 제약과 일치하는 (딸들의 PHONOLOGY 값들에 대한) 모든 치환의 이접인 함수로 정의한다.

7.1. 어휘적 중심어

우리는 어휘적 중심어들을 도입하는 두 문법 규칙(규칙 2와 규칙 3)을 보았다. 규칙 2는 수많은 구 유형들(VP, 보통 명사구, PP와 AP)을 특징지우는 반면에 규칙 3은 도치된 한정적 절들을 특성화한다. 이러한 모든 구 유형들에서 (321)~(325)에서 예시하는 바와 같이 어휘적 중심어는 그것의 모든 자매 성분들 앞에 놓여야 한다.

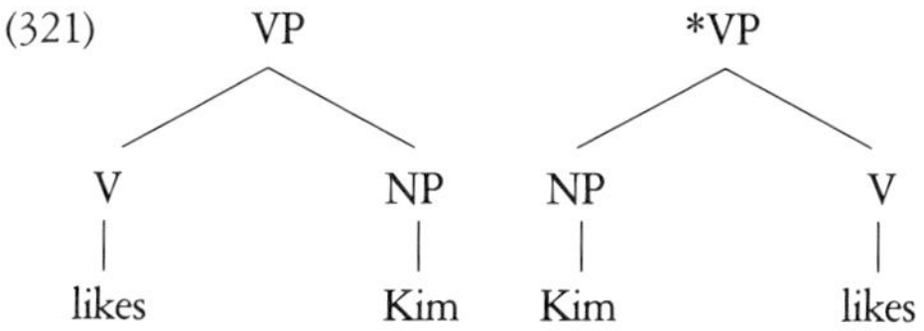

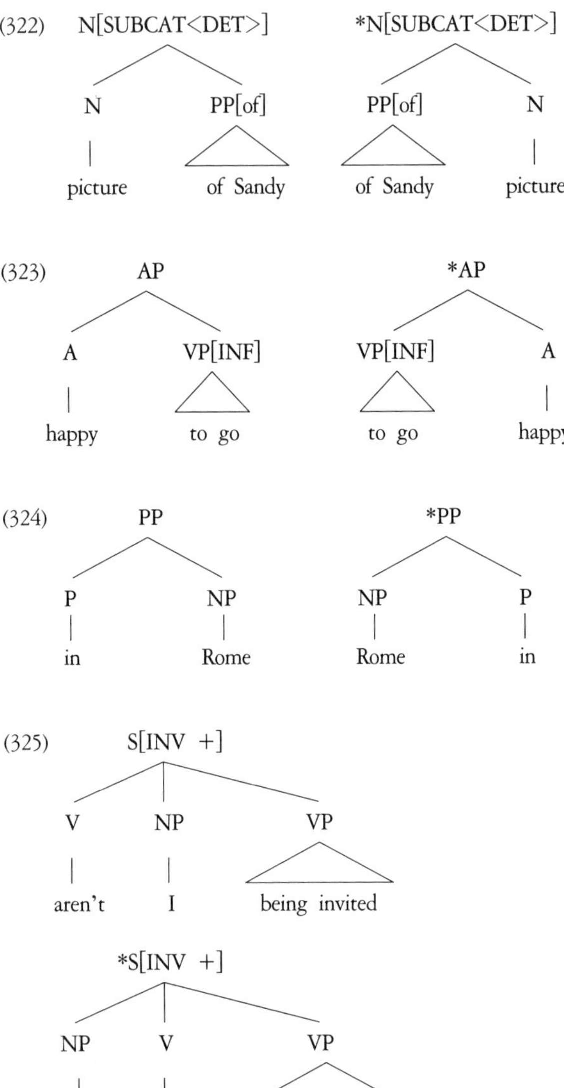
(322)   N[SUBCAT<DET>]   *N[SUBCAT<DET>]
N   PP[of]   PP[of]   N
picture   of Sandy   of Sandy   picture
(323)   AP   *AP
A   VP[INF]   VP[INF]   A
happy   to go   to go   happy
(324)   PP   *PP
P   NP   NP   P
in   Rome   Rome   in
(325)   S[INV +]
V   NP   VP
aren't   I   being invited
*S[INV +]
NP   V   VP
I   aren't   being invited

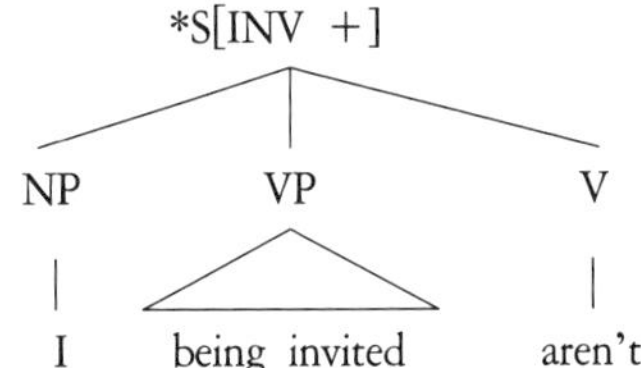

영어의 중심어 구조에 관한 이러한 단순한 일반화는 다음의 LP 제약
에 의해 간결하게 표현된다.

(326) 선조적 앞섬 제약 1 (LP1)
　　　 HEAD[LEX +] < [ ]

LP 1은 단지 영어의 어떤 구 기호에서 어휘적 중심어의 딸(의 음운론
적 실현)은 그것의 *어떤* 자매들(의 음운론적 실현)에 시간적으로 앞서는
것으로 제약된다는 것을 말한다. 간략히는 영어의 어휘적 중심어는 시작
되는-구(phrase-initial)이다.

위에서 살핀 바와 같이 다른 함수 성분들을-순서지우기는 각 언어에
대한 COP(320)의 진술에 포함된다. 이에 대응하여 LP 제약들은 언어에
따라 변이된다. 그리하여 힌디어와 일본어와 같은 언어들에서는 동사들
이 VP에서 끝에 놓이고 전치사들이 아니라 후치사들이 발견되는데 구
기호들은 모두 (327)의 LP 제약과 조화되어야 한다.

(327) 중심어 뒤 언어의 선조적 앞섬 제약
　　　 [ ] < HEAD[LEX +]

따라서 (영어와 같은) 순수하게 중심어-앞 언어들이거나 (일본어나 힌
디어와 같은) 순수하게 중심어-뒤 언어들은 어휘적 중심어를 순서지우는

데 단일한 LP 제약을 요구한다. 혼합된 유형의 다른 언어들은 각각 (326)이나 (327)의 형식에서 적합하게 제약된 둘 이상의 LP 규칙들을 요구할 것이다. 예컨대 동사-뒤이지만, 그렇지 않으면 중심어-앞인 언어는 (곧 전치사들과 명사 뒤 보어들을 가지지만 기본적인 주어-목적어-동사 어순을 드러내는 언어는) (328)과 같은 LP 제약을 가질 것이다.

(328) 혼합 유형의 선조적 앞섬 제약
 a. [ ] < HEAD[LEX +, MAJ V]
 b. HEAD[LEX +, MAJ N∨A∨P] < [ ]

그리하여 LP 규칙들의 체계의 복잡성을 언어의 복잡성(이나 표지성)을 가리키는 것으로 심각하게 간주한다면 우리는 인간 언어들의 다수는 그것들의 어휘적 중심어들의 순서에 상대하여 두 비중개적인 유형들의 하나라는 Greenberg(1962,78ff)의 관찰들에 대한 설명으로부터 시작한다.

7.2. 보어의 순서

LP 1으로부터 어휘적 중심어와 하나의 보어를 가진 어떤 구에서 보어는 중심어 뒤에 와야 한다는 것은 당연하다. 그러나 영어의 구들은 자주 하나 이상의 보어를 포함하고 이것들은 가끔 고정된 순서로 나타난다. 만약 LP 1이 유일한 LP 제약이라면 물론 그때는 자매 보어들이 서로서로에 대하여 자유로이 순서지워지게 될 것이다(일반적으로 LP 제약들이 없으면 성분 순서는 자유로울 것이다). 일본어와 같은 몇몇 언어들이 대략 이러한 방식으로 (곧 위치가 고정된 중심어와 위치가 자유로운 보어들로) 되는 것으로 보이는 반면에 영어는 분명히 그러한 언어가 아니다. 아래

와 같은 예들에서 볼 수 있듯이 복합적 보어들이 규정된 순서로 나타나
야 하는 어떤 구성들이 있다.

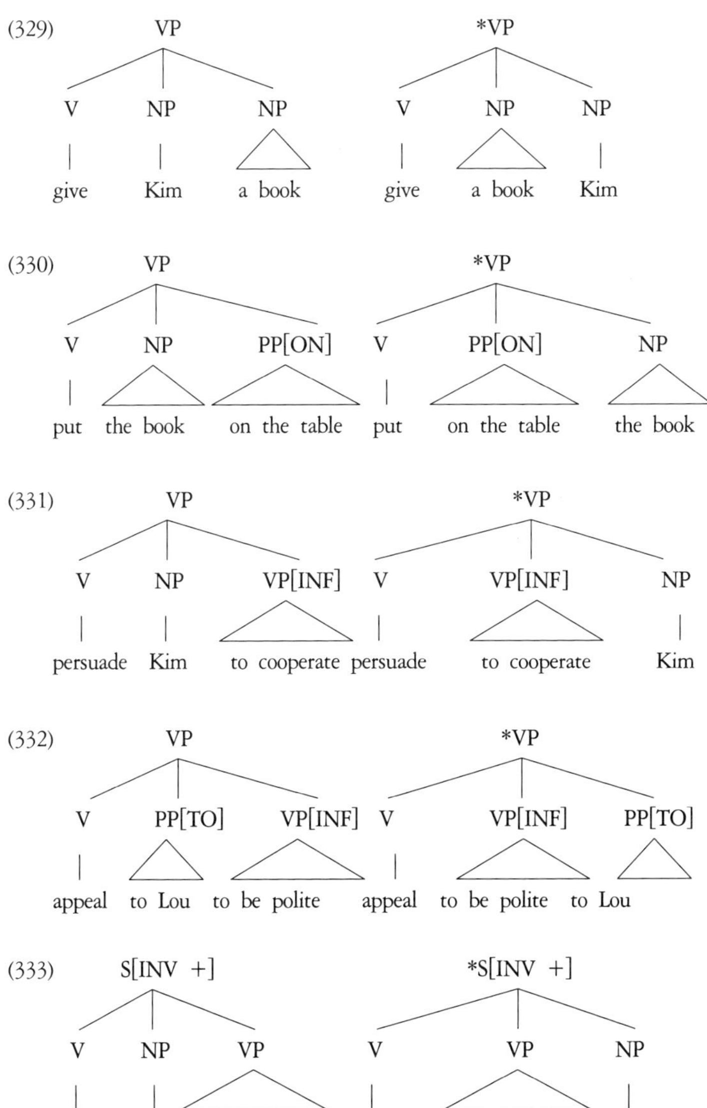

이러한 모든 예들에 관하여 표현되는 일반화가 있다. 덜 사격적인 보어들은 더 사격적인 보어들을 앞선다. 곧 어휘적 중심어의 SUBCAT 목록의 요소와 대응하는 보어는 SUBCAT 요소의 앞선 요소들에 대응하는 보어들을 선조적으로 앞서야 한다. 이 일반화는 (334)에 표현된다.

(334) LP2 (첫 형식화)
COMPLEMENT ≪ COMPLEMENT

여기서 상징 "≪"는 왼쪽 요소가 오른쪽 요소보다 덜 사격적인 경우에만 부과되는 특수한 종류의 제약된 선조적 앞섬 제약을 나타내는 기호이다. (334)의 내용은 그때 어떤 보어 딸(의 음운론적 실현)은 (그것이 중심어 딸의 SUBCAT 목록 또는 어머니의 COMP-DTRS 목록에서 더 왼쪽에 나타난다는 의미에서) 더 사격적인 보어의 어떤 것(의 음운론적 실현)보다 시간적으로 앞서는 것으로 제약되어 있다. LP 2의 효과는 그것의 중심어의 SUBCAT 특성들에 따라 앞선 예들을 다시 고려함으로써 설명될 수 있다.

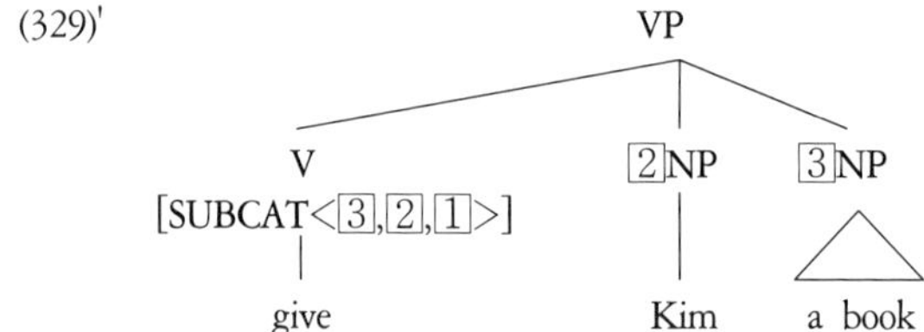

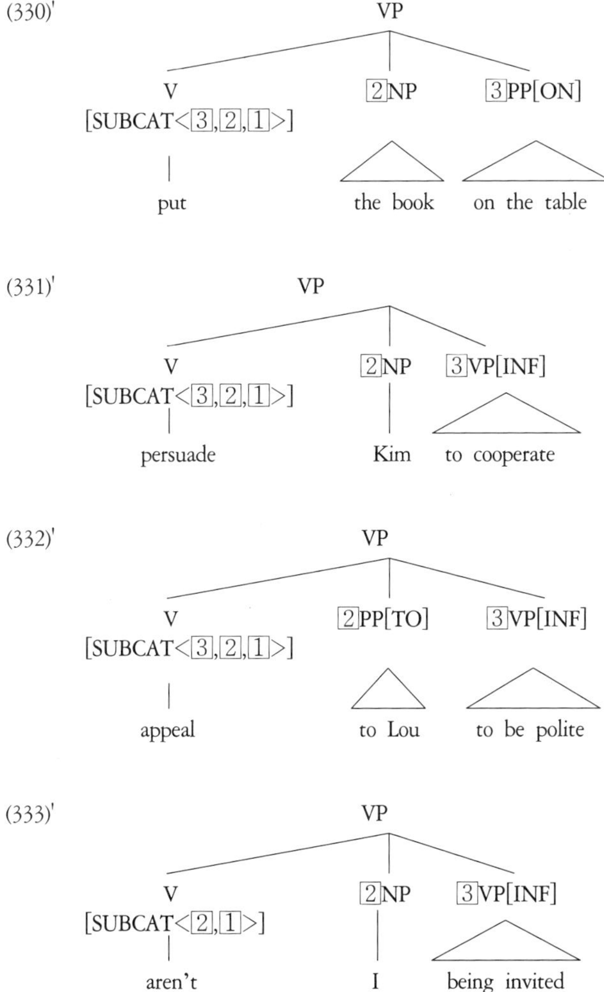

여기서 분리해낸 일반화가 강한 경험적 결과를 가진다는 것을 인식하
는 것이 중요하다. 그 까닭은 SUBCAT 목록들의 요소들의 제안된 순서
에 대한 명백하게 독립적인 정당화가 있는데 표면 순서와의 대략적인
대응 관계와는 별개의 것이다. 최소한 네 가지의 특징적인 종류의 증거

가 이와 관련하여 언급되어야 한다. 어휘 규칙들의 적용가능성, 통제, 결속, 그리고 일치가 그것이다. 예컨대 (329)에서 첫 NP 보어가 직접 목적어(중심어의 SUBCAT 목록에서 끝의 옆에 있는 NP)임을 독립적으로 알 수 있다. 왜냐하면 영어의 모든 방언에서 그것을 피동화할 수 있기 때문이다. 8장에서 개관된 피동화에 대한 어휘 규칙은 직접 목적어 NP만 피동화될 것이라는 전통적인 가정을 구체화한다. 정확히 같은 논의가 (330)과 (331)의 NP 보어들이 직접 목적어들이라는 것을 확립한다. 2권에서 발전된 통제 이론은 VP 보어의 표현되지 않은 주어가 덜 사격적인 보어에 의하여 통제되어야 한다는 것을 곧 더 정확한 의미로는 그것과 "동일한" 것으로 분석되어야 한다는 것을 요구한다. (331')과 (332')의 VP 보어들이 명백하게 목적어 NP와 PP[TO]에 의하여 통제되기 때문에 각각 통제 이론은 이 요소들이 그것들의 VP[INF] 자매들보다 덜 사격적이라는 것을 함의한다. 유사하게 2권에서 발달된 결속 이론은 재귀적 대명사들과 비재귀적 대명사들에 대한 친숙한 제약들을 통제 이론에서 요구되는 같은 계층적인 사격성의 관계들에 따라 설명한다. 마지막으로 (333)의 NP는 주어, 곧 동사의 SUBCAT 목록의 끝의 NP이어야 하는데 그 까닭은 *aren't*는 분명히 이 NP와 일치하고 영어의 동사들은 주어와만 일치를 보이기 때문이다. 따라서 (334)의 LP 제약은 보어들의 표층적 순서를 다른 좀더 추상적인 독립적으로 동기화된 순서, 곧 사격성 계층에 의하여 부여된 순서와 관련시키는 일반화를 구성한다.

　LP 2에서 구체화된 일반화는 *verb-particle* 구성을 보면 조금 수정되어야 하는데 그것의 두드러진 특징은 (335)에 예시된 단어 순서의 변이이다.

　　(335) a. I looked up the answer.

　　　　　b. I looked the answer up.

우리는 이 순서 변이를 *look*에 대한 관련된 의미(sense)가 어휘 기호 (336)에 의하여 표현된다고 가정함으로써 설명할 수 있다.

(336)

$$
\begin{bmatrix}
\text{PHON} & \text{look} \\
\text{SYN}\,|\,\text{LOC}\,|\,\text{SUBCAT} & \langle \text{PART[UP]}, \text{NP}\boxed{1}, \text{NP}\boxed{2} \rangle \\
\text{SEM}\,|\,\text{CONT} & \begin{bmatrix} \text{RELN} & \text{LOOK-UP} \\ \text{SEARCHER} & \boxed{2} \\ \text{SOUGHT} & \boxed{1} \end{bmatrix}
\end{bmatrix}
$$

여기서 명세화 PART[UP]은 선택하여 채택할 수 있는 첨사의 어떠한 분석에 대한 대역이다. 여기서 관련될 단 하나의 특성은 자질 LEX에 관하여 비명세화되어 있다는 것인데 이 가정의 의의는 곧 나타날 것이다. 우리는 VP에 나타나는 NP 보어들이 피동화될 수 있기 때문에 직접 목적어(SUBCAT 목록에서 끝에서-두 번째)임을 안다. 우리는 SEMANTICS| CONTENT 값을 포함시켜 이 어휘적 형식이 의미론적으로 LOOKING-UP과 관련되어 있다는 것을 분명히 했다. *up* 구와의 통사적 결합은 일반적 통사 원리들에 따르지만 *up* 첨사 자체는 의미론에 직접적으로 기여하지 않는다. 오히려 완전한 어휘 형식이 그러한 첨사에 대하여 하위범주화함으로써 특징지워지는데 그 자체로 LOOKING-UP과 연합된다.

LP 2에 대하여 요구되는 수정은 더 사격적인 보어를 구([LEX −]) 기호에 한정시키는 것이다. 곧 수정된 일반화는 (337)에 예시된 바와 같이 보어는 더 사격적인 구 보어를 앞서야 한다는 것이다.

(337) LP2 (두 번째 형식화)

COMPLEMENT ≪ COMPLEMENT[LEX −]

그리하여 만약 (336)의 동사의 형식에 대한 첫 보어가 [LEX −]로 실현된다면 LP 2는 사격성 계층에서 더 높은 직접 목적어 NP가 PP를 선조적으로 앞서야 한다는 것을 요구한다. 그러나 만약 그 보어가 [LEX +]로 실현된다면 LP 2는 직접 목적어에 아무런 순서 제약을 부과하지 않는다.

이것은 얼핏 보아 첨사 *up*의 두 출현들 사이를 구별하는데 동기화되지 않은 특징인 것으로 보일지도 모르지만 첨사들을 (그리고 Edmonds (1976)에서 논의된 바와 같이 전치사들을) 수식하는 예컨대 *right*와 같은 약간의 수식어들이 있다는 것을 고려한다면 그렇지 않다. 그러한 수식어들이 나타나면 첨사는 필수적으로 구이고 직접 목적어 뒤에 와야 한다.[47]

> (338) a. *I looked right up the answer.
>
> 　　　b. 　I looked the answer right up.

이제 동사-첨사 구성과 두 번째 목적어들의 상호작용과 관련하여 일어나는 문제에 착수한다. 여기서 문제는 다음과 같은 예들의 대조를 설명하는 것이다.

> (339) a. 　The chairman sent the members (right) out a report.
>
> 　　　b. *The chairman sent the members a report (right) out.

게다가 Edmonds(1976)에 의하여 지적된 바와 같이 몇몇 화자들은 첨사가 NP 보어 모두를 앞서는 것도 허용한다.

---

47) 예 (338a)는 물론 *right up the answer*가 방향적 구인 부적절하고 그럴듯하지 않은 해석에서는 문법적이다.

(340) a. The chairman sent out the members a report.

      b. *The chairman sent right out the members a report.

우리가 제안하고 있는 **LP** 분석 아래서 만약 우리가 (341)에 부분적으로 명세화된 어휘 기호가 (340)을 허용하지 않는 방언들에서 적절하다고 가정하면 이러한 자료들은 자연스럽게 설명된다.[48)]

$$(341) \quad \begin{bmatrix} \text{PHON} \qquad\qquad \text{sent} \\ \text{SYN}|\text{LOC}|\text{SUBCAT}<\text{NP, PART[DIR, LEX } -], \text{ NP, NP}> \end{bmatrix}$$

LP 2에 의하여 직접 목적어 **NP**는 구적 첨사와 두 번째 목적어 둘다를 앞서는 것이 요구될 것이고 첨사는 두 번째 목적어를 선조적으로 앞서는 것이 요구될 것이다. 따라서 (339a)는 유일하게 허용되는 순서이다. (340a)를 허용하는 방언의 경우에는 요구되는 유일한 조정은 첨사를 **LEX**에 대하여 명세화하지 않는 것이다.

$$(342) \quad \begin{bmatrix} \text{SYN}|\text{LOC}|\text{SUBCAT}<\text{NP, PART[DIR], NP, NP}> \end{bmatrix}$$

이 보어가 [LEX +]로 실현되면 **LP** 2는 직접 목적어가 그것을 앞선다는 것을 더 이상 요구하지 않고 따라서 (339a)와 마찬가지로 (340a)를 허용한다. (339b)는 바라는 대로 그러한 방언들에서 저지된다. 그리고 (340b)는 *right out*가 구이므로 허용되지 않는다.

---

48) 여기서 [DIR]은 'directional'의 생략형인데 아마 문제의 특징은 본질적으로 의미론적일 것이다.

우리가 지금까지 고려한 **LP** 제약들은 "무표적인" 성분 순서들, 곧 특별한 담화 기능에 의해 강요되지 않은 요소들의 순서들만 지배한다는 것을 알아차리는 것이 중요하다. (343)에서와 같은 "초점화된" 성분들을 포함하는 순서의 변이형들을 설명하는 것이 남아 있는데 이것들은 보통 "무거운 NP 이동"(Heavy NP Shift)이라는 다소 정확하지 않은 제목 아래 논의되었다 (부정확하다는 것은 비-NP들도 영향을 받을 수 있기 때문이다).

(343) a. Kim [put [on the table] [the book he bought in Vienna]].

b. Sandy [gave [to Kim] [the book she bought in Vienna]].

대략 말하자면 초점화된 성분은 그것이 충분히 (거의 이해되지 않은 용어로) "무겁다고" 가정되면 기대되는 위치 대신에 구의 끝에 나타나는 것을 허용한다. 이러한 예들의 VP 안에서의 성분 순서는 분명히 LP 2에 어긋난다.

여기서 문제는 어떤 성분 순서가 무표적인 것으로 어떻게 확인할 수 있는가 하는 것이다. 우리가 유용하다고 생각해 온 하나의 진단법은 끝의 앞의(prefinal) 주요 성분에 대조적인 성조 강세가 놓이는 가능성을 살피는 것인데 그것은 유표적 어순의 경우에는 불가능한 것으로 보인다. 이것은 다음과 같은 그러한 예들의 어긋남에 의하여 예증된다. I put [on the TABLE] an autographed copy of Situations and Attitudes. (여기서 대문자는 대조 성조 강세의 위치를 가리키기 위하여 사용되었다).

(343)과 같은 예들을 설명하기 위하여 우리는 (344)에 주어진 새 LP 제약을 제안한다.

(344) 초점 규칙 (LP3)

[MAJ ⌐N] < [FOCUS +]

여기서 [FOCUS +]는 (가능한 한 음운론적 요인들과 담화적 요인들을 포함하는) 초점의 개념을 선택하여 적용하는 어떤 분석을 생략한 것이다. 왼편의 약정 [MAJ ˥N]는 초점화된 요소가 NP 자매의 오른쪽으로 이동하는 것을 막기 위하여 요구되는데 그 까닭은 (345)가 비문법적이기 때문이다.

(345) *Kim [gave [a book] [the fine young student who came to the reception]].

불행히도 현재의 상태로는 (344)가 문제가 있다. 그 까닭은 (343)의 예가 (344)와 양립한다 하더라도 그것은 LP 2를 어긴다는 것이다! (LP 제약들은 언어의 모든 구에 적용되는 것으로 가정된다는 것을 상기하라.) 물론 바람직한 분석은 (333)은 *보통의(usual)* 순서인 반면에 (어떤 더 사격적인 자매를 앞서지 않는) 초점화된 보어는 어기는 것으로 간주되지 않아야 한다.

이러한 종류의 문제의 해결 방법은 Uszkoreit(1986)에 의하여 개발되었는데 LP 제약들을 이접적인 집합으로 묶는 것을 포함한다. 이러한 제안에서는 교체되어 잘-형성된 것이 되는 순서에서 각 이접적 집합에서 하나의 LP 규칙을 만족시키기만 요구한다. 이러한 접근 방식을 채택하면 우리는 단지 LP 2와 LP 3을 하나의 이접적인 LP 제약으로 접을 것이다. 이러한 제안은 다소 사변적이기는 하지만 성분 순서에 관한 문법적 제약과 화용적 제약의 복잡한 상호 작용을 연구하는 흥미 있는 방향을 제시한다.

7.3. 사격성 계층의 확장

앞절에서 논의된 모든 순서 제약들은 주어진 구 기호에서의 자매들로 나타나는 하위범주화된 요소를 포함한다. 이 절에서는 하위 범주화된 보어들의 자매들로서 나타나는 어떤 수식어들의 어순 특성들을 고려한다.

(346)에서와 같이 부사들이 전형적으로 하위범주화된 보어들의 뒤에 온다면 그것들은 성분 순서에서 항상 더 위에 덧붙을 것이라고 결론내리고 싶어진다.

(346) a.   Kim gave Sandy a book yesterday.
　　　 b. *Kim gave yesterday Sandy a book.
　　　 c. *Kim gave Sandy yesterday a book.

관련된 덧붙음은 (347)에 보이는 바와 같이 S이거나 (348)에 보이는 바와 같이 VP일 것이다.

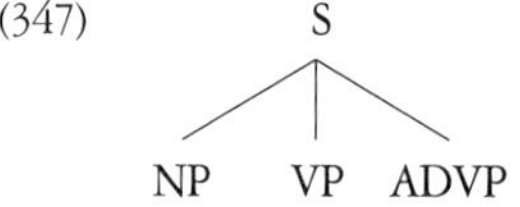

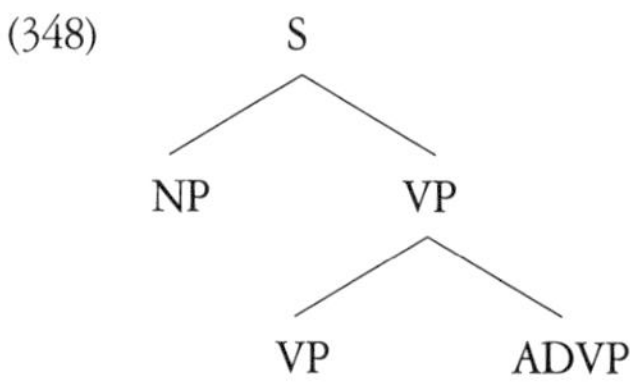

게다가 물론 어떤 부류의 부사적 수식어들은 (349)에서와 같이 동사 앞에 나타날 수도 있다.

(349) a. Yesterday Kim gave Sandy a book.

b. Kim yesterday gave Sandy a book.

이 문장들에 대한 구조들은 (350)의 구조와 아주 가까울 것이다.

(350) a.

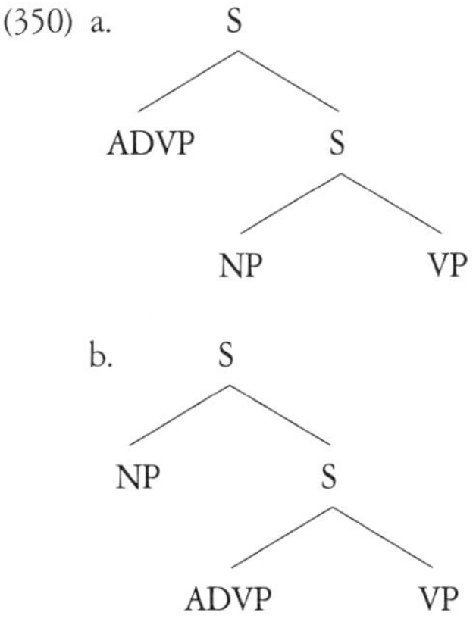

b.

우리는 (350)과 같은 구조들에 관해서는 더 말할 것이 거의 없다. 그
보다는 우리는 여기서 동사-뒤의 부사적 수식어들에 대한 분석에 우리의
관심의 초점을 둘 것이다.

어떤 보어들은 부사적 수식어들 뒤에 나타날 수도 있다.

(351) a. We persuaded Sandy last week to resign from the committee.

b. They argued convincingly that Lou should resign.

c. I want very much to participate.

d. They want very much for us to participate.

다른 동기화되지 않은 문법 규칙들로 보일 것을 기꺼이 도입하지 않
는다면 (351)에서와 같은 VP의 존재는 직접적으로 다양한 종류의 부가

어 구들이 VP의 딸들로 도입되어 (352)에 보이는 것과 같은 보어 구들 사이에 산재할 것이라는 결론으로 이끈다.

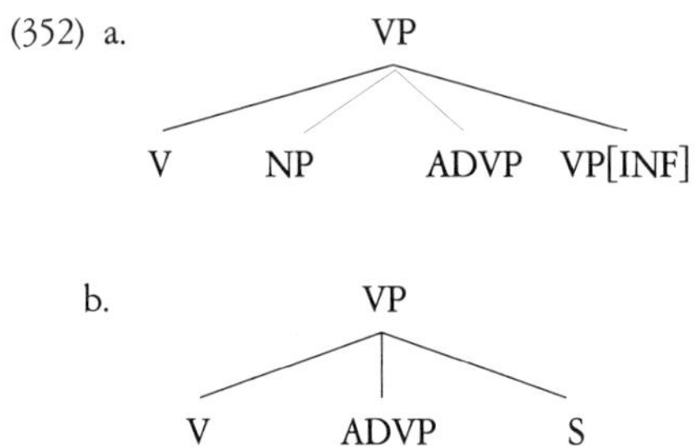

이러한 구조들은 6장에서 논의되었는데 속성 ADJUNCT-DAUGHTERS 에 따라 분석된다.

부가어 딸들의 도입은 물론 어떤 LP 제약들이 보어들에 상대적인 부 가어들의 순서를 지배하는가 하는 것이 문제가 된다. (351)의 예가 보여 주는 바와 같이 VP와 S 보어들은 부가어들 뒤에 올 수 있지만 위 (346) 의 자료들은 (무표적인 경우에) NP 보어들이 부가어들을 앞서야 된다는 것을 분명히 보여 준다. 유사하게 다음의 대조들에 기초하여 우리는 보 어 PP와 AP에 대한 무표적 위치가 그것들의 자매로서 도입되는 어떤 부가어들을 앞선다고 결론내릴 수 있을 것이다.

(353) a. Lou handed a book to the kids last Sunday.

b. *Lou handed last SUNDAY a book to the kids.

c. *Lou handed a book last SUNDAY to the kids.

(354) a. Chris put the book on the table after lunch.

b. *Chris put after LUNCH a book on the table.

c. *Chris put a book after LUNCH on the table.

(355) a.   Leslie turned red last Tuesday.

  b. *Leslie turned last TUESDAY red.

앞에서와 같이 우리는 끝의 앞의 성분에 성조 강세를 놓는 것을 대문자로 표시한다. (상기해야 하는 것은 우리가 끝의 앞의 성분에 성조 강세를 놓을 수 없는 것을 주어진 성분 순서가 유표적이라는, 곧 (344)의 담화에-기반한 LP 규칙에 의하여 인가되는 것이지, 무표적 성분 순서 패턴들을 결정하는 원리들에 의하여 인가되는 것이 아니라는 증거로 간주한다는 것이다.)

이러한 자료들에 대한 자연스러운 분석은 앞서 논의된 사격성 계층을 보어들과 마찬가지로 부가어들을 포함시키도록 확장함으로써 얻어진다. 생각은 아주 단순하다. 부어가어들은 보어들보다 더 사격적이다. 그리하여 LP 2는 보어들이 더 사격적인 보어들을 앞서기를 요구하는데 보어들이 부가어들도 앞서기를 요구하도록 확장될 수 있다. VP 보어들과 S 보어들이 이 요구에 영향을 받지 않는다는 것을 보았기 때문에 우리는 LP 2의 일반화의 영역으로부터 그것들을 배제해야 하는데 LP 2의 일반화는 지금 (356)으로 재공식화한다.

(356) LP 2 (마지막 공식화)
  COMPLEMENT[MAJ ⌐V] ≪ [LEX −]

이 공식화는 NP 보어, PP 보어와 AP 보어들이, 그것들이 보어들이거나 부가어들이거나 간에 더 사격적인 자매 구들 앞에 온다는 것을 보증한다. 그것은 VP 보어들과 S 보어들이 더 사격적인 자매들의 앞에 오는 것을 요구하지 않기 때문에 (351)의 예들을 바르게 허용할 뿐만 아니라 그것들이 (357)의 다시 순서지워진 짝들도 허용한다.

(357) a. We persuaded Sandy to resign from the committee last week.

b. They argued that Lou should resign convincingly.

c. I want to participate very much.

d. They want (for) us to participate very much.

LP 2는 이제 동사-첨사 구성을 포함하는 더 이상의 자료들, 곧 (358)의 대조들도 설명한다.

(358) a. He looked up the number quickly.

b. He looked the number up quickly.

c. *He looked the number quickly up.

d. *He looked quickly up the number.

e. *He looked quickly the number up.

f. *He looked up quickly the number.

이러한 사실들은 위 (336)의 어휘 형식과 방금 주어진 LP 2의 일반화된 형식으로부터 직접적으로 나온다. 부사구는 동사-뒤 보어들의 가장 사격적인 자매이고 따라서 모두 그것들을 뒤따라야 한다.

이에 더하여 흥미롭게도 동사 appeal의 보어들의 엄격한 순서 (위 (332)를 보라) 곧, PP[TO] 보어가 VP[INF] 보어에 의무적으로 앞서는 것은 표면적으로 유사한 동사 *appear*에는 유지되지 않는다. (359a)와 (359b) 둘다 잘-형성되었다.

(359) a. Kim appeared to Sandy to be unhappy.

b. Kim appeared to be unhappy to Sandy.

앞서 지적했듯이 2권에서 개관된 통제 이론은 (보어의 통제자가 항상

덜 사격적이어야 하기 때문에) appeal의 PP[TO] 보어가 VP[INF] 보어
보다 덜 사격적이라는 것을 진술한다. 그러나 appear의 PP[TO] 보어가
VP[INF] 보어보다 덜 사격적이라고 말할 그러한 동기가 없다. 더더구나
반대되는 보어 사격성 순서를 한번 가정하면 곧 *appear*가 어휘적으로
[SUBCAT<PP[TO],VP[INF],NP>]로 명세화된다고 가정하면 우리는
(359)의 사실들에 대하여 직접적으로 설명하게 된다. LP 2는 VP 보어들
이 더 사격적인 구들을 선행하기를 요구하지 않기 때문에 (359)의 두 순
서 모두 허용된다.

이제 피동 동사구들의 순서 특성을 고려하라. 그러한 구들에서 수의적
으로 나타나는 PP[BY]들은 NP 보어들을 뒤따라야 하지만 VP 보어들에
대해서는 자유로이 순서지워진다.

(360) a.   Renē was given a book by Dominique.
       b. *Renē was given by DOMINIQUE a book.

(361) a. Lou was persuaded to go home by Terry.
       b. Lou was persuaded by TERRY to go home.

이 대조는 PP[BY]들이 그것들의 자매 보어들보다 더 사격적이라는 (8
장에서 공식화된 피동 어휘 규칙의 결과인) 가정 아래 당연한 것이다.
그때 LP 2는 (360)에서 덜 사격적인 NP 보어가 PP[BY]를 앞서지만 덜
사격적인 VP[INF] 보어에 대해서는 어떤 순서도 자유로이 허용한다.

우리의 운율 기준을 무표적 단어 순서에 조심스럽게 적용함으로써 우
리는 또 PP[TO] 보어들이 피동의 PP[BY] 보어들보다 덜 사격적이라는
것을 확인할 수 있다는 것을 언급하는 것은 흥미롭다.

(362) a.　The book was given to a TEACHER by Sandy.

　　　b. ?*The book was given by a TEACHER to Sandy

이 대조는 미묘하지만 실제로 PP[BY]가 하위범주화된 어떤 자매 요소보다도 더 사격적이라는 것을 나타낸다.

우리가 부사적 수식어들에 대한 PP[BY]의 순서를 고려하면 문제는 다르다. 무표적 순서에서는 (363)의 대조에서 나타나듯이 by-구가 부사구를 앞선다.

(363) a.　Sandy was killed by a TRUCK last night.

　　　b. ?*Sandy was killed last NIGHT by a truck.

(362b)와 (363b)가 완전히 받아들일 수 없다고 주장하는 것이 아니라 다만 그것들이 무표적인 문법 패턴들에 의해서가 아니라 특수한 담화적 고려들에 의하여 허가된 순서라고 주장할 뿐이라는 것을 유의하라. 물론 그러한 순서들이 나타날 때 우리는 성조 강세는 만약 있다면 (363')에서와 같이 끝의 (초점화된) 주요한 성분에 주어질 것이라고 기대할 수 있다.

(363') Sandy was killed last night by a TRUCK.

만약 이러한 관찰들이 옳다면 그때는 PP[BY]들 자체는 보어들이지만 어떤 주어진 피동사 형식에 의하여 하위범주화된 가장 사격적인 성분들이라고 결론지을 이유가 된다. 이 결론에 따르면 방금 고려된 모든 자료들이 설명될 것인데 그 까닭은 그 결론에 따라 PP[BY]들이 다른 보어들보다 더 사격적이지만 부사적 수식어들보다는 덜 사격적이라는 것을 알 수 있기 때문이다.

적절한 피동 동사 형식들은 어휘 규칙(8장을 보라)에 의해 생성되는데 어휘 규칙은 입력들인 능동 동사의 SUBCAT 목록에 대하여 *순환적인 치환(cyclic permutation)*을 수행하여 출력들인 피동 형식을 만들어낸다.[49) 그리하여 피동 어휘 규칙은 (364)의 능동 동사 형식들을 (365)의 피동 형식들로 사상된다.

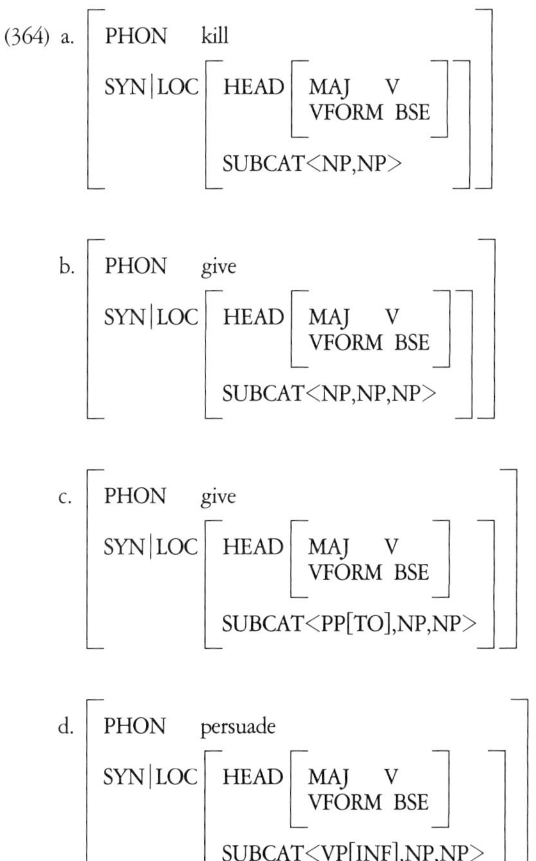

---

49) 물론 의미 역할의 부여들은 피동에서도 유지되는데 출력 형식의 **PP[BY]**는 입력인 능동 형식의 주어와 같은 의미 역할이 부여된다.

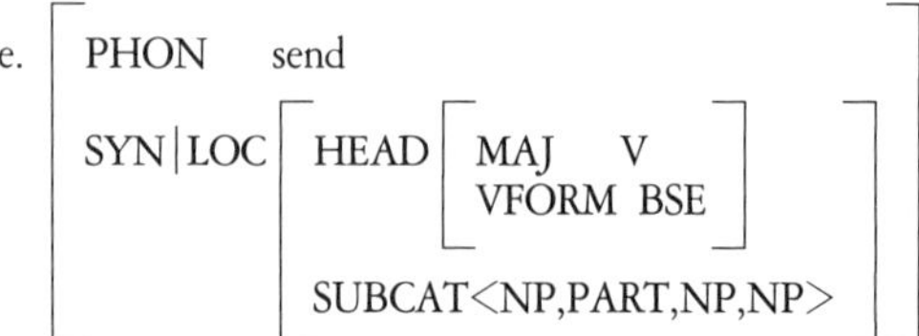

e.
$$\begin{bmatrix} \text{PHON} & \text{send} \\ \text{SYN}|\text{LOC} & \begin{bmatrix} \text{HEAD} & \begin{bmatrix} \text{MAJ} & \text{V} \\ \text{VFORM} & \text{BSE} \end{bmatrix} \\ \text{SUBCAT}\langle\text{NP,PART,NP,NP}\rangle \end{bmatrix} \end{bmatrix}$$

(365) a.
$$\begin{bmatrix} \text{PHON} & \text{killed} \\ \text{SYN}|\text{LOC} & \begin{bmatrix} \text{HEAD} & \begin{bmatrix} \text{MAJ} & \text{V} \\ \text{VFORM} & \text{PAS} \end{bmatrix} \\ \text{SUBCAT}\langle\text{PP[BY],NP}\rangle \end{bmatrix} \end{bmatrix}$$

b.
$$\begin{bmatrix} \text{PHON} & \text{given} \\ \text{SYN}|\text{LOC} & \begin{bmatrix} \text{HEAD} & \begin{bmatrix} \text{MAJ} & \text{V} \\ \text{VFORM} & \text{PAS} \end{bmatrix} \\ \text{SUBCAT}\langle\text{PP[BY],NP,NP}\rangle \end{bmatrix} \end{bmatrix}$$

c.
$$\begin{bmatrix} \text{PHON} & \text{given} \\ \text{SYN}|\text{LOC} & \begin{bmatrix} \text{HEAD} & \begin{bmatrix} \text{MAJ} & \text{V} \\ \text{VFORM} & \text{PAS} \end{bmatrix} \\ \text{SUBCAT}\langle\text{PP[BY],PP[TO],NP}\rangle \end{bmatrix} \end{bmatrix}$$

d.
$$\begin{bmatrix} \text{PHON} & \text{persuaded} \\ \text{SYN}|\text{LOC} & \begin{bmatrix} \text{HEAD} & \begin{bmatrix} \text{MAJ} & \text{V} \\ \text{VFORM} & \text{PAS} \end{bmatrix} \\ \text{SUBCAT}\langle\text{PP[BY],VP[INF],NP}\rangle \end{bmatrix} \end{bmatrix}$$

e. $$\begin{bmatrix} \text{PHON} & \text{sent} \\ \text{SYN}\,|\,\text{LOC} & \begin{bmatrix} \text{HEAD} & \begin{bmatrix} \text{MAJ} & \text{V} \\ \text{VFORM} & \text{BSE} \end{bmatrix} \\ \text{SUBCAT}\langle\text{PP[BY],NP,PART,NP}\rangle \end{bmatrix} \end{bmatrix}$$

그리고 (365)의 형식은 능동 형식들과 같은 문법 규칙들에 따라 보어들과 부가어들과 결합한다. LP 1과 LP 2는 상호작용하여 (366)~(368)에 예시된 바와 같은 피동 동사들의 보어들의 순서지우기에 대한 제약들을 예측한다.

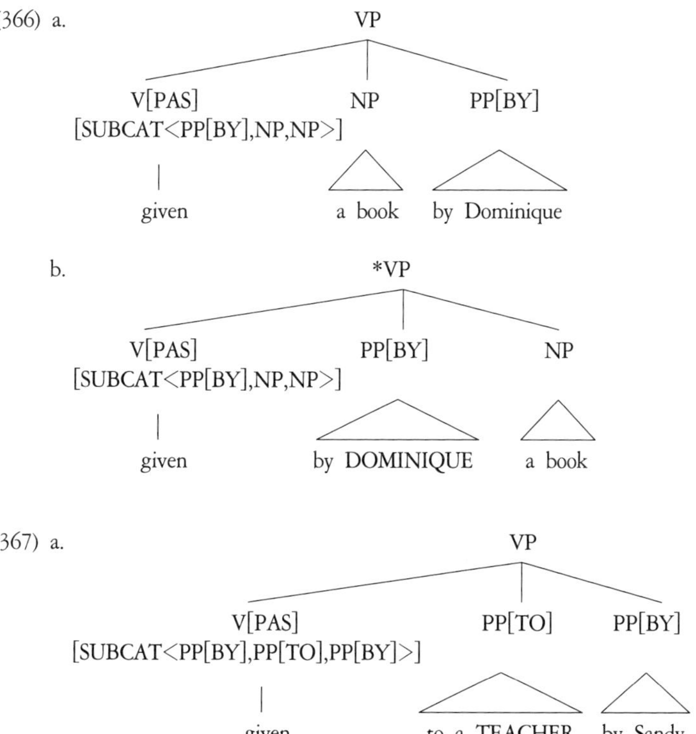

b.

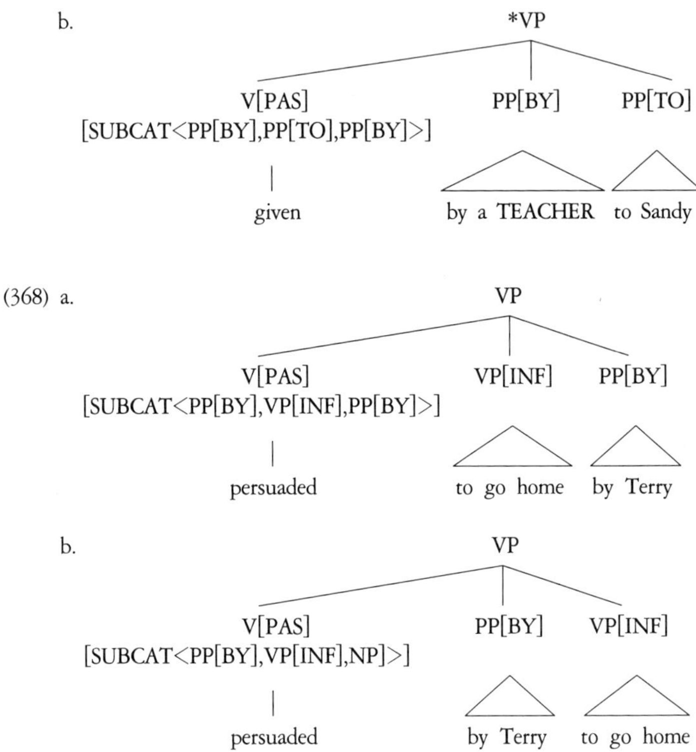

(368) a.

b.

더더구나 send와 같은 첨사를 취하는 동사들의 피동화와 관련된 다음
과 같은 부가적인 사실들도 문자 그대로 예측된다.

(369) a.

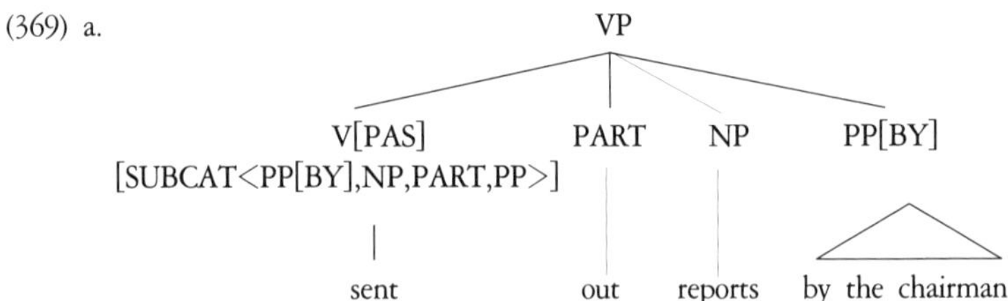

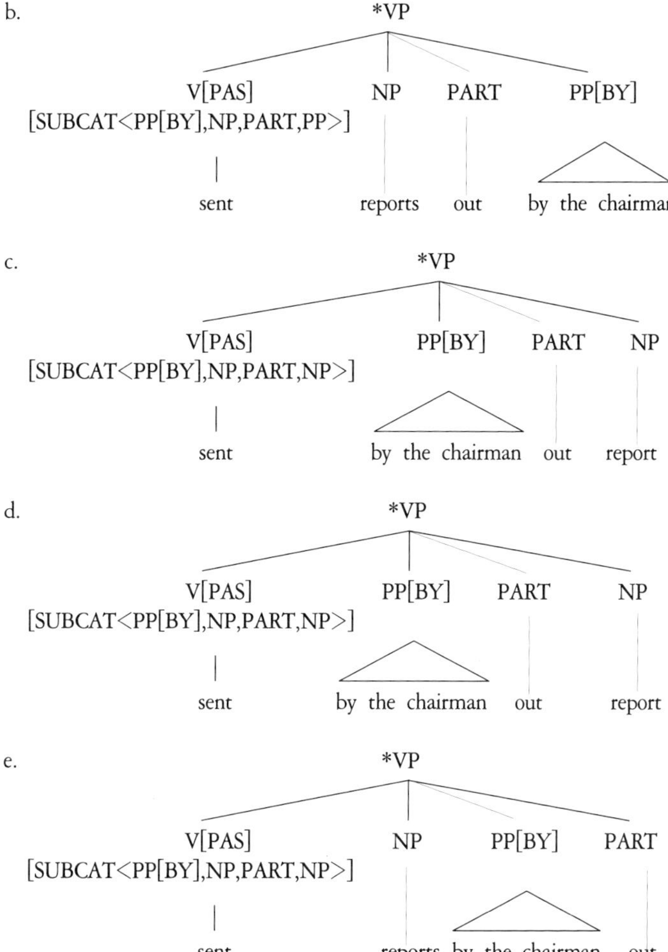

이러한 예들에서 다만 (369a)만 더 사격적인 보어가 LP 2의 수정에 의하여 허가된 것과 같이 (365e)에서 수동형 sent에 대해서 어휘적 형식과 함께 주어진 덜 사격적인 보어 앞에 나타나지 않았다.

마지막으로 LP 2에 의하여 설명된 자료들의 범위가 만약 구들의 중심 어들도 사격성 계층에 참여한다고 가정하면 더 이상 확장될 수 있다는 것을 지적하자. 만약 중심어들이 부가어들과 같이 모든 보어들보다 더 사격적이라고 가정하면 그때는 LP 2는 공식화된 바와 같이 도치되지 않은 절들과 포화된 서술적 구들(작은 절들)에서의 주어 보어의 순서와 명사적 구 중심어 앞에 오는 한정사들과 소유적 NP 보어들을 설명한다. 이 구조들은 (370)에 예시된다.

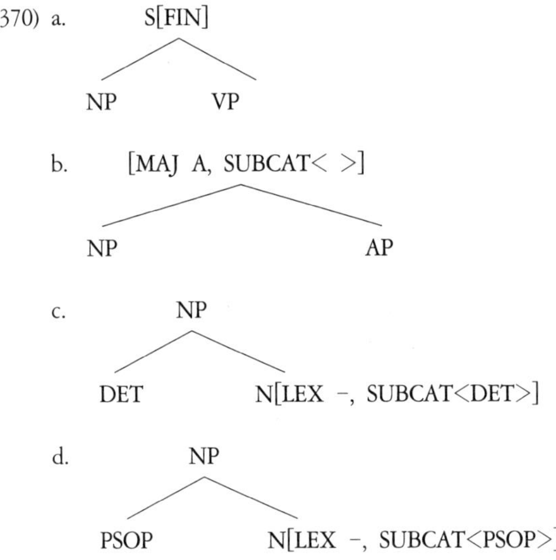

이것은 주어들과 명사 앞의 보어들의 위치를 다루는데 있어서 두 유용한 분석들 중의 하나이다. 다른 것은 다음의 LP 규칙을 일반화하는 것인데 이 규칙은 filler-gap 구성들에서 filler 딸들이 그것들이 결합하는 절들 앞에 놓인다는 것을 독립적으로 보증하기를 명백히 요구한다.

(371) Filler-Head 규칙(LP 4)

FILLER < HEAD[LEX −]

LP 4는 (372)에 예시된 순서 제약을 올바르게 보증한다.

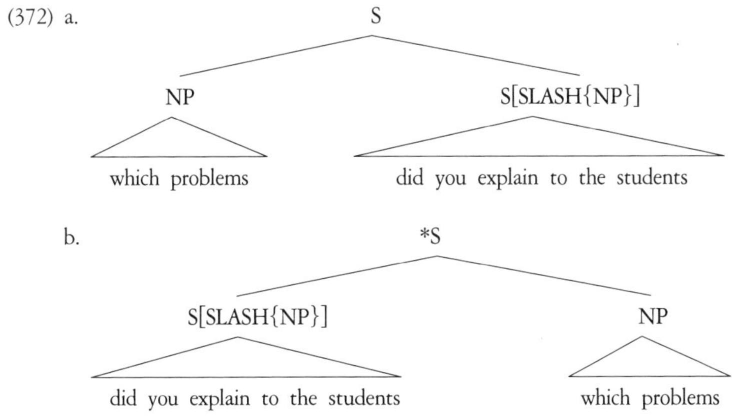

7.4. 마무리

이 장에서는 영어의 성분 순서의 이론에 대하여 비형식적이고 다소 시험적인 개관을 제시했다. 이 이론은 함수 성분들을-순서지우기를 가정하는데 그것은 구 기호의 PHONOLOGY 값을 그것이 영어의 모든 LP 제약들과 양립하는 기호의 딸 성분들의 PHONOLOGY 값들의 치환들의 하나이어야 한다는 방식으로 제약한다. 우리가 고려한 LP 제약들은 다양한 종류의 정보를 언급한다. 통사 범주(LEX, MAJ), 문법적 기능(사격성 계층), 담화 정보(FOCUS). 이 접근 방법은 성분들의 순서가 문법적 정보와 기능적 정보의 복합적인 함수라는 전통적인 지혜를 통합한다.

좀더 단어 순서가 자유로운 언어들에 관하여 사색하는 것은 흥미로운데 그러한 언어들에 대하여 가끔 이루어진 주장들이 다소 과장된 것으로 보이고 그들이 기초하고 있는 자료들이 가끔 모호하다 할지라도 그러하다. 그것들이 다양한 정도의 단어 순서 자유를 보이는 것, 곧 때때로 가정되듯이 "형상적" 언어들과 "자유로운 단어 순서" 언어들로 깨끗하게 정돈되는 것이 아니라는 것은 인간 언어의 기본적인 사실이다. 단어 순서 변이에 대한 우리의 접근 방식은 이러한 두 순서 유형들 사이의 "중간 영역"(gray area)을 설명하고자 하는 것이며 어떤 유형의 성분들은 상대적으로 내부적으로는 자유 단어 어순을 허용하지만 그것들의 내적 요소의 어느 것도 상위의 절들에는 "나타나지 않는"(escape) 사실을 설명하고자 하는 것이다.

어떤 성분들의 "뒤섞기"를 허용하는 언어는 구 기호들의 PHONOLOGY 값이 항상 딸 기호들의 PHONOLOGY 값들과 치환되는 것은 아닌 언어들이다. 뒤섞인 기호들은 달리 말하자면 매개변항화되어 있을지라도 함수 성분들을-순서지우기에 의하여 제약되지 않는다. 오히려 그것들은 우리가 "성분들을 끼우기"(interleave-constituents)라고 하는 함수에 의해 제약된다. 이 함수는 딸 기호들의 PHONOLOGY 연쇄들의 조각들이 더 큰 기호들의 구성에서 다른 딸들의 PHONOLOGY 연쇄들의 조각들에 끼워지는 것을 허용한다. 성분들을-끼우기는 성분들을-순서지우기와 같이 언어에-특수한 LP 제약들을 따라야 한다. (그리고 "자유" 단어 순서 언어들은 전형적으로 어떤 LP 제약들, 예컨대 그러한 언어들의 표준적인 예인 Warlpiri어에서의 조동사 요소들의 두 번째 위치를 지켜야 한다.) 주어와 VP PHONOLOGY 값들의 끼우기는 (373)에 예시된다.

(373)

$$
\begin{bmatrix}
\text{PHON} & \text{the walked old store the man to} \\[4pt]
\text{SYN}|\text{LOC} & \begin{bmatrix} \text{HEAD} & [\text{MAJ N}] \\ \text{SUBCAT} & \langle\rangle \end{bmatrix} \\[10pt]
\text{DTRS} & \begin{bmatrix} \text{HEAD-DTR} & \begin{bmatrix} \text{PHON walked to the store} \\ \cdots \end{bmatrix} \\[10pt] \text{COMP-DTRS} & \left\langle \begin{bmatrix} \text{PHON the old man} \\ \cdots \end{bmatrix} \right\rangle \end{bmatrix}
\end{bmatrix}
$$

그리하여 영어와 같은 언어는 함수 **ORDER-CONSTITUENTS**의 이용
과 물론 그것의 특수한 **LP** 제약들에서 좀더 자유로운 순서 가능성들을
가진 언어와 다르다. 진정한 "자유로운 단어 순서" 언어는 **LP** 제약들이
결여되고 구 기호들이 모두 (374)의 뒤섞기 원리와 통합되는 언어일 것
이다.

(374) 뒤섞기 원리

$$
\begin{bmatrix}
\text{PHON interleave-constituents } (\boxed{1}) \\
\text{DTRS } \boxed{1}
\end{bmatrix}
$$

우리가 진술한 바와 같이 우리는 어떤 인간 언어들이 실제로 이 유형
이라는 주장에는 회의적이다. 우리가 개관한 단어 순서 변이의 문제에
대한 접근은, 그러나 다양한 정도의 뒤섞기를 가진 언어들을 기술할 명
백한 여지를 제공하는데 **LP** 제약들, 끼우기, 그리고 담화에-기반한 요인
들의 상호작용에 대한 원리화된 설명을 허용한다.

7.5. 더 읽을거리

이 장에서 제시된 선조적 앞섬의 이론은 Sag(1987)에서 맨처음 나타나는데 Gazdar와 Pullum(1981)의 ID/LP를 정교화하고 재정의한 것이지만 Hans Uszkoreit(1986b, c)에 많이 빚졌다. 비슷한 생각들이 Falk(1983)에 의하여 LFG의 전통 안에서 제안되었는데 그는 선조적 앞섬 일반화를 주어와 직접 목적어와 같은 기능적 개념들에 따라 진술했다. Falk의 접근과 여기에 제시된 이론의 비교에 대해서는 Sag(1987)을 보라.

···8

어휘 계층과 어휘 규칙

HPSG에서는 범주 문법에서와 같이 언어 정보를 어휘화함에 따라 구 구조(ID) 규칙들의 수와 복잡성이 아주 많이 줄여진다. 예컨대 어휘 기호들에 하위범주화 정보를 제시함으로써 **하위범주화 원리**와 결합하여 어휘적 중심어들을 도입하는 규칙들(예컨대 HPSG의 어휘적 ID 규칙들)을 한 묶음의 결합 도식으로 대치할 수 있게 된다. 그리고 어휘 기호들에서 (역할 부여를 포함한) 의미 내용을 명시적으로 기호화함으로써 **의미론 원리**와 결합하여 구 구조 규칙들을 (몬테규 식의) 해석 규칙들과 짝 짓는 필요가 없게 된다. 그 다른 쪽으로는 물론 어휘 기호들이 정보 내용에서 그에 따라 풍부해야 한다. 어휘 기호들의 뚜렷한 복잡성은 (375)에 주어진 전형적인 명사와 동사의 부분적 기술들에서 보듯이 명백하다.50)51)

---

50) 이러한 기술들이 복잡한 것만큼 많은 정보들이 설명상의 목적을 위하여 surpress되거나 단순화되었다. 예컨대 결속 자질들에 대한 명세화들은 비한계의 의존 관계들을 설명하는데 필수적인데 생략되었고 의미 지표들의 명세화는 대용 이론에 중요한 지시 유형에 의한 그것들의 분류를 무시했다. 이 주제들은 모두 2권에서 상세히 다루어질 것이다.

51) 인칭, 성, 수와 같은 일치 현상들은 2권에서 상세히 논의된 바와 같이 NP 변항들(예컨대 (375)의 [1]의 내적 구조의 부분으로 다루어진다. (376)의 SYN|LOC|SUBCAT에서 꼬리표 [1]이 두 번 나타난 것은 *tried*를 주어-통제 동사로 특징지우는데 통제도 2

(375) 보통 명사 *dog*

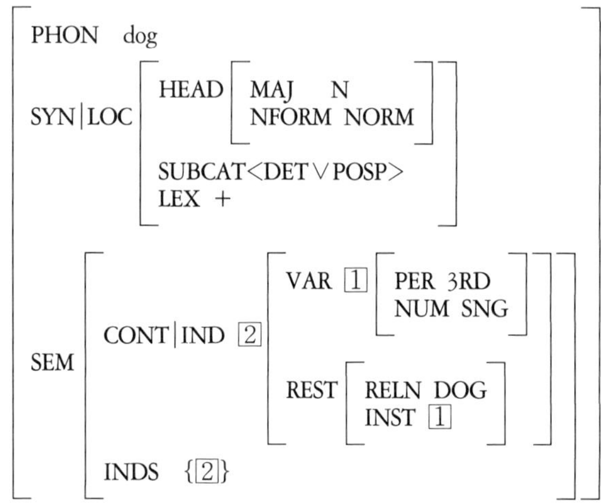

(376) 과거 시제 동사 *tried*

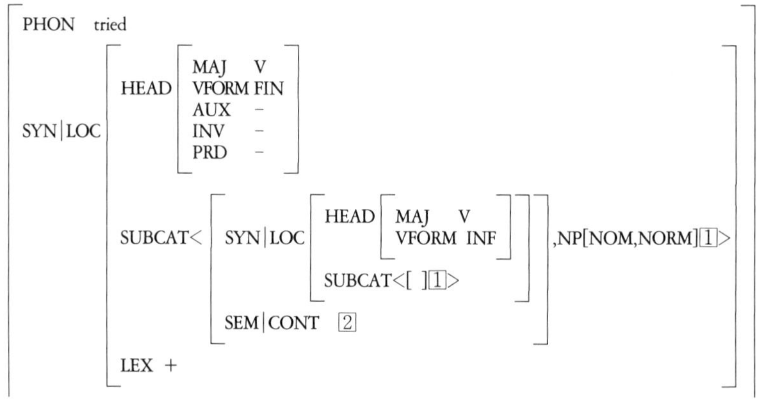

권에서 다루어진다. 필수적인 세부사항들을 제외하고는 동사 시제를 제약된 (시간과-
공간의) 위치 매개변항(예컨대 (376)의 ③)에 따라 다루는 것은 Fenstad et al.(1985)에
서 비롯된다. 여기서 표시 "*l_d*"는 다른 위치 매개변항인 *담화의 위치*(discourse location)
을 가리킨다. 기존적인 생각은 과거-시제 동사들은 시간적으로 발화에 앞서는 상황을
언급한다는 것이다. 문맥적 요인들을 고려하는 좀더 완벽한 분석에서는 담화 위치는
발화의 상황소들(담화 위치, 화자, 청중 따위)에 관한 정보에 기여하는 기호의 하위구
조들 안에 같은 꼬리표의 다른 출현과 함께 꼬리표에 의하여 지시될 것이다.

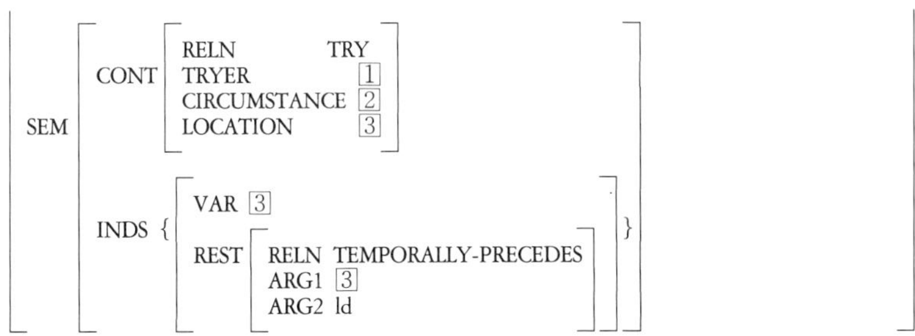

그때 자연스럽게 다음과 같은 문제가 생긴다. 어떻게 하면 그렇게 복합적인 어휘 정보가 보통의 성질을 가진 단어 부류들에 관한 일반화들을 포착하면서 불필요한 잉여적인 조항을 제거하는 그러한 방식으로 구성될 수 있는가? 여기서 우리가 제안하는 대답은 언어 사용자들이 어휘 유형들의 분류학적인 체계에 관한 지식을 가지고 있다는 것이다. 곧 어휘 정보는 상대적으로 적은 아마도 여러 세트의 단어 유형들에 기초하여 조직되어 있는데 단어 유형들은 공유된 통사적, 의미적, 형태적 속성들에 기초하여 모든 단어들을 분류하는데 기여하는 교차적 계층들로 배열되어 있다. (그 속성들은 단일한 장소에서 모든 것에 대하여 진술될 수 있는) 유형들에 있는 그것들의 구성원에서 예측될 수 있는 단어들에 관한 정보를 분리함으로써 개별적 어휘 기호들에서 고려될 필요가 있는 많은 특이한 정보가 많이 감소된다.

물론 이러한 원리는 고도로 굴곡된 언어를 연구한 적이 있는 사람들에게는 친숙한 것이다. 사람들은 모든 명사, 형용사, 또는 동사의 전체적인 굴곡 변화표를 기억하지 않고, 그 대신에 굴곡 부류와 품사(예컨대 둘째-활용 동사, 넷째 곡용 중립 명사)와 각 예의 굴곡표들이 결정될 수 있는 기초에 기반한 일련의 도식적 굴곡표들을 기억한다. (물론 따로따로 기억해야 할 예외들도 항상 있는데 예정된 곳에서 이 문제에 돌아온다.)

여기서 개관하는 어휘 유형들의 체계는 다음과 같은 것을 제외하고는 본질적으로 유사한데 이 글에서는 품사, 격, 동사형, 인칭, 수와 성과 같은 전통적인 형태 통사적 특징들에 더하여 단어들이 그것의 *결합가*(*valence*), 곧 그것들의 SUBCAT 목록에 반영되어 있는 다른 기호와 결합할 수 있는 잠재적 능력에 기초하여 교차적으로-분류된다는 것을 제안한다.

이 장의 첫 절에서는 영어의 어휘부에 관한 부분적이고 시험적인 분류 도식을 공유된 통사적 속성과 의미적 속성에 따라 세우는데 2장에서 도입된 자질 구조들에 관한 유형 포섭의 개념을 채택한다. 두 번째 절에서는 단어 형성의 언어적 분석에서 친숙한 *어휘 규칙들*(*lexical rules*)의 개념이 어떻게 그러한 도식에 도입될 수 있는가를 보이고 어휘 기호의 전체 부류에 적용되는 넓은 범위의 현상들을 우아하고 완전히 어휘부-내적인 설명을 제공하는데 그러한 현상들에는 다른 이론들에서 통사 기제들에 의해 표준적으로 다루어진 굴곡적 과정과 파생적 과정, 다항가 형(pattern)과 (*tough*-"이동"과 *it*-"외치" 등의) 수많은 다른 현상들을 포함한다.[52]

8.1. 어휘 유형의 계층

예증을 목적으로 영어의 *dog* 기호 (375)를 고려함으로써 시작하자. 그것이 포함하고 있는 얼마나 많은 정보가 그것이 속한 잘-정의된 단어 부류들을 기초로 하여 결정될 수 없다는 의미에서 그 기호에 특수한가? 그

---

52) 어휘 계층과 어휘 규칙들에 대한 밀접하게 관련되고 좀더 많은 상세한 설명에 대해서는 Flickinger(1987)을 보라. 그의 설명과 여기서 개관된 설명 둘다는 Flickinger 외(1985)에서 기술된 HPSG에-기반한 자연 언어 처리 체계의 어휘부의 작업에서 나온다.

대답은 실제로 아주 적다는 것이다. 예컨대 (기호가 구가 아니라 어휘라
는) 정보 (377a)는 모든 단어들과 공유된다.[53] (기호가 명사라는) (377b)
는 모든 명사들과 공유된다. (377c)는 인칭과 수의 값들의 다른 어떤 결
합과 대비되는 3인칭 단수인 모든 명사들과 공유된다. 그리고 (기호가
한정사나 소유자 구와 결합할 수 있는) (377d)는 고유 명사와 대비되는
보통 명사인 모든 명사들과 공유된다. 이 마지막 정보의 다발은 필수적
으로 결합가와 관계되는 것이지 전통적인 굴곡적 특징들과 관계되는 것
이 아니다.

(377) a. 모든 단어들에 공유된

$$[\text{SYN}\,|\,\text{LOC}\,|\,\text{LEX}\ +]$$

b. 모든 명사들에 공유된 (a에 더하여)

$$\begin{bmatrix} \text{SYN}\,|\,\text{LOC}\,|\,\text{HEAD}\,|\,\text{MAJ}\ \text{N} \\ \text{SEM}\,|\,\text{CONT}\ _{\textit{indexed-object}}\ [\ ] \end{bmatrix}$$

c. 모든 3인칭-단수 명사들에 공유된 (a, b에 더하여)

$$\begin{bmatrix} \text{SEM}\,|\,\text{CONT}\,|\,\text{IND}\,|\,\text{VAR} \begin{bmatrix} \text{PER}\ \text{3RD} \\ \text{NUM}\ \text{SNG} \end{bmatrix} \end{bmatrix}$$

---

53) 이것은 조금 단순화된 것인데 그 까닭은 *포화된* 단어들(아래의 하위범주화에 대한 논
의를 보라), 곧 고유 명사들과 대명사들이 LEX에 대하여 명세화되지 않은 것으로 가
정하기 때문이다. 이것을 다루는 하나의 방법은 어휘적 NP들로부터 [LEX −] NP들을
만들어내는 규칙(그것을 문법 규칙이라 할지 어휘 규칙이라 할지는 분명하지 않다)을
추가하는 것이다. 대안으로는 상위 유형 lexical-sign으로부터 상속된 명세화 [LEX +]
를 *거절할(overriding)* 때 포화되는 명세화 [LEX +∨−]가 하위범주화 유형에 약정될
수 있다. 그러한 거절하는 기제는 유형들에 명세화된 "기본적인"(default) 정보는 전산
에-기반한 지식 표상 체계들의 표준적 자질인데 어떤 하위 유형들이나 예들에 대하여
파기되는(overruled) 것을 허용함으로써 제한된 비단조성(nonmonotonicity)을 도입한다.
그러한 기제가 일반적으로 어휘적 예외들과 하위규칙성들을 다루는데 적합할 것이라
는 것이 자주 제안되었다(예컨대 Flickinger 외(1985), Flickinger(1987)).

d. 모든 보통 명사들에 공유된 (a, b에 더하여)

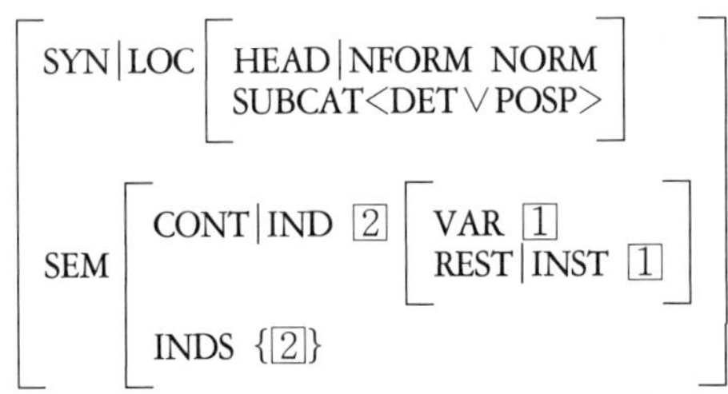

만약 (377)의 a~d의 모든 정보를 어휘 기호에서 분리해내면 남는 모든 것은 (378)이다.

(378) *dog*에 특수한 정보

$$\begin{bmatrix} \text{PHON dog} \\ \text{SEM} \mid \text{CONT} \mid \text{IND} \mid \text{REST} \mid \text{RELN} \quad \text{DOG} \end{bmatrix}$$

그리하여 우리는 *dog*을 음운론이 /dɔg/이고, "개를 의미하는" (곧 그것이 개들을 도입하는 매개변항을 제약하는) 어휘적 3인칭-단수 보통 명사로 완전히 특징지울 수 있다.

유사하게 동사 *tried*는 모든 단어와 공유된 정보인 (379a)의 정보를 포함하고 모든 동사들과 공유된 정보 (379b)를 포함하고 (조동사들과 대비되는) 모든 주(main) 동사들과 공유된 (379c)의 정보를 포함하고 모든 한정적(definite) 동사들과 공유된 (379d)의 정보를 포함하고 모든 과거 시제 동사와 공유된 (379e)의 정보를 포함한다. 더더구나 *tried*는 많은 다른 동사들뿐만 아니라 어떤 형용사들(예컨대 eager)과 모든 자동사의-동일(equi) 통제라고 하는 어떤 결합가 부류의 구성으로서 그것을 특징지우는 (379f)의 정보를 포함한다.[54]

(379) a. 모든 단어들에 공유된

$$\left[\text{SYN}\,|\,\text{LOC}\,|\,\text{LEX}\ +\right]$$

b. 모든 동사들에 공유된 (a에 더하여)

$$\left[\begin{array}{l}\text{SYN}\,|\,\text{LOC}\,|\,\text{HEAD}\,|\,\text{MAJ}\ \text{V}\\[4pt]\text{SEM}\,|\,\text{CONT}\ _{\textit{basic-circumstance}}[\ ]\end{array}\right]$$

c. 모든 주 동사들에 공유된 (a, b에 더하여)

$$\left[\text{SYN}\,|\,\text{LOC}\,|\,\text{HEAD}\left[\begin{array}{ll}\text{AUX} & -\\[3pt]\text{INV} & -\end{array}\right]\right]$$

d. 모든 한정적 동사들에 공유된 (a, b에 더하여)

$$\left[\begin{array}{ll}\text{SYN}\,|\,\text{LOC} & \left[\begin{array}{l}\text{HEAD}\ \left[\begin{array}{ll}\text{VFORM} & \text{FIN}\\[3pt]\text{PRD} & -\end{array}\right]\\[10pt]\text{SUBCAT}\langle\cdots,\text{NP[NOM]}\rangle\end{array}\right]\\[24pt]\text{SEM} & \left[\begin{array}{l}\text{CONT}\,|\,\text{LOCATION}\ \boxed{3}\\[3pt]\text{IND}\ \{[\text{VAR}\ \boxed{3}]\}\end{array}\right]\end{array}\right]$$

e. 모든 과거-시제 동사들에 공유된 (a, b, c에 더하여)

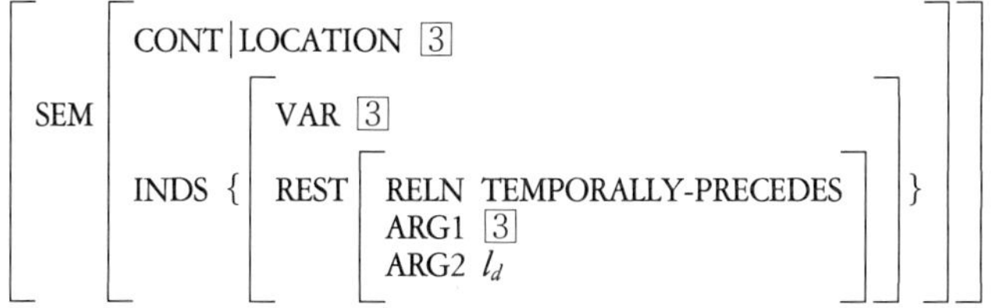

$$\left[\text{SEM}\left[\begin{array}{l}\text{CONT}\,|\,\text{LOCATION}\ \boxed{3}\\[6pt]\text{INDS}\ \left\{\left[\begin{array}{l}\text{VAR}\ \boxed{3}\\[4pt]\text{REST}\left[\begin{array}{ll}\text{RELN} & \text{TEMPORALLY-PRECEDES}\\[3pt]\text{ARG1} & \boxed{3}\\[3pt]\text{ARG2} & l_d\end{array}\right]\end{array}\right]\right\}\end{array}\right]\right]$$

---

54) 자동사-동일 단어들은 비포화된 VP[INF]에 대하여 하위범주화되는 자동사들과 형용
사들인데 비포화된 VP[INF]는 "이해된 주어"(곧 주어 SUBCAT 요소)가 단어 자체의
주어에 의하여 통제된다(곧 단어 자체의 주어의 변항과 통합된 자신의 변항을 가진
다). 통제는 2권에서 길게 논의된다.

f. 모든 자동사-동일 통제 단어들에 공유된

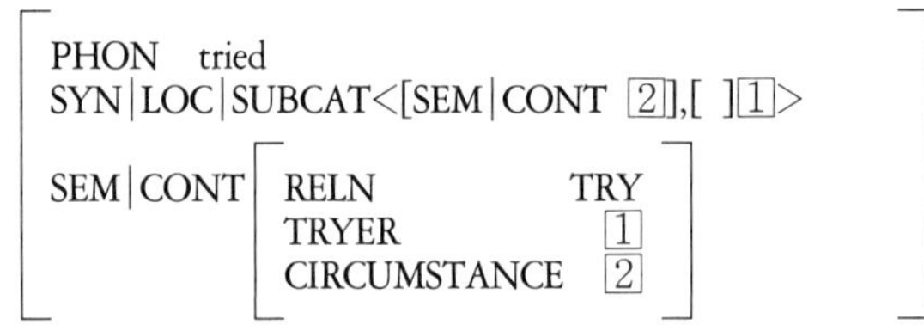

(376)의 어휘 기호에서 그것이 어휘이고, 과거-시제(이고 따라서 한정적)이고, 자동사적-동일 결합가 유형의 주동사인 것을 뽑아내고 나면 남는 모든 것은 (380)에서 지시된 바와 같은 음운론, 기술된 상황의 종류, 그리고 의미 역할 부여들에 관한 특이한 정보이다.

(380) *tried*에 특수한 정보

$$
\left[
\begin{array}{l}
\text{PHON} \quad \text{tried} \\
\text{SYN|LOC|SUBCAT}\langle[\text{SEM|CONT } \boxed{2}],[\ ]\boxed{1}\rangle \\[4pt]
\text{SEM|CONT}
\left[
\begin{array}{ll}
\text{RELN} & \text{TRY} \\
\text{TRYER} & \boxed{1} \\
\text{CIRCUMSTANCE} & \boxed{2}
\end{array}
\right]
\end{array}
\right]
$$

이제 앞서 나온 예들의 직관적인 내용을 형식화하자. 우리는 자질 구조들의 몇몇 관련된 특성들을 상기함으로써 시작한다. 첫째 자질 구조들은 *유형화되었고(typed)*, 다른 유형의 자질 구조들은 (예컨대 *sign, constuent-structure, syntactic category* 따위는) 다른 종류의 언어적 대상을 모형화하기 위하여 사용된다. 각 자질 구조 유형은 그 유형에 적합한 속성들을 갖추고 나타난다. 따라서 *sign*은 속성 PHONOLOGY, SYNTAX와 SEMANTICS를 가지며, *syntactic category*는 속성 LOCAL과 BINDING을 가진다.

이에 더하여 주어진 자질 구조 유형은 그것들의 속성들의 값들에 대한 어떤 유형을 규정한다. 예컨대 *sign*은 그것의 SYNTAX 값이 *syntactic* *category* 유형일 것을 요구하는데 더 구어적으로는 SYNTAX는 *syntactic category*로 유형화된다고 한다. *syntactic category*는 그것의 LOCAL 값이 그 속성들이 HEAD, SUBCAT, LEX인 다른 유형 — *local* — 일 것을 요구한다.[55] 한 층위(level)를 더 내려가면 *local* 안에서 HEAD는 다른 유형 *head*로 유형화되는데 그 속성들은 곧 논의할 것이다. SUBCAT는 *sign*의 목록으로 유형화되고 LEX는 *atomic* 유형인 *boolean*으로 유형화되는데 그것은 값들 +와 −의 범위를 정한다. 원자 유형들은 바로 속성을 가지지 않는 유형들이다.

자질 구조 유형들의 집합은 포섭에 의하여 부분적으로 순서지워지는 것으로 가정된다. 곧 하나의 유형이 다른 유형의 하위 유형이라는 관념을 가지는데 그 때 후자가 전자를 포섭한다고 하는데 포섭 관계는 전이적이고, 대칭적이고, 반재귀적이다. 각 유형은 자연스럽게 하나의 자질 구조와 동일시되거나 연합되는데 예컨대 유형 *sign*은 그것이 기호라는 것을 제외하고는 아무것도 알려지지 않은 대상을 단순히 기술하는 자질 구조 $_{sign}$[ ]와 연합된다. 따라서 유형 포섭은 자질 구조들에 대한 일반적인 포섭에 대응된다. 예컨대 *sign*은 *lexical-sign*과 *phrasal-sign*을 포섭한다. 사실 이것은 오히려 특별한 경우인데 그 까닭은 *lexical-sign*과 *phrasal-sign*이 그것들 사이에 *sign*에 관한 모든 가능성을 다 열거하는 서로 양립 불가능한 유형들이기 때문이다. 곧 그것들은 유형 *type*를 나눈다(*partition*).

$$(381)\quad _{sign}[\ ] = {}_{lexical\text{-}sign}[\ ]\ \lor\ _{phrasal\text{-}sign}[\ ]$$

$$(382)\quad _{lexical\text{-}sign}[\ ]\ \land\ _{phrasal\text{-}sign}[\ ] = \bot$$

---

55) 기억상의 목적을 위하여 우리는 때때로 어떤 속성에 대하여 규정된 유형을 속성 자체에 따라 부르는 관습을 따를 것이다. 그러한 경우에 의도된 해석은 활자체 (속성들에는 대문자이고 유형들에는 이탤릭 체의 소문자)에 의해 애매함이 없어진다.

비형식적으로는 우리는 이 정보를 유형 포섭 그래프(*type subsumption graph*) (383)에 의하여 표현할 수 있다.

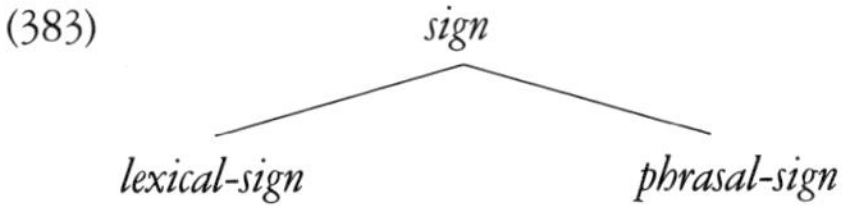

(383)

그러한 그래프에서 각 분지점은 유형을 나타내고 그 딸들은 그 유형의 부분들을 나타낸다. 그러한 그래프들은 임의의 깊이로 내려갈 수 있는데 예컨대 그래프 (384)는 성분 구조들의 유형들 사이의 어떤 포섭 관계들을 나타낸다.

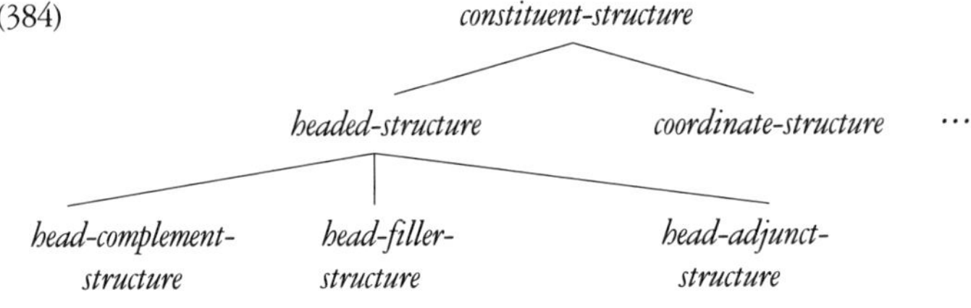

(384)

명백하게도 하나의 자질 구조 유형은 모든 속성들과 그것들의 값들에 대한 관련된 유형 제약들을 그것의 상위 유형들로부터 *상속받는다* (*inherits*). 예컨대 PHONLOGY, SYNTAX와 SEMANTICS는 그것들이 *sign* 에 적합하기 때문에 *phrasal-sign*에 대한 접합한 속성들이고 유형 *phrasal-sign*의 자질 구조에서 SYNTAX 값은 동일한 제약이 유형 *sign*의 자질 구조들에서도 유지되기 때문에 유형 *syntactic category*일 것이 요구된다. 그러나 하위 유형은 상위 유형들로부터 상속받은 것에 더하여 그 자신의 속성들과 유형 제약들을 도입할 수 있다. 예컨대 PHONOLOGY,

SYNTAX, SEMANTICS에 더하여 *phrasal-sign*은 속성 DAUGHTERS를 도입하는데 그것은 *constituent-structure*로 유형화된다. 다른 예로는 *lexical-sign*과 *phrasal-sign*는 경로 SYNTAX|LOCAL|LEXICAL이 각각 값 −와 +를 가질 것을 요구한다.

포섭은 원자 유형들에 대해서도 의미가 있다. 예컨대 유형 *head*를 고려하면 그것의 속성 들은 MAJOR을 포함하는데 그것은 원자 유형 *major*로 유형화된다. 비형식적으로 말하자면 *major*는 "원자 값 N, A, V, P, D, …를 범위로 정한다(ranges over)"고 하는데 기술적으로는 이것은 N, A, V, P, D는 유형 *major*를 나누는 하위 유형들이다. 원자 값은 더 이상의 하위 유형을 가지지 않는 원자 유형에 지나지 않는다. 다른 예로 원자 값들 +와 -는 유형 *boolean*을 나눈다. 대응하는 그래프들은 (385)에 나타난다.

(385)

이제까지 나타낸 유형 포섭 그래프들은 특별히 단순한 종류의 것이다. 생물학의 분류 체계나 역사 언어학과 유사한 "가계 나무" 그림과 같이 각 유형은 하나의 기껏해야 길로 나누어진다. 그러나 어휘부에 대한 우리의 분석을 위해서는 좀더 정교한 것이 요구되는데 그 까닭은 가끔 하나의 어휘 유형을 한 번에 여러 다른 범주에 따라 교차-분류할(cross-classify) 필요가 있기 때문이다. 그러한 경우에는 쉽게 언급하기 위하여 그래프 (386)에서 나타낸 것처럼 교차로-나누어진 부분들 각각에 표지들(lebels)을 붙이는 것이 편리한데 이러한 그래프는 문학 작품들을 장르와 나라별로 교차 분류하는 데 사용된 것이다. 이러한 그래프의 해석에서 부분 표지들이 하위 유형들 자체에 대응되지 *않는다*는 것을 염두에 두는 것이 중요하다.

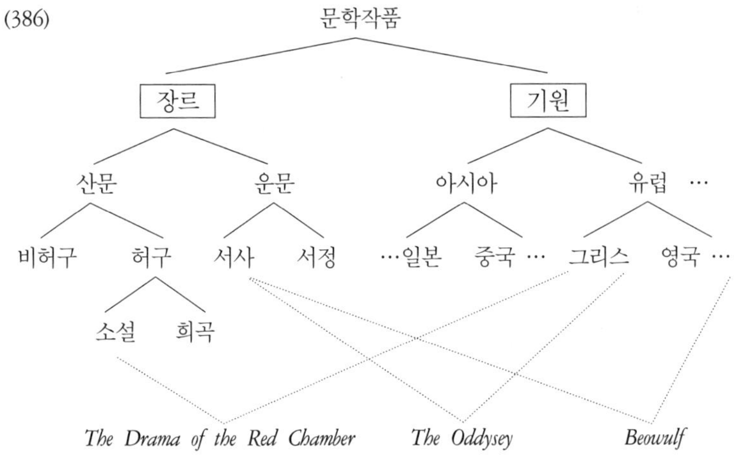

유형 포섭 그래프들에서 우리는 이 점선들을 "예들"(instances)을 그것들이 속한 유형들과 연결시키기 위하여 사용한다. 우리의 형식주의에 따라 물론 예들은 바로 최소의 유형들, 곧 더 이상의 구별이 존재하지 않는 유형이다. (그리하여 예컨대 그림 (386)은 점선들과 함께 그려도 좋은데 그 까닭은 원자 값들이 최소의 원자 유형이기 때문이다.) 어휘적 하위유형에 대한 우리의 체계에서는 예는 바로 개별 어휘일 것이다.

이러한 예비 지식을 가지고 우리는 이제 영어 어휘부의 전체적인 구조, 곧 *lexical-sign*의 하위 유형들의 체계를 분석할 것이다. 우리는 꼭대기 층위에서 1류(major) 어휘 기호들과 2류(minor) 어휘 기호들을 구별함으로써 시작한다. 1류 어휘 기호들은 구의 중심어로 기능하고 하위범주화 개념이 의미가 있는 "실체적"(substsantive) 단어이다. 2류 어휘 기호들은 한정사들, 보문자들과 접속사들과 같은 "작은"(little) 단어들로서 이에

대해서는 더 이상 말하지 않을 것이다. 1류 어휘 기호들은 그것들의 중
심어 자질들과 하위범주화들에 기초하여 교차 분류된다. 어휘 계층의 첫
번째의 약간의 층위들은 (387)에서 보인다.

(387)

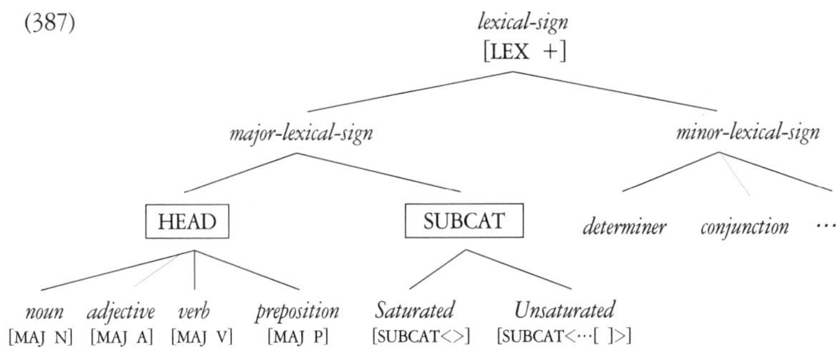

어떤 하위 유형들은 어떤 통사론 속성들이나 그것들이 도입하는 유형
제약들이 주석으로 달려 있다는 것을 유의하라. 물론 그 속성들과 유형
제약들은 그것들을 포함한 유형들의 모든 하위유형들에 상속된다. 하위
범주화에 따른 1류 어휘 기호의 분할에서는 꼭대기 층위에서는 포화된
단어(고유 명사들과 대명사들)와 최소한 하나의 기호에 대하여 하위범주화
하는 단어들로 구별된다. 중심어 자질들에 따른 분할에서는 꼭대기 층위
에서 **MAJOR** 자질에 대한 다른 값들로 구별된다. 간단히 말하자면 실체
적 단어들을 분류하는 언어학적으로 의의있는 기초적인 범주는 결합가
(valence)와 품사라고 가정한다. 우리는 곧 더 이상의 구별들을 해 나갈
것이지만 먼저 중심어 자질들에 관한 몇몇 논평들을 정리해 둔다. (first
some remarks are in order concerning head features.)

위에서 언급한 바와 같이 통사 범주들 안의 경로 **LOCAL|HEAD**는
*head*로 유형화된다. 그러나 유형 중심어의 자질 구조는 무엇과 같이 보
이는가? 그것의 속성들은 무엇인가? 이제까지 우리는 원자가-값인 자질

구조들 MAJOR, CASE, VFORM, NFORM, PFORM, AUX, PRD의 목록
에 만족해 왔다. (우리는 *syntactic-category*의 집합으로 유형화되는 중심어
자질 ADJUNCTS에 대한 이 절의 논의의 끝에까지 미룬다.) 그러나 이
것은 지나치게 단순한 것이고 언어적 사실들에 반영되지 않은 특징들이
도입되는 것을 허용한다. 목록화된 중심어 자질에서 MAJOR와 PRD만
이 모든 HEAD 값들에 적합하다. 다른 것들 가운데 NFORM과 CASE는
명사들의 HEAD 값들에만 의미가 있고 PFORM은 전치사들에만 적용되
고 VFORM과 AUX는 동사들에만 적합하다. (우리는 곧 inv 자질을 다룰
것이다.) 이러한 사실들을 보면 유형 *head* 자체는 (388)에서 지시되는 것
과 같이 나누어진다는 것을 알 수 있다.

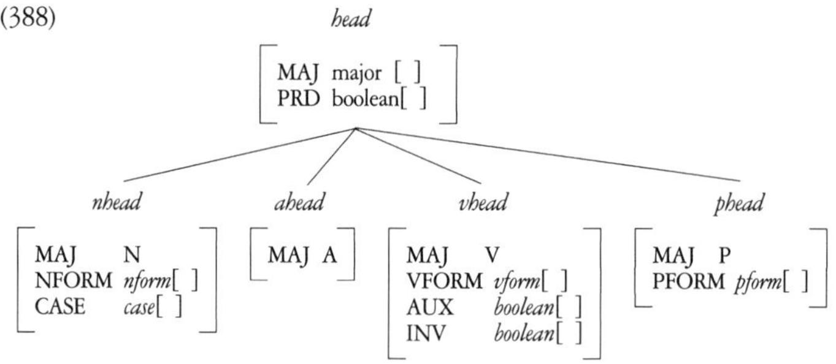

이러한 개선을 반영하여 적절하게 수정하면 (위 (387)의) 유형 *major-
lexical-sign*의 중심어의 분할은 다음과 같다.

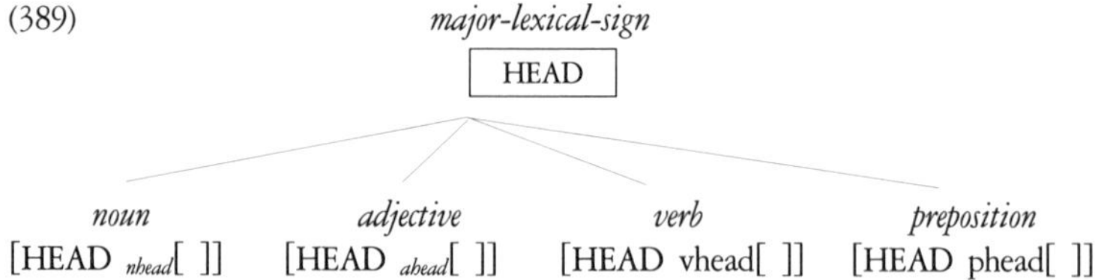

물론 (389)는 문제의 유형들과 연합된 통사 정보만 가리킨다. 앞서 언급한 바와 같이(위 (377)b와 (379)b를 보라), 어휘 유형들은 그것들의 의미 내용들의 유형들도 제약한다. 그리하여 예컨대 우리는 유형 *noun*를 그것의 SYNTAX|LOCAL|HEAD가 *nhead*로 유형화되고 SEMANTICS|CONTENT가 *indexed-object*로 유형화되는 *major-lexical-sign*의 하위 유형으로 정의할 수 있다. 자질 구조들에 따라서 이것은 (390)과 같이 나타낼 수 있다.

$$(390)\ \text{noun}\ [\ ] = {}_{major\text{-}lexical\text{-}sign}\begin{bmatrix} \text{SYN}|\text{LOC}|\text{HEAD} & {}_{nhead}[\ ] \\ \text{SEM}|\text{CONT} & {}_{indexed\text{-}object}[\ ] \end{bmatrix}$$

유사하게 우리는 *verb*를 (391)과 같이 정의할 수 있다.

$$(391)\ \text{verb}\ [\ ] = {}_{major\text{-}lexical\text{-}sign}\begin{bmatrix} \text{SYN}|\text{LOC}|\text{HEAD} & {}_{vhead}[\ ] \\ \text{SEM}|\text{CONT} & {}_{basic\text{-}circumstance}[\ ] \end{bmatrix}$$

중심어 자질들에 따른 분할에서 아래로 더 내려오면서 우리는 다음으로 동사들의 분류에 착수한다.[56] 여기서 다시 우리는 (392)에 보이는 바와 같이 두 범주에 따라 교차-분류한다.

---

56) 우리는 형용사들 전치사들과 명사들의 하위분류는 생략한다. 명사들에 대해서는 기본적인 교차 적 분할은 보통 명사들과 포화된 명사들(어휘적 NP들)로 단수와 복수로 이루어지고 포화된 명사들은 고유 명사들과 대명사들로 나누어진다. 대명사들은 격과 일치, 그리고 지시적 유형(*referiential type*)(예컨대 정규의, 재귀적인, 상호적인, 허사의, …)의 전통적인 특징들에 따라 교차-분류되는데 이 마지막 개념은 2권에서 길게 논의된다.

(392) 중심어 자질들에 따른 동사들의 분류

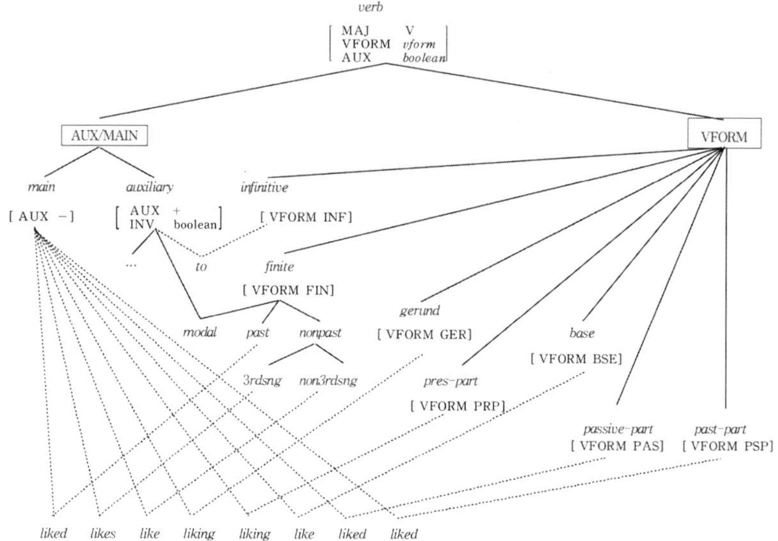

기대되는 바와 같이 이러한 범주들의 하나는 전통적인 개념인 동사의 굴곡 형식에 대응되고 다른 하나는 조동사들과 주동사들 사이의 중요한 통사적 특징들을 포함한다. (이 두 특징들의 개관에 대해서는 3.1.을 보라.) 유형 *auxiliary*는 자질 INV가 도입되는 곳인데 *boolean*으로 유형화되는데 이러한 명세화는 조동사들이 일반적으로 도치되어 나타나거나 도치되지 않고 나타나는 것을 허용하는 효과를 가진다.[57]

이제 동사 형식에 따른 분할에 초점을 맞추자. 이 하위 유형들의 체계는 거의 모든 영어 동사들이 참여하는 (물론 수많은 하위규칙성들과 예외들을 가진) 굴곡 변화표를 구성한다. 앞에서와 같이 우리는 그래프에

---

[57] INV 자질의 적용가능성을 조동사들에만 한정시키는 것은 6장의 문법 규칙들의 하나에 대하여 가벼운 수정을 요구한다. 특히 규칙 2에서 INV 명세화는 [INV −]에서 [INV +]로 바뀌어야 한다.

서 하위 유형들에 의하여 도입된 몇몇 통사 정보만 나타내어 왔다. 그것 들 가운데 어떤 것은 결합가와 의미 정보를 포함한다. 예컨대 *finite*는 위 치(location) 매개 변항을 도입하고 (위 (380)d에서와 같이) 주어가 주격임 을 요구한다. *past*는 (위 (380)e에서와 같이) 위치 매개 변항을 담화 위치 보다 앞서는 것으로 제약하고 *nonpast*는 시간적으로 담화 위치와 겹치는 것으로 제약한다. *modal*은 *auxiliary*의 하위 유형이고 굴곡 변화표의 부 분이 아닌데 우리는 이 하위 유형을 의미론적으로 특징지으려 시도하지 않는다. *3rdsng*와 *non3rdsng*는 주어(에 의하여 도입된 변항)의 PERSON 과 NUMBER의 값을 제약한다. 이러한 특성들은 비-3인칭-단수-한정적 형식과 동음의 (*be* 동사는 제외) 기본적 형식과 구별하는데 기여하고 과 거 형식과 때때로 동음의 과거-분사(와 피동-분사) 형식을 구별하는 데 기여한다. 우리는 또 *gerund*는 이러한 형식들에 명사같은 속성들을 부여 하는 의미 정보를 도입한다고 가정하는데 정확한 분석은 더 이상의 연 구로 미룬다. 이것은 gerund를 동음의 현재 분사로부터 구별시킨다.

이러한 어형 변화표가 거의 모든 영어 동사들에 대하여 조금씩 어미 변화하면서 계속하여 되풀이되는 사실은 이제까지 설명되지 않고 남아 있는 거대한 잉여성이다. 우리는 다음 절에서 (굴곡 규칙들을 포함하는) "수평적" 어휘 규칙들과 어휘 유형 계층을 특징지우는 "수직적" 어휘 규칙들의 상호 작용을 고려함으로써 이러한 문제를 해결하고자 한다. 비 슷하게 피동 규칙과 같은 "관계를-바꾸는" 어휘 규칙들의 논의도 다음 절에 미루는데 피동 규칙은 기본형의 결합가를 체계적으로 바꾸는 반면 에 피동 형식은 항상 과거 분사와 동음어라는 것을 보증한다. 물론 *infinite*는 굴곡 변화표의 일부가 아닌데 GPSG에 따라 우리는 유일한 어 휘적 infinite는 비한정적 조동사 *to*이다. 그리하여 예컨대 *to see John*에서 *to*는 구의 중심어이고 VP[BSE] *see John*에 대하여 하위범주화한다.

우리의 동사 계층으로 더 이상 아래로 내려가서 다음에는 *auxiliary*의 하위 유형들 고려하는데 그것은 (393)에 나타난다.

(393) 조동사들의 분류

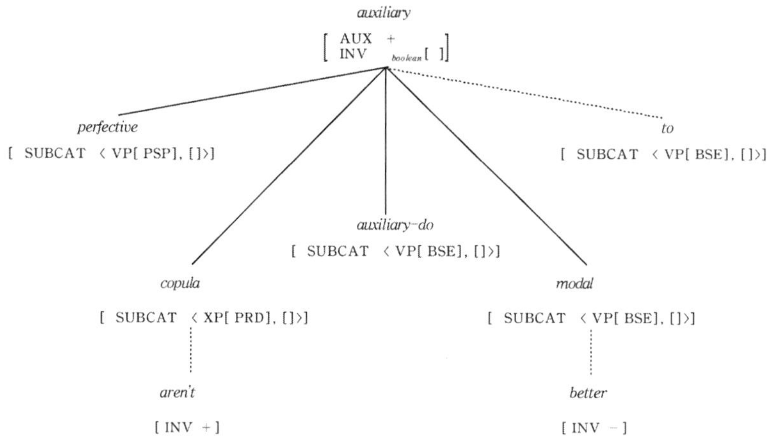

분류에 대한 기초는 굴곡에 대한 행태인데 그것의 뒤따르는 절에서 상세히 논의한다. 고려되어야 할 사실들은 다음과 같다. (*must, will* 따위의) modal들은 한정적이고 굴곡하지 않고 (조동사 *have*의 형식들인) *perfective*는 완전한 범위의 굴곡을 가지고 (*be*의 형식들인) *copula*는 표준적 굴곡 변화표보다 더 많이 구별되고 *auxiliary-do*는 한정적 굴곡 형식만 있다. 게다가 각 하위 유형은 비포화된 보어에 대하여 특징적인 하위범주화를 명세화한다.58) 약간의 조동사는 도치가능성에 관하여 예외적인데 (*am*의 축약된 부정 형식인) *aren't*와 *better*는 각각 [INV +]와 [INV

---

58) (393)에서 계사의 하위범주화에서의 표시법 "XP[PRD]"는 다음을 생략한 것이다.

$$\left[\text{SYN}|\text{LOC}\left[\begin{array}{l}\text{HEAD}|\text{PRD} \ + \\ \text{SUBCAT} \ \langle[\ ]\rangle\end{array}\right]\right]$$

-]로 명세화된다.

(394)에서 우리는 우리의 어휘 계층의 꼭대기로 돌아가서 결합가(곧 하위범주화)에 따라 *major-lexical-sign*의 분할을 조사한다.

(394) 하위범주화의 유형들

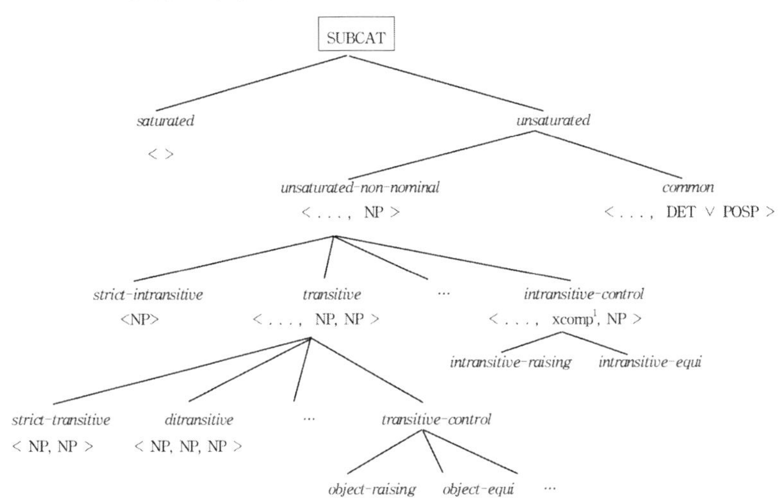

여기서 꼭대기-층위의 구별은 *saturated*(어느 것에도 하위범주화되지 않는 주요 어휘 기호들, 곧 고유 명사와 대명사)와 *unsaturated*로 이루어지는데 *unsaturated*는 자연스럽게 한정사나 소유의 구를 요구하는 *common*(보통 명사)과 NP를 요구하는 다른 것으로 나누어진다. 비포화된 비명사류 가운데 부가적 보어들의 수에 따라 그리고 부가적 보어의 하나가 통제되는가 그렇지 않는가에 따라 좀더 구별된다.

*intransitive-control*과 *transitive-control*의 부가적 하위유형들은 올리기(raising)(예컨대 *seem, believe*)와 동일(equi)(예컨대 *try, persuade, promise*) 사이의 많이 연구된 구별과 관계가 있는데 이것을 2권에서 아주 길게 논의한다.

두 가지 주요한 교차 분할의 전체적인 표과는 (395)에서 예시되는데 단순함을 위하여 동사들 사이의 더 이상의 구별은 생략되었다.

하위범주화 유형들인 *saturated*와 *common*는 명사에만 관련되고 (사실 그것들은 *noun*을 나눈다), 3가의 하위범주화 유형은 동사에만 관련된다는 것을 유의하라. 또 *auxiliary*는 *intransitive-rasing*의 하위 유형이다.

(395) 중심어 자질들과 하위범주화에 의한 주요한 어휘 기호들의 교차 분류

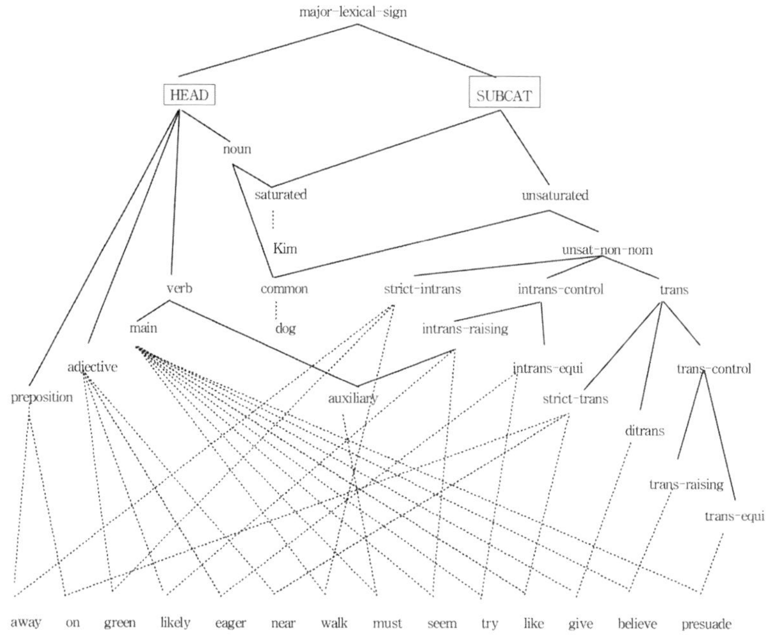

물론 어휘 기호 체계에 대한 더 이상의 정교화도 가능하지만 현재의 목적을 위해서는 이미 언급된 특징들만으로 충분할 것이다. 핵심적인 점은 어휘 정보의 많은 잉여성이 개별 어휘 기호들로부터 유사한 기호들

의 부류들과 공유되는 그러한 특성들을 뽑아냄으로써 제거될 수 있다는 것이다. 언어 사용자가 명세적인 정보를 가져야 하는 유형들에 관한 전체 수는 상대적으로 적다. 그러나 단어들에 관한 정보를 교차되는 어휘 계층들에 의하여 조직함으로써 많은 특징들이 분절될 수 있다. 그리하여 예컨대 어휘 계층에서 동사 *likes*의 위치는 대략 (396)에 보이는 바와 같다.

(396)

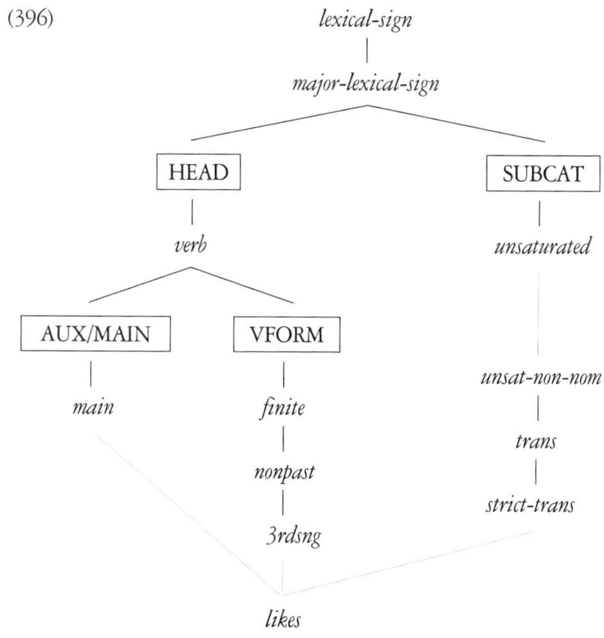

(397)에 보이는 *likes*의 전체 정보 내용은 바로 *likes*에 특이한 정보를 그것이 속한 유형들로부터 상속된 정보와 통합한 결과이기 때문에 그리고 각 유형들은 그것의 상위 유형의 모든 정보를 상속하기 때문에 (397)은 (398)과 동등한 것이 된다.

(397)

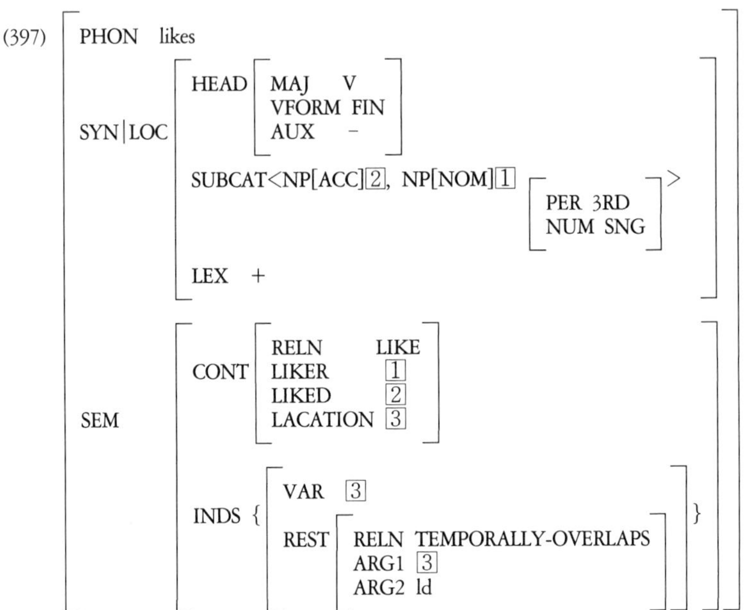

(398)

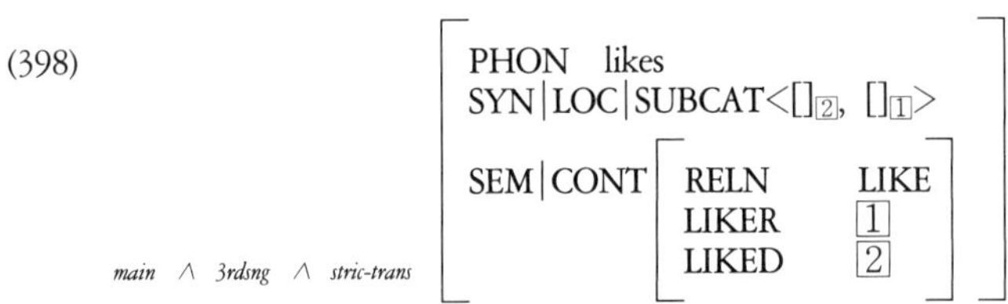

다음 절에서 보게 되는 바와 같이 어휘적 잉여성의 더 이상의 축소는
유형 계층을 이용하여 단어 형성 과정(어휘 규칙들)의 적용의 영역을 정의
함으로써 얻어질 수 있다. 우리는 여기서 개관된 일반적 본질의 조직상
의 원리들이 언어적 처리에 대한 민감한 모형에 잘 내포되기 쉽고 그 모
형에서 정보의 적절한 표시로 말미암아 어휘적 접근(access)에서의 많은
일이 단순하면서도 고도로 제약된 연역적 기제들에 의하여 수행된다고

생각한다.

부가어들의 선택에 대한 설명에서 어휘 계층의 역할에 대하여 간단히 논평한다. 6장에서 다른 방식이 아니라 중심어들이 그것들을 수식하는 부가어들을 선택한다고 논의했다. 이 접근의 어려움은 많은 잉여성을 도입한다는 것이다. 예컨대 모든 어휘적 보통 명사는 중심어 자질 ADJUNCTS에 대한 값 집합이 RELCLAUSE(이 상징은 관계절들에 대하여 우리가 채택하는 어떤 공식적인 분석을 생략한 것이다)의 명세화를 포함한다는 것을 명세화해야 한다. 그러나 어휘부가 여기서 제안한 것에 따라 조직화된다면 이러한 문제는 사라진다. 필요한 모든 것은 명세화 [SYN|LOC| HEAD| ADJUNCTS {RELCLAUSE, ···}]를 모든 어휘 유형 *noun*에 대하여 한번에 진술하는 것이며 그때 그 명세화는 그 유형의 모든 예에 상속될 것이다. 이러한 같은 기제가 어떤 특별한 어휘 유형(과 관련된 구 투사)이 특별한 종류의 부가어를 선택하는 모든 경우에 이용할 수 있기 때문에 단지 어떤 종류의 중심어와 어떤 종류의 부가어를 결합하는 것이 목적인 특별한 구 구조 규칙을 제거하고 6장에서 언급된 것과 같은 하나의 도식적 규칙으로 나타낼 수 있다.

8.2. 어휘 규칙

앞선 절에서 우리는 어휘부를 유형들의 다층적 계층으로 조직함으로 말미암아 전체 단어 부류들과 공유된 *일반적*(general) 특질(품사, 결합가, 부류 등)의 정보를 분리해냄으로써 어휘 기호의 기술을 단순화한다. 이러한 움직임은 어떤 종류의 "수직적" 잉여성을 제거하는 것으로 보일 수 있다. 그러나 현상태로서는 우리의 어휘부는 여전히 큰 "수평적" 잉여성을 포함한다. 우리는 그것의 특수한(*specific*) 정보 내용이 (예컨대 음운론, 의미 내용 안의 관계, 의미 역할이) 되풀이되는 패턴들에 관하여 관련되어 있는 단어들의 묶음들을 고려하지 않았다. 이러한 패턴들은 영어의 동사의 활용, 라틴어 명사의 곡용과 같은 굴곡적 어형변화표들, 명사화, un-접두사화와 같은 파생 관계들, "같은" 단어의 동음어적이거나 형태음운론적으로 관련된 형(version)이 문법 기능들에 대한 의미적 역할들의 부여에서 다른 능동 형식들 대 피동 형식들, "여격-이동" 교체(*give Kim Felix*와 *give Felix to Kim*)와 같은 다중결합가 패턴을 포함한다. 언어학자들 가운데 이런 종류의 관계들을 한 부류의 단어들을 다른 부류의 단어들에 사상하는 함수들인 *어휘 (잉여) 규칙들*(*lexical (redundancy) rules*)에 따라 다루는 잘 수립된 전통이 있다.[59] 어휘 규칙이 주어지면 "출력" (굴곡된, 파생된, 또는 "이동된") 형식이 "입력" (기저, 어간, 또는 "이동되지 않은") 형식으로부터 예측될 수 있다. 어휘 규칙들은 선언적인 관점으로 보이거나 과정적인 관점으로 보여질 수 있다. 선언적 관점에서는 그것들은 둘 이상의 단어 부류들 사이의 정적 관계에 관한 일반화들을 포착하고 과정적 관점에서는 출력 형식을 입력 형식으로부터 도출하는 과정으로 기술한다.[60] 명백하게도 어휘 규칙들의 과정적 관점은 언어 사용 모형에서

---

59) 예컨대 Stanley(1967), Jackendoff(1975), Bresnan(1982)를 보라.

60) 수학적으로는 기저 형식들과 어휘 규칙들을 그것(신호)으로부터 완전한 어휘부가 자율(free) 대수학으로서 생성되는 신호(signature)로 생각한다. 사실 어휘 유형들의 계층이 주어지면 이 대수학은 Meseguer, Goguen과 Smolka(1987)의 의미로 *순서로-분류되고* (*order-sorted*) 그때 어휘 규칙들은 자율적 기록-유형 건설자들(free record-type constructors)로 간주된다(Smolka와 Ait-Kaci(1987)). 이 대수학적 방법은 선언적인 해석과 과정적인 해석 사이에서 중립적인데 단어 형성의 분석에서 많은 명료함을 제공한다. 예컨대 굴곡, 파생과 합성은 각각 1항의 부류를-보존하는(sort-preserving) 대수 연산, 1항의 부류를-바꾸는(sort-changing) 대수 연산, 2항의 대수 연산에 대응한다. 그때 굴곡과 파생 사이의 구별의 모호함(murkiness)은 어휘 유형들의 체계의 계층성으로부터 비롯되는 것으로 보인다. 입력 형식들과 출력 형식들은 만일 그것들이 같은 유형의 다른 하위유

의 역할을 하는데 적절하다. 예컨대 언어 사용자가 각 동사의 완전한 굴곡 변화표를 명시적으로 나타낸다고 하는 것은 극단적으로 믿기 어렵다. 다음과 같이 가정하는 것이 더 이치에 맞는 것으로 보인다. 규칙적으로 굴곡된 형식들은 요구되는 기초에 근거하는 하나의 기저 형식으로부터 (또는 복합 어간이 완전한 굴곡 변화표를 산출하는데 요구되는 높은 굴곡 언어에서는 "원리적 부분"(principal parts)의 집합으로부터) 계산된다(추론된다).

어휘부를 유형들의 계층들로 조직화하면 어휘 규칙들의 영역과 효과를 아주 단순한 방식으로 명세화할 수 있다. 예컨대 동사의 3인칭-단수 (비과거의 한정적인) 형식은 (399)에서 진술되는 바와 같이 기저 형식으로부터 산출된다.

(399) 3인칭-단수 굴곡 규칙(예비판)

3RDSNG :

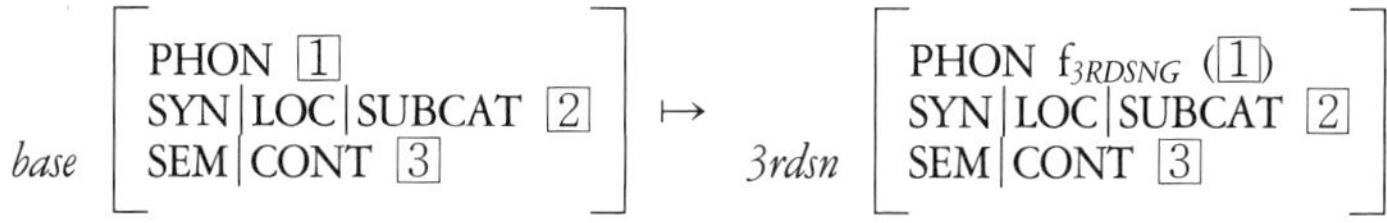

의도된 해석은 함수 3RDSNG가 입력으로서 음운론 $\boxed{1}$과 하위범주화 $\boxed{2}$와 의미론 $\boxed{3}$을 가진 유형 *base*의 어휘 기호를 취하여 출력으로서 입력 형식으로부터 얻어지거나 계산된 특수한 정보를 유형 *3rdsng*로부터 상속된 일반적 정보를 통합한 결과를 산출하는 것이다. 특히 출력 형식의 음운론은 입력 형식(어간)의 음운론으로부터 어간에 -s를 덧붙이는 형

형들에 속한다면 동시에 같은 유형일 수도 있고 구별되는 유형일 수도 있다(예컨대 정도 형용사들의 긍정적이고 비교의 형식들).

태론적 연산인 f_{3RDSNG}를 적용함으로써 얻어지는 반면에[61] 의미 내용과 하위범주화는 본래대로 나타난다. 출력 유형 *3rdsng*로부터 통합된 더 이상의 정보는 중심어 자질들과 비과거 처소 지표(nonpast location index), 그리고 하위범주화된 주어에 관한 주격과 3인칭 단수 일치 정보를 포함한다. 기저 동사 like에 대한 이 어휘 규칙의 효과는 (400)에 예시된다.

(400) a. 입력 :

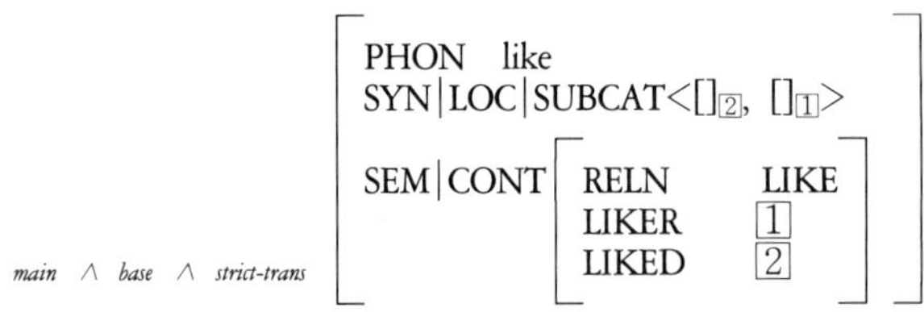

b. 특수한 출력 정보 (입력으로부터 계산된):

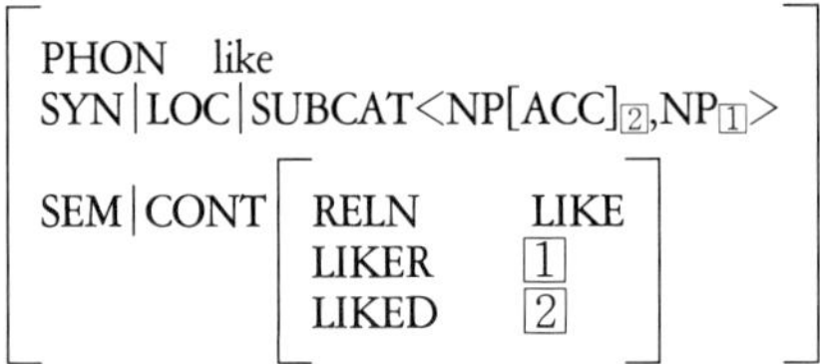

c. 일반적 출력 정보 (3rdsng와 그것의 상위 유형들로부터 상속된)

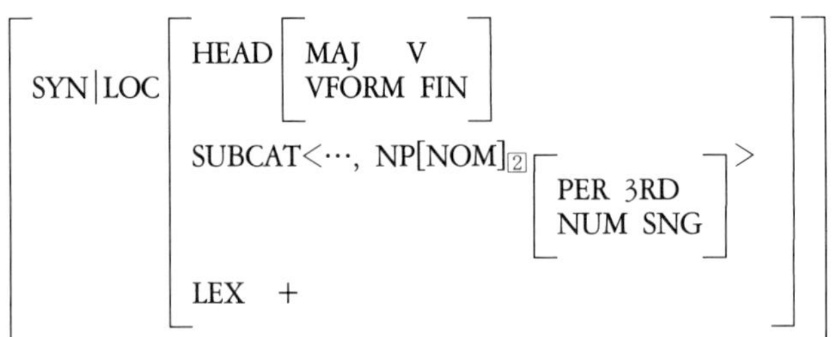

---

61) 물론 이것과 다른 형태론적 연산에 대한 더 적절한 특징은 더 미묘한 형태음운론적 효과들을 설명해야 할 것이다.

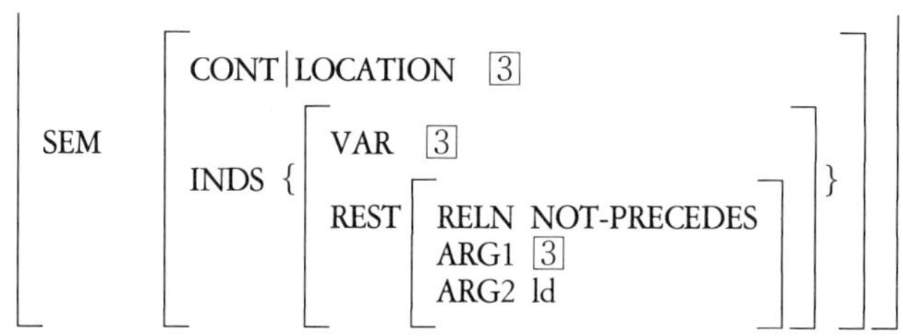

d. (b)와 (c)의 통합에 의하여 얻어지는 최종 결과

  여기서 규칙 (399)와 관련되어 있는 몇 가지 점이 있다. 첫째 규칙의 성공적인 적용은 입력 형식에 관한 모든 정보의 이용에 의존하지 않는다. 그것이 어느 유형으로부터 상속받는가를 알고 출력 형식의 결정에서 요구되는 입력 형식에 관한 정보의 특수한 조각들에 접근할 수 있으면 충분하다. 따라서 여기서 기술된 일반적인 종류의 규칙들은 언어 사용의 고도로 모듈화된 처리 모형으로 통합될 수 있는데 거기서 어휘 정보는 (ⅰ) 어떤 어휘 규칙들이 어떤 유형들에 적용될 것이지에 관한 정보를 포함하는 유형 계층에 관한 일반적 지식과 (ⅱ) 각 어휘 항목에서 문제의 단어에 관한 특이한 정보와 그것이 상속받는 최소의 어휘 유형들에 대한 지시자들(pointers)을 함께 명세화하는 기저 형식들에 관한 어휘 항목들의 모음으로 구성된다. 그리하여 예컨대 *like*에 대한 어휘 항목은 필수적으로 형식 (401)의 짝일 것이다.

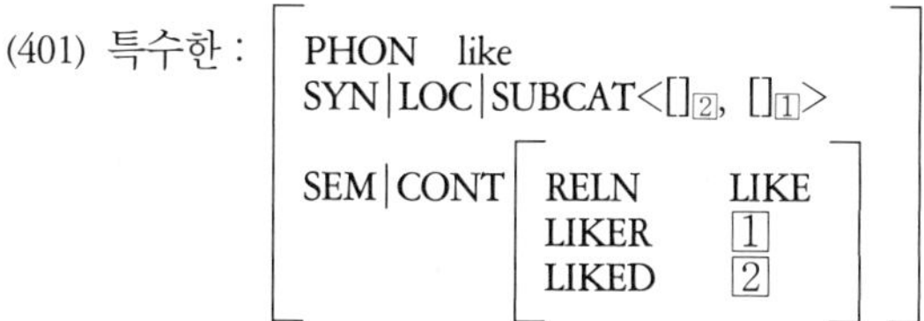

유형들 : {*base, main, strict-transitive*}

그러한 모형에서는 단어들에 관한 일반적 특성에 대한 정보는 기저 형식조차도 어휘 항목들에 명시적으로 저장될 필요가 없고 해석이나 어휘 규칙의 적용 과정에서 요구되는 적절한 유형으로부터의 요구에 따라 얻어진다.

둘째 어휘 규칙들이 특징적으로 규칙을 전혀 따르지 않는 체계적이거나 특이한 *예외*들을 가진다는 것을 설명하는 것이 필요하다. 그러한 예외들은 여러 가지 방법들로 다루어질 수 있다. 예컨대 영어의 동사 굴곡 규칙들은 서법 조동사에는 체계적으로 적용되지 않는데 서법 조동사는 단일한 (한정적) 형식으로만 나타난다. 그리하여 우리는 서법 조동사들이 다만 한정적 형식으로 목록화되어 있는 것으로 가정한다. 그때 다른 형식들이 나타나지 않는 것은 그것들에는 굴곡 규칙들이 적용될 수 있는 아무런 기저 형식들이 없다는 사실을 보면 당연한 것이다. 체계적인 비-적용의 조금 다른 예는 (많은 경우에 동사적 동명사와 동음인) 보통 명사를 산출하는 명사화의 파생 규칙에 의하여 제공되는데 명사화는 조동사들에는 적용되지 않는다. 우리는 이 사실을 다만 입력 유형을 $base \land main$로 주의하여 명세화함으로써 설명할 수 있다. 비적용의 특이한 예는 영어의 계사에 의하여 제공되는데 영어의 계사는 보통의 과거형을 가지지 않고 그 대신에 특징적인 과거-단수 형식과 과거-복수 형식 *was*와 *were*를 가진다. 물론 이 형식들은 분리하여 목록화되어야 하지만 이것으로 문제가 완전히 해결되는 것은 아니다. 우리는 정상적인 과거 (단수와 복수) 형식 *beed*가 없음을 설명해야 한다. 그러한 경우에 명시적으로 예컨대 과거 굴곡 규칙의 영역을 $base \land \neg cop$로 명세화함으로써 예외를 기록하는 수밖에 다른 길이 없다. 유사하게 *cost*와 *resemble*와 같은 결합가를-바꾸는 피동 규칙에 대한 특이한 예외들은 명시적으로 기록되어야 한다. 또 "반-예외들", 곧 기저의 어떤 출처가 존재하지 않는 피동의 *rumored*와 같은 형식들도 있는데, 이 경우에는 피동 형식이 어휘 규칙에 의하여 산출되지 않는다 하더라도 그것은 어휘부에서 유형 *passive*의 예로서 명시적으로 목록화되어야 한다.

셋째 어휘 규칙들은 어떤 형식들에 대하여 때때로 불규칙적으로 적용된다. 예컨대 *have*의 3인칭-단수 형식은 *has*이지 위의 규칙 (399)에 의하여 예측되는 **haves*가 아니다. 이러한 종류의 불규칙성들을 설명하기 위하여 우리는 기저 어휘 항목들이 어간들과 함께 불규칙한 형태론에 관한 정보를 포함한다고 가정한다 (이것은 고도로 굴곡적인 언어들에서 기저 항목들은 (그것으로부터) 굴곡적 어형변화표가 결정되는 모든 주요한 부분들을 나열한다는 생각의 변이형이다). 예컨대 우리는 *have*에 대한 어휘 항목은 대략 (402)에 주어진 형식을 갖는다고 가정한다.

(402)

$$
\begin{bmatrix}
\text{PHONOLOGY} & \text{have} \\
\text{3RDSNG} & \text{has} \\
\text{PAST} & \text{had} \\
\text{PAST-PART} & \text{had} \\
\text{SYNTAX} & \cdots \\
\text{SEMANTICS} & \cdots
\end{bmatrix}
$$

부수적으로 우리는 3인칭-단수 규칙을 (403)에 제시된 형식으로 개정한다.

(403) 3인칭-단수 어휘 규칙(개정판)

3RDSNG :

$$
\text{base}\begin{bmatrix}
\text{PHON} & \boxed{1} \\
\text{3RDSNG} & \boxed{2} \\
\text{SYN}\,|\,\text{LOC}\,|\,\text{SUBCAT} & \boxed{3} \\
\text{SEM}\,|\,\text{CONT} & \boxed{4}
\end{bmatrix}
\;\mapsto_{3rdsng}\;
\begin{bmatrix}
\text{PHON} & \text{f3RDSNG}\,(\boxed{1},\boxed{2}) \\
\text{SYN}\,|\,\text{LOC}\,|\,\text{SUBCAT} & \boxed{3} \\
\text{SEM}\,|\,\text{CONT} & \boxed{4}
\end{bmatrix}
$$

여기서 우리는 형태론적 연산자 f_{3RDSNG}를 만약 불규칙한 3RDSNG 값이 있다면 그것을 되돌리고 그렇지 않으면 입력 형식의 PHONOLOGY에 -s를 덧붙이는 것으로 재정의하는 것으로 가정한다. 이 일반적인 접근은 자동적으로 *blocking* 현상을 설명하는데 거기서 불규칙 형식의 존재가 규칙 형식들의 공존을 막는다. 곧 (403)은 불규칙 형식 *has*를 산출하는데 동시에 존재하지 않는 "규칙적인" **haves*를 산출하는 문법의 기제가 없다.

넷째 동음어의 패턴들이 굴곡적 어형변화표에 걸쳐 유지된다. 예컨대 영어에서 동사의 기저 형식은 (*be*를 제외하고는) 항상 비-3인칭-단수 한정적 형식과 동음적이고(그렇지만 우리는 정확한 분석은 더 이상의 연구로 남겨 둔다), 비슷하게 동명사는 현재 분사와 (그리고 규칙적이라면 탈동사적 명사와) 동음적이고 과거 분사는 피동 분사와 동음적이다. 그러한 패턴들을 설명하기 위하여 우리는 구별되는 어휘 규칙들이 같은 형태론적 연산들을 이용할 수 있다고 가정한다. 그리하여 우리는 (음운론적 효과들만 제시된) (404)의 부가적 어휘 규칙들을 둔다.

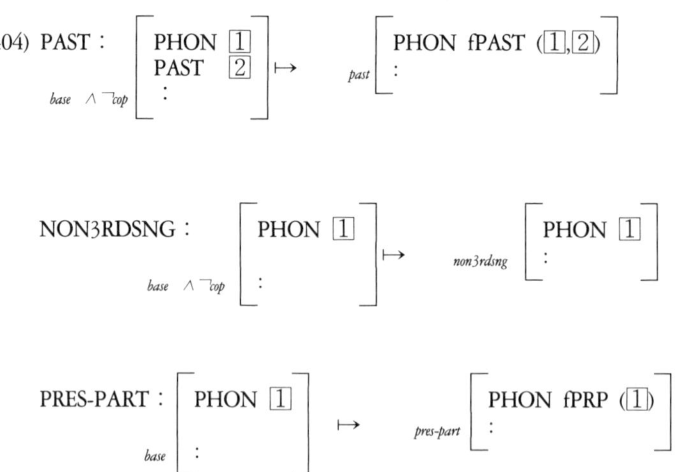

$$\text{GERUND}: \underset{base}{\left[\begin{array}{l}\text{PHON}\ \boxed{1}\\ \vdots\end{array}\right]} \longmapsto \underset{gerund}{\left[\begin{array}{l}\text{PHON}\ \text{fPRP}\ (\boxed{1})\\ \vdots\end{array}\right]}$$

$$\text{PAST-PART}: \underset{base}{\left[\begin{array}{l}\text{PHON}\ \boxed{1}\\ \text{PAST-PART}\ \boxed{2}\\ \vdots\end{array}\right]} \longmapsto \underset{past\text{-}part}{\left[\begin{array}{l}\text{PHON}\ \text{fPSP}(\boxed{1},\boxed{2})\\ \vdots\end{array}\right]}$$

$$\text{PASSIVE}: \underset{base\ \wedge\ trans}{\left[\begin{array}{l}\text{PHON}\ \boxed{1}\\ \text{PAST-PART}\ \boxed{2}\\ \vdots\end{array}\right]} \longmapsto \underset{passive}{\left[\begin{array}{l}\text{PHON}\ \text{fPSP}(\boxed{1},\boxed{2})\\ \vdots\end{array}\right]}$$

여기서 비-3인칭-단수 규칙은 기저 음운론과 겹친다는 것을 유의하라. 피동 규칙은 피동-분사 규칙과 같은 연산을 사용하고 따라서 두 형식들은 둘다 존재할 때마다 불규칙적일 때조차도 동음적이다. 비슷하게 동명사 규칙은 현재-분사 규칙과 같은 형태론적 연산을 사용하는데 이 연산은 위에 언급한 다른 것들과는 달리 항상 규칙적이기 때문에 입력의 PHONOLOGY에만 의존한다는 것이 지켜져야 한다.

다섯째 두 다른 동사가 그것들의 어형변화표들에서 동음적일 수 있는데 예컨대 주동사의 *have*와 조동사의 have는 그것들의 하위범주화와 의미론에서 완전히 다를지라도 그것들의 모든 굴곡 형식들에서 동음적이다. 이러한 종류의 패턴들은 우리의 이론 안에서 "총칭적 단어들", 곧 많은 예들을 가진 어휘 유형들을 가정함으로써 쉽게 설명된다. 현재의 경우에는 예컨대 위 (402)에 주어진 형태론적 정보를 포함하는 "총칭적 -*have*" 유형이 있고 그것으로부터 주동사 *have*와 조동사 *have*(의 기저 형식들)이 상속받는다고 가정한다. 이 상황은 (405)에 예시된다.

(405)

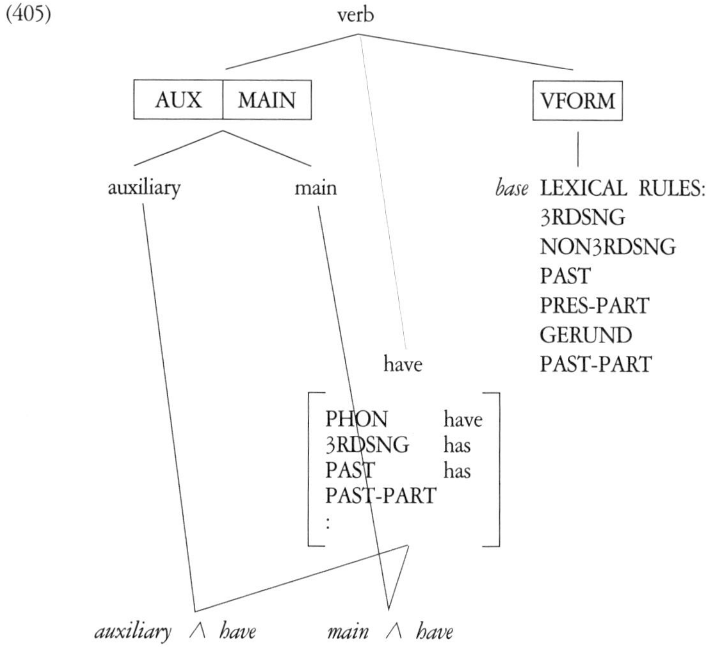

이 그림에서 *base* 분지점은 그 예들에 적용하는 어휘 규칙들의 이름으로 주석된다. *have*의 두 형식 모두 굴곡 규칙들에 따라야 하기 때문에 또 둘다 같은 곳에서 나온 그러한 규칙들에 의하여 이용된 형태론적 정보를 상속받기 때문에 그것들의 굴곡 형식들은 불규칙적인 것들조차도 모두 쌍으로 동음적이다.

영어 문법에 대한 모든 이론은 피동화가 다루어져야만 한다. 우리의 이론은 최근의 다른 비변형적 이론들에 의하여 제공된 것들과 광범위하게 유사한데 (406)에 주어진다.

(406) 피동 어휘 규칙

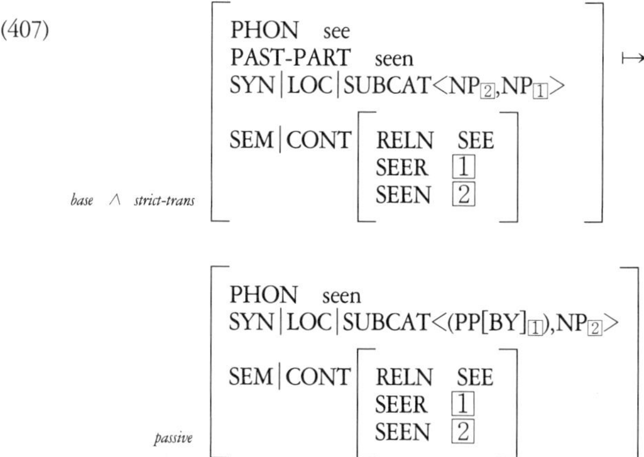

의미 내용은 변화 없이 입력 형식으로부터 단순히 전달되고 앞서 언급한 바와 같이 피동 형식의 음운론은 과거 분사와 같은 형태론적 연산에 의하여 입력 형식으로부터 결정되는데 그것으로 두 형식들이 불규칙일 경우에조차 동음임을 보증한다. 물론 연산의 핵심은 하위범주화이다. 입력 형식의 주어는 SUBCAT 목록에서 떨어지고 그 지표가 수의적인 PP[BY]에 다시 부여된다. 전체적인 효과는 (407)에 예시된다.

(407)

피동 규칙의 적용 영역은 기저의 타동사들의 부류라는 것을 유의하라. 이러한 관련에서 (그림 (395)에서) 유형 transitive는 (주어 NP와 목적어 NP에 대해서만 하위범주화하는) 엄격한 타동사들 뿐만 아니라 이중타동사들과 타동적 통제 동사들을 포함하는 부가적 보어들을 (예컨대 간접목적어나 xcomp를) 하위범주화하는 타동사들을 포섭한다는 것이 상기되어야 한다. 그러한 동사들의 하위범주화에 대한 피동의 효과는 (408)~(410)에 예시된다.

(408) a. *introduce* : V[BSE, SUBCAT<PP[TO], NP, NP>]

     b. *introduced* : V[PAS, SUBCAT<(PP[BY]), PP[TO], NP>]

(409) a. *blame* : V[BSE, SUBCAT<PP[ON], NP, NP>]

     b. *blamed* : V[PAS, SUBCAT<(PP[BY]), PP[ON], NP>]

(410) a. *persuade* : V[BSE, SUBCAT<VP[INF], NP, NP>]

     b. *persuaded* : V[PAS, SUBCAT<(PP[BY]), VP[INF], NP>]

어떤 다른 비포화된 어휘적 중심어와 같이 이와 같은 피동 형식들은 규칙 2에 의하여 그것들의 비주어 보어들과 자유로이 결합하여 VP[PAS]를 형성하고 VP[PAS]는 계사에 의하여 하위범주화된다. 그리하여 *Kim was introduced to Sandy by Chris*와 같은 피동 문장들은 (412)에 제시된 바와 같이 보통의 방식으로 산출된다. 문법적 기능들에 대한 의미 역할들의 재부여는 (412)가 *Chris introduced Kim to Sandy*와 같은 의미 내용을 가진다는 것을 보증한다.

(411) 8장에서 언급된 어휘규칙 요약

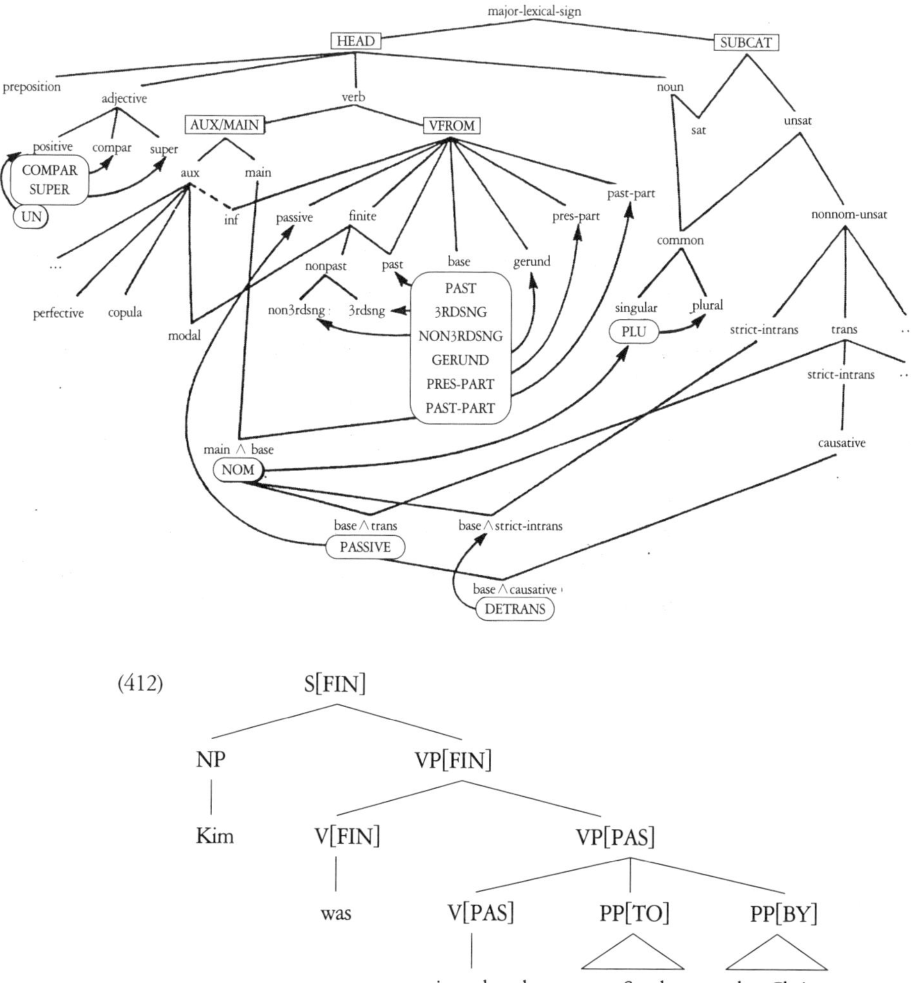

(412)

더 일반적으로 우리는 전체 단어 부류에 걸쳐 적용하는 다항 결합가 패턴들을 설명하기 위하여 **LFG**와 같이 많은 어휘 규칙들을 채택한다. 예컨대 사역 타동사들과 자동사들의 교체(*Kim broke the base* 대 *The base* *broke*)는 탈타동사화 어휘 규칙에 의하여 설명될 수 있는데 하위범주화에 대한 그 규칙의 효과는 (수의적 PP[by]가 도입되지 않는 것을 제외하고는) 본질적으로 피동 규칙과 같다. 그러나 피동 규칙과는 달리 탈타동사화 규칙의 적용 영역(입력 유형)은 의미론적으로 사역으로 특징지어져야 하고 규칙 자체가 그 의미 내용에 평범하지 않은 방식으로 작용한다. 2권에서는 우리는 관습적으로 통사적 기제(예컨대 GB의 변형 규칙 α-이동이나 GPSG의 메타규칙들)에 의하여 다루어진 tough-"이동", 허사 *it*와 함께 나타나는 "외치", 문장 보어들로부터의 주어의 "뽑아냄"(extraction)을 포함하는 다른 현상들도 전체적인 어휘 항목들에서 SUBCAT 목록들에 작용하는 어휘 규칙들을 사용하여 분석될 수 있다는 것을 살필 것이다.

8.3. 더 읽을거리

이 장에서 핵심적인 생각들은 앞선 언어학적 연구들로부터 온 것이 아니고 오히려 Ait-Kaci(1984)와 Goguen과 Mesegeur(to appear)과 같은 자료 유형 이론과 프로그래밍의 의미론에 대한 대수학으로부터 온 것이다. 유사한 생각들이 틀에-기반한(frame-based) 지식 표상 체계들에 널리 채택되었다(Goldstein과 Roberts(1977)을 보라).